KB105309

朴대통령은 『유신은 거창한 것이 아니다. 자기 집 앞을 자기가 쓰는 것이 유신이다』라고 했다.

구국여성봉사단 발단식에 참석한 朴槿惠씨가 인사말을 하고 있다.
뒤에 안경낀 사람은 崔太敏으로 보인다.

崔太敏씨는 朴槿惠씨에게 큰 영향력을 행사하여 청와대의 골칫거리를 만들었다.

서울 방문 때의 포드 대통령.

1976년 8월 18일 판문점 공동경비구역에서 트럭을 몰고온 북한군인들이 미루나무 가지치기를 하던 미군과 노무자들을 습격하고 있다(UN군 측 감시카메라가 찍음).

1976년 3·1 민주선언으로 金大中씨는 징역 5년刑을 선고받았고, 가족·측근들은 항의 침묵시위를 했다.

신민당은 「각목대회」라는 별명이 붙은 1976년 5월 25일 전당대회 이후 넉 달 동안 사실상 분당상태에 빠져들었다.

문제의 미루나무 절단을 응징책으로 제안했던 리처드 스틸웰 유엔군사령관.

합참본부장으로서 스틸웰과 함께 對北 응징책을 계획했던 柳炳賢 중장.

키신저 국무장관은 『이번에는 북한이 피를 흘려야 한다』고 말했으나 제2의 한국戰을 걱정해야 했다.

7

朴대통령의 새마을 운동 현장 시찰. 시멘트와 철골이 농촌을 바꾸었다.

1977년 5월 워싱턴으로 소환된 駐韓미군 참모장 싱글러브 少將(오른쪽)이 해럴드 브라운 국방장관(왼쪽)과 함께 국방부를 나서 백악관으로 향하고 있다.

베시 駐韓미군사령관은 金載圭를 통해서 朴正熙 대통령과 협조하여 카터를 「철군보완조치」라는 함정에 빠지게 했다.

전방 군부대를 시찰하는 朴대통령. 그는 『북한과 1대 1로 싸워 이기는 것이 자주국방의 목표』라고 했다.

충남 서산 가로림만 일대는 東北亞에서 가장 좋은 항만조건과 公團조건을 갖추고 있다. 20만t 대형선이 출입할 수 있는 깊은 수심과 3억 평의 평지가 있기 때문이다. 朴대통령은 이곳을 싱가포르처럼 개발하려 했다.

9

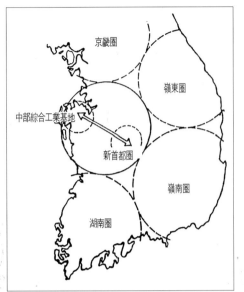

吳源哲 수석은 임시행정수도의 관문항만으로서 가로림만 일대를 개발함으로써 京釜축선과 맞먹는 중부경제권을 형성하려고 했다.

朴대통령은 감을 딸 때처럼 목표달성을 위한 事前 계획에 철저했다.

1978년 부사관 과정 교육을 받기 위해 원주에 왔던 아들 지만(오른쪽에서 두 번째) 육사생도를 찾아온 朴正熙 대통령, 그의 두 딸 근혜·근영과 정승화 육사교장(왼쪽에서 두 번째).

1979년 2월 1일 朴正熙 대통령에게 보직신고를 하는 정승화 육군참모총장. 왼쪽에서 두 번째는 노재현 국방장관, 김계원 비서실장.

1979년 10월 한국을 방문한 李光耀 싱가포르 수상 부처와 건배하는 朴대통령과 딸 槿惠씨(맨 왼쪽).

1979년 10월 4일 백두진 국회의장은 여당 의원만 참석한 가운데 여의도 국회의
사당 146호실에서 본회의를 열고 金泳三 신민당 총재 제명안을 가결, 선포했다.

YH여공 농성 진압.

釜馬사태를 찍은 드문 사진들.

朴正熙

12

釜馬사태 前後

부끄럼 타는 한 소박한 超人의 생애

'인간이란 실로 더러운 강물일 뿐이다. 인간이 스스로 더럽히지 않고
이 강물을 삼켜 버리려면 모름지기 바다가 되지 않으면 안 된다.'

박정희를 쓰면서 나는 두 단어를 생각했다. 素朴(소박)과 自主(자주).
소박은 그의 인간됨이고 자주는 그의 정치사상이다. 박정희는 소박했기
때문에 自主魂(자주혼)을 지켜 갈 수 있었다. 1963년 박정희는 《국가와
혁명과 나》의 마지막 쪽에서 유언 같은 다짐을 했다.

〈소박하고 근면하고 정직하고 성실한 서민 사회가 바탕이 된, 자주독
립된 한국의 창건, 그것이 본인의 소망의 전부다. 본인은 한마디로 말해
서 서민 속에서 나고, 자라고, 일하고, 그리하여 그 서민의 인정 속에서
생이 끝나기를 염원한다〉

1979년 11월 3일 國葬(국장). 崔圭夏 대통령 권한대행이 故박정희의
靈前(영전)에 건국훈장을 바칠 때 국립교향악단은 교향시 〈차라투스트
라는 이렇게 말했다〉를 연주했다. 독일의 리하르트 슈트라우스가 작곡
한 이 장엄한 교향시는 니체가 쓴 同名(동명)의 책 서문을 표현한 것이
다. 니체는 이 서문에서 '인간이란 실로 더러운 강물일 뿐이다'고 썼다.

그는 '그러한 인간이 스스로를 더럽히지 않고 이 강물을 삼켜 버리려면 모름지기 바다가 되지 않으면 안 된다'고 덧붙였다. 박정희는 지옥의 문턱을 넘나들던 질풍노도의 세월로도, 장기집권으로도 오염되지 않았던 혼을 자신이 죽을 때까지 유지했다. 가슴을 관통한 총탄으로 등판에서는 피가 샘솟듯 하고 있을 때도 그는 옆자리에서 시중들던 두 여인에게 "난 괜찮으니 너희들은 피해"란 말을 하려고 했다. 병원에서 그의 屍身을 만진 의사는 "시계는 허름한 세이코이고 넥타이 핀은 도금이 벗겨지고 혁대는 해져 있어 꿈에도 대통령이라고는 생각하지 못했다"고 한다.

소박한 정신의 소유자는 잡념과 위선의 포로가 되지 않으니 사물을 있는 그대로, 실용적으로, 정직하게 본다. 그는 주자학, 민주주의, 시장경제 같은 외래의 先進思潮(선진사조)도 국가의 이익과 민중의 복지를 기준으로 하여 비판적으로 소화하려고 했다. 박정희 주체성의 핵심은 사실에 근거하여 현실을 직시하고 是非(시비)를 국가 이익에 기준하여 가리려는 자세였다. 이것이 바로 實事求是(실사구시)의 정치철학이다. 필자가 박정희를 우리 민족사의 실용―자주 노선을 잇는 인물로 파악하려는 것도 이 때문이다.

金庾信(김유신)의 對唐(대당) 결전의지, 세종대왕의 한글 창제, 광해군의 國益 위주의 외교정책, 실학자들의 實事求是, 李承晩(이승만)의 反共(반공) 건국노선을 잇는 박정희의 조국 근대화 철학은 그의 소박한 인간됨에 뿌리를 두고 있다.

박정희는 파란만장의 시대를 헤쳐 가면서 榮辱(영욕)과 淸濁(청탁)을 함께 들이마셨던 사람이다. 더러운 강물 같은 한 시대를 삼켜 바다와 같은 다른 시대를 빚어낸 사람이다. 그러면서도 자신의 정신을 맑게 유지했던 超人(초인)이었다. 그는 알렉산더 대왕과 같은 호쾌한 영웅도 아니고 나폴레옹과 같은 電光石火(전광석화)의 천재도 아니었다. 부끄럼 타는 영웅이고 눈물이 많은 超人, 그리고 한 소박한 서민이었다. 그는 한국인의 애환을 느낄 줄 알고 그들의 숨결을 읽을 줄 안 土種(토종) 한국인이었다. 민족의 恨(한)을 자신의 에너지로 승화시켜 근대화로써 그 한을 푼 혁명가였다.

自主人(자주인) 박정희는 실용—자주의 정치 철학을 '한국적 민주주의'라는 그릇에 담으려고 했다. '한국적 민주주의'란, 당시 나이가 30세도 안 되는 어린 한국의 민주주의를 한국의 역사 발전 단계에 맞추려는 시도였다. 국민의 기본권 가운데 정치적인 자유를 제한하는 대신 물질적 자유의 확보를 위해서 國力을 집중적으로 투입한다는 限時的(한시적) 전략이기도 했다.

박정희는 인권 탄압자가 아니라 우리나라 역사상 가장 획기적으로 인권신장에 기여한 사람이다. 인권개념 가운데 적어도 50%는 빈곤으로부터의 해방일 것이고, 박정희는 이 '먹고 사는' 문제를 해결함으로써 다음 단계인 정신적 인권 신장으로 갈 수 있는 길을 열었다. '먹고 사는' 문제를 해결하는 것이 정치의 主題라고 생각했고 이를 성취했다는 점이 그를 역사적 인물로 만든 것이다. 위대한 정치가는 상식을 실천하는 이다.

당대의 대다수 지식인들이 하느님처럼 모시려고 했던 서구식 민주주의를 감히 한국식으로 변형시키려고 했던 점에 박정희의 위대성과 이단성이 있다. 주자학을 받아들여 朱子敎(주자교)로 교조화했던 한국 지식인의 사대성은 미국식 민주주의를 民主敎(민주교)로 만들었고 이를 주체적으로 수정하려는 박정희를 이단으로 몰아붙였다. 물론 미국은 美製

(미제) 이념을 위해서 충성을 다짐하는 기특한 지식인들에게 강력한 지원을 아끼지 않았다. 그러면서도 미국은 냉철하게 박정희에 대해선 외경심 어린 평가를, 민주화 세력에 대해선 경멸적인 평가를 내리고 있었음을, 그의 死後 글라이스틴 대사의 보고 電文에서 확인할 수 있다.

박정희는 1급 사상가였다. 그는 말을 쉽고 적게 하고 행동을 크게 하는 사상가였다. 그는 한국의 자칭 지식인들이 갖지 못한 것들을 두루 갖춘 이였다. 자주적 정신, 실용적 사고방식, 시스템 운영의 鬼才, 정확한 언어감각 등. 1392년 조선조 개국 이후 약 600년간 이 땅의 지식인들은 사대주의를 추종하면서 자주국방 의지를 잃었고, 그러다 보니 전쟁의 의미를 직시하고 군대의 중요성을 계산할 수 있는 능력을 거세당하고 말았다. 제대로 된 나라의 지도층은 文武兼全(문무겸전)일 수밖에 없는데 우리의 지도층은 문약한 반쪽 지식인들이었다. 그런 2, 3류 지식인들이 취할 길은 위선적 명분론과 무조건적인 평화론뿐이었다. 그들은 자신들과는 차원을 달리하는 선각자가 나타나면 이단이라 몰았고 적어도 그런 모함의 기술에서는 1류였다.

박정희는 日帝의 군사 교육과 한국전쟁의 체험을 통해서 전쟁과 군대의 본질을 체험한 바탕에서 600년 만에 처음으로 우리 사회에 尙武정신과 자주정신과 실용정치의 불씨를 되살렸던 것이다. 全斗煥 대통령이 퇴임한 1988년에 군사정권 시대는 끝났고 그 뒤에 우리 사회는 다시 尙武·자주·실용정신의 불씨를 꺼버리고 조선조의 파당성·문약성·명분론으로 회귀하려는 움직임을 보이고 있다. 이 복고풍이 견제되지 않으면 우리는 자유통일과 일류국가의 꿈을 접어야 할 것이다. 한국은 이승만, 박정희, 전두환, 노태우 네 대통령의 영도 하에서 국민들의 평균 수

준보다는 훨씬 앞서서 一流 국가의 문턱까지 갔으나 3代에 걸친 소위 文民 대통령의 등장으로 성장의 動力과 국가의 기강이 약화되어 제자리 걸음을 하고 있다.

1997년 IMF 관리 체제를 가져온 外換위기는 1988년부터 시작된 민주화 과정의 비싼 代價였다. 1988년에 순채권국 상태, 무역 흑자 세계 제4위, 경제 성장률 세계 제1위의 튼튼한 대한민국을 물려준 歷代 군사정권에 대해서 오늘날 국가 위기의 책임을 묻는다는 것은 세종대왕에게 한글 전용의 폐해 책임을 묻는 것만큼이나 사리에 맞지 않다.

1987년 이후 한국의 민주화는 지역 이익, 개인 이익, 당파 이익을 민주, 자유, 평등, 인권이란 명분으로 위장하여 이것들을 끝없이 추구함으로써 國益과 효율성, 그리고 국가엘리트층을 해체하고 파괴해 간 과정이기도 했다. 박정희의 근대화는 國益 우선의 부국강병책이었다. 한국의 민주화는 사회의 좌경화·저질화를 허용함으로써 박정희의 꿈이었던 강건·실질·소박한 국가건설은 어려워졌다. 한국의 민주화는 조선조적 守舊性을 되살리고 사이비 좌익에 농락됨으로써 국가위기를 불렀다. 싱가포르의 李光耀는 한국의 민주화 속도가 너무 빨라 法治의 기반을 다지지 못했다고 비판했다.

박정희는 자신의 '한국적 민주주의'를 '한국식 민주주의', 더 나아가서 '한국형 민주주의'로 국산화하는 데는 실패했다. 서구 민주주의를 우리 것으로 토착화시켜 우리의 역사적·문화적 생리에 맞는 한국형 제도로 발전시켜 가는 것은 이제 미래 세대의 임무가 되었다. 서구에서 유래한 민주주의와 시장 경제를 우리 것으로 소화하여 한국형 민주주의와 한국식 시장경제로 재창조할 수 있는가, 아니면 民主의 껍데기만 받아

18

들여 우상 숭배의 대상으로 삼으면서 선동가의 놀음판을 만들 것인가, 이것이 박정희가 오늘날의 우리에게 던지는 질문일 것이다.

조선일보와 月刊朝鮮에서 9년간 이어졌던 이 傳記 연재는 月刊朝鮮 전 기자 李東昱 씨의 주야 불문의 충실한 취재 지원이 없었더라면 불가능했을 것이다. 아울러 많은 자료를 보내 주시고 提報를 해주신 여러분들께 감사드린다. 이 책은 박정희와 함께 위대한 시대를 만든 분들의 공동작품이다. 필자에게 한 가지 소망이 있다면, 박정희가 소년기에 나폴레옹 傳記를 읽고서 군인의 길을 갈 결심을 했던 것처럼 누군가가 이 박정희 傳記를 읽고서 지도자의 길을 가기로 결심하는 것이다. 그리하여 그가 21세기형 박정희가 되어 이 나라를 '소박하고 근면한, 자주독립·통일된 선진국' 으로 밀어 올리는 날을 기대해 보는 것이다.

2007년 3월

趙甲濟

12 釜馬사태 前後

제44장 전쟁에 가장 가까이 갔던 날

제45장 駐韓미군 철수 저지工作의 내막

제48장 釜馬사태

제49장 마지막 10日

제43장

石油 대소동

朴正熙

"원유가 아니라 경유입니다"

1973~74년에 제1차 석유파동을 겪으면서 박 대통령은 이 끈적끈적한 광물에 더욱 한 맺힌 유감을 갖게 된다. 이러한 심리 상태가 빚어낸 것이 포항 석유 대소동이다. 오원철은 《한국형 경제건설 제6권-엔지니어링 어프로치》에서 1976년의 포항 석유 발견 발표를 전후한 秘史(비사)를 다음과 같이 기술하고 있다.

〈1975년 12월 5일 박 대통령은 중화학공업담당 수석비서관 오원철을 서재로 불리는 집무실로 불렀다. 박 대통령은 회의용 탁자에 앉아 오 수석을 맞았다고 한다.

"부르셨습니까?"

"어, 이봐, 포항에서 석유가 나왔대."

박 대통령은 시커먼 액체가 들어 있는 링거 병을 보여주더니 마개를 뽑고 액체를 큼직한 재떨이에 조금 부었다. 성냥으로 불을 붙이니 재떨이에 번졌다. 시커먼 연기도 났다.

오원철은 순간 이상하다는 생각을 했다고 한다. 원유에는 가스 성분, 휘발유 성분, 경유·중유 성분 등이 복합적으로 들어 있다. 여기에 불을 붙이면 가스 성분이 펑 하고 소리를 내면서 불이 붙는다. 그런데 이 기름은 정제되어 나온 석유처럼 얌전하게 불탔다.

오 씨는 직감적으로 원유가 아니란 생각을 했다. 박 대통령과 함께 기뻐할 기분이 내키지 않았다는 것이다. 오 씨는 "석유가 나온다면 얼마나 좋겠습니까"라고만 했다.

"각하, 그 기름을 분석해보겠습니다. 제게 주십시오."

오 씨는 링거 병을 가져와서 김광모 비서관에게 보였다.

"또 누가 엉터리 보고를 했구먼요.">

그때만 해도 吳 수석이나 金 비서관은 포항에서 정보부가 시추를 하고 있는 것을 모르고 있었다. 두 사람은 공무원 생활을 하면서 석유가 나왔다는 흥분된 보고가 허위로 밝혀지는 경우를 여러 번 겪었었다. 우물을 파다가 기름이 떠오른다고 해서 현장 조사를 해보면 근처에 미군이 6·25 전쟁 때 기름 탱크를 갖고 있었고, 그 기름이 땅 속으로 스며들어 우물을 팔 때 물에 섞여 나왔다는 식이었다.

김광모 비서관은 가까이 지내는 호남정유의 기획담당 임원이자 일류 화학기사인 韓聖甲(한성갑)을 불렀다. 오원철 수석은 기름이 든 유리병을 한 씨에게 넘겨주면서 엄숙하게 말했다.

"가장 빠른 편으로 미국 칼텍스에 보내서 시험을 하되 신중을 기하시오. 원유일 가능성에 대해서도 의견을 보내주시오."

한 씨는 "어디서 나온 겁니까"라고 물었다.

"더 이상 묻지 말아요. 비밀을 철저히 지켜야 합니다."

한 4일이 지났을까, 한 씨가 분석보고서를 들고 들어와 吳 수석에게 설명해갔다.

"이것은 원유가 아니고 경유입니다. 이걸 보십시오."

포항에서 나온 기름을 갖고 가서 증류 시험한 그래프를 펴 보였다. 원유에 열을 가하면 어떤 성분은 낮은 온도에서 증발하고 무거운 성분은 높은 온도에서 증발한다. 이걸 온도곡선으로 그리면 야산의 능선 모양이 된다. 그런데 한성갑이 보여준 그래프는 담뱃갑을 측면으로 세워놓은 형상이었다. 제로 상태가 한동안 계속되다가 경유가 증발하는 온도에서 갑자기 선이 수직으로 올라가서 한동안 평평해졌다가 경유 성분이 끝나는 곳에서 갑자기 떨어져 다시 제로가 되는 것이었다.

이 그래프를 보고 오원철은 이 기름은 경유 성분만 있고 다른 성분은 없다는 것을 간파했다. 휘발유·등유·경유·중유 성분까지 두루 갖추고 있는 것이 원유인데, 경유 성분만 검출되니 이 기름은 경유일 수밖에 없는 것이다.

한 씨는 이렇게 덧붙였다고 한다.

"이 그래프를 보니 호남정유에서 경유를 만드는 온도곡선과는 차이가 있습니다. 그러니 대한석유공사 제품일 것입니다."

"경유는 거의 투명한데 무엇이 섞여 있다는 거요?"

"중질유가 극소량 있습니다."

오원철 수석은 지질연구소 소장을 전화로 불렀다.

"포항에서 기름을 파고 있다면서요?"

소장은 마지못한 듯 "그렇습니다"라고 했다.

"시추할 때 경유를 윤활 목적으로 사용하는 것 아닙니까."

"그렇습니다."

오원철은 포항 B공에서 경유가 나왔고 정보부에서 이를 원유라고 오해한 까닭을 이렇게 추리해보았다.

1. B공 지하 1,475m에 空洞(공동)이 있었다. 그 공동은 물로 차 있었을 것이다. 이 공동 부근의 지층에는 틈이 많이 가 있었다.

2. B공 가까운 곳에서 A공을 먼저 시추할 때 냉각수로서 물을, 윤활제로서는 경유를 상당량 고압으로 주입시켰다. 시추기를 가동하면서 기어오일이나 그리스 같은 기계유도 썼다. A공이 지하 1,500m쯤에 도달했

을 때 '이런 기름 섞인' 물의 일부가 바위 속 틈을 타고 이동해갔다. 모여든 곳이 B공 지하 1,475m 공동이었다. 여기에 조금씩 모여든 기름이 수십 리터가 됐다.

3. 이런 상황에서 새로 시추하기 시작한 B공의 위치가 바로 이 공동이 있는 지상이었다. B공 시추기가 지하 1,475m까지 도달하여 이 공동을 뚫고 지나가게 됐다. 이 시추기는 이 지점에서 2m쯤 뚝 떨어지는 현상이 생겼다. 경유와 윤활유 등은 공동 안의 물 위에 떠 있었는데 시추 坑井(갱정)을 메우고 있는 순환 泥水(이수)를 타고 지표면으로 올라오게 됐다. 이것을 본 현장 사람들이 원유가 나왔다고 오해한 것이다. 때는 1975년 12월 3일 새벽 2시 30분이었다.

실망한 대통령, "정보부장을 부르라"

이런 추측 겸 해석을 한 오원철은 한성갑이 가져온 보고서를 들고 김정렴 비서실장을 찾아갔다. 金 실장과 吳源哲은 마주 앉아 걱정을 많이 했다고 한다. 박 대통령은 원유가 나왔다고 여러 사람들에게 자랑을 많이 하고 있는데 만일 원유가 아니라면 거짓말을 한 셈이 된다. 두 사람은 그래도 사실대로 보고해야 한다는 결론을 내렸다. 吳源哲은 "경사 난 집에 재를 뿌리는 것과 같은 이런 보고는 하는 사람이나 받는 사람이나 가장 기분 나쁜 보고거리일 것이다"고 회고했다.

잠시 후 金正濂 실장은 분석보고서를 갖고 吳 수석을 데리고 박 대통령의 집무실로 들어갔다.

"오 수석이 보고할 것이 있다고 합니다. 포항에서 나왔다는 기름은 원유가 아니라고 합니다. 오 수석, 직접 보고하시오."

오원철은 사실대로 설명했다. 박 대통령은 "김 실장!"하고 부르더니 "중앙정보부장을 당장 불러!"라고 했다. 오원철은 대통령이 이렇게 화를 내는 것은 그 전에도 그 후에도 본 적이 없었다고 한다. 박 대통령은 회의용 탁자 정면에 앉아 미동도 하지 않았다. 아무 말 없이 앞만 노려보고 있었다. 김 실장과 오원철 수석은 그 왼쪽에 앉아 무거운 침묵을 견디고 있었다. 세 사람 중 어느 누구도 침묵을 깨려고 하지 않았다. 오원철은 "처단을 기다리는 포로 신세 같았다"고 한다. 기나긴 15분이 흘렀다. 남산에서 출발한 申稙秀(신직수) 부장이 황급히 들어왔다. 인사를 하고 오른쪽에 앉았다.

박 대통령은 인사도 제대로 받지 않고 "신 부장, 포항에서 나온 기름은 원유가 아니라면서! 어떻게 된 거야?"라고 말했다. 오원철이 살펴보니, 신 부장은 갑자기 당하게 되자 대답할 수 없는 모양이었다.

"오 수석, 임자가 설명해!"

오 수석은 괜히 이런 악역을 맡게 됐다고 원통한 생각이 들었다. 포항에서 나온 기름이 진짜 원유라면 여기 모인 사람들이 모두 좋아할 텐데…. 비밀공작 하듯이 석유 탐사를 벌이고 있는 정보부에 吳 수석의 기술자적인 오기가 칼을 들이댄 꼴이 됐다.

吳 수석은 될 수 있는 대로 간단하게 요점만 설명하기로 했다.

"석유가 나왔다고 해서 너무 기뻤습니다. 그 원유를 미국의 칼텍스에 보내 분석을 시켰습니다. 그 결과 원유가 아니고 경유란 판단이 나왔습니다."

보고서를 申 부장에게 넘겨주니 수행한 간부가 받아본다. 박 대통령이 먼저 이 어색하고 긴장된 분위기를 풀려고 했는지 오원철을 향해서 "오 수석, 임자 생각은 어때?"라고 말했다.

"각하, 정보부에서 보고한 대로 시추 작업에서 채취된 기름이란 것은 사실입니다. 다만 전문가가 아니라 원유로 잘못 안 것 같습니다."

'중앙정보부가 조작한 것은 아니다'고 정보부를 변호하는 답변을 했다. 박 대통령은 다시 생각에 잠겼다. 잠시 후 그는 무겁게 입을 열었다.

"신 부장, 포항에 석유가 있다느니 없다느니 말썽이 많으니 이번 기회에 속 시원히 뚫어서 확인토록 하시오."

그제야 오원철은 안도의 한숨을 쉬었다. 申稙秀 부장이 상처를 받지 않고 이 침통한 분위기에서 헤어난 것이 다행스럽게 생각됐다. 박 대통령의 절묘한 결심에 경의를 표하고 싶었다.

박 대통령은 申 부장을 수행한 간부에게 말했다.

"앞으로 석유탐사를 할 때는 오 수석과 자주 상의를 하라. 그리고 오 수석을 통해서 보고토록 하라."

성공한 鄭長出의 로비

1968년에 일단 석유가 없는 것으로 결론이 났던 포항 시추는 왜 시작됐으며 그것도 왜 정보부가 그 일을 하게 되었는가?

1960년대 포항 드라마의 주인공이 정우진[나중에 鄭盛燁(정성엽)으로 개명]이었다면, 1970년대의 주인공은 그의 큰형 정장출이었다. 그는 대단한 수완의 소유자였다. 정 씨는 5·16 전후 정당 간부생활도 했고 비록 낙선했지만 국회의원 선거에 출마해본 경험이 있었다. 정장출은 학자들과의 이론 투쟁보다는 정치력을 동원해서 일이 되는 쪽으로 꾸미는 데 전념했다. 먼저 일본인 친구를 찾아내 자민당 중의원 다나카 다츠오 (田中龍夫)와 나카니시 이치로(中西一郎)를 소개받은 뒤 자신의 복안을 전했다.

1975년 1월 12일 자민당 국회의원단 16명이 방한했을 때 훗날 문부상이 되는 다나카 다츠오 의원이 자민당 대외경제협력위원장 자격으로 끼어 있었다. 다나카와 나카니시 의원은 정장출과 만나 포항 지역의 한일 공동개발 문제를 구체적으로 논의했다.

2월 14일 일본 의원단은 박정희 대통령을 방문했다. 이 자리에서 두 의원은 포항 석유를 한일 양국이 공동 개발할 것을 제의했다. 박 대통령은 미소만 지을 뿐 아무 말이 없었다고 한다. 이들은 다음날 김종필 총리를 방문해서도 그 계획을 털어놓았지만 김 총리도 듣고만 있었다고 한다.

일이 어느 정도 추진됐다고 판단한 정장출은 포항 1차 시추 때부터 친면 있던 고려대 趙東弼(조동필) 교수의 소개로 코리아 타코마의 金鍾珞(김종락) 회장과 공화당 정태성 의원을 만나 한일 민간자본으로 포항 석유를 개발하는 방안을 논의했다.

2월 4일 이들 네 사람은 김종필 총리의 사무실로 찾아갔다. 정장출은 한아름의 보고서와 포항 1차 시추 때의 사진 앨범을 갖고 가 열정적으로 김 총리를 설득했다.

이 무렵 포항에서 박 대통령에게 '고위 정치인들이 포항 광구를 빼앗으려 한다'는 탄원서가 올라왔다. 박 대통령은 김정렴 비서실장을 불러 탄원서를 주면서 "확인해 보라"고 지시했다. 확인 결과 진정서의 내용은 사실과 많이 달랐다.

김정렴 실장이 대통령에게 보고하자 박정희는 화를 내는 대신에 이렇게 말하더란 것이다.

"아무튼 석유가 나오긴 해야겠는데, 업자는 있다고 하고 기관에서는 없다고 하고, 게다가 모략까지 들어온다고 하니 참…. 아예 이해관계가 없는 정보부에 시켜서 포항 지역에 시추탐사를 하도록 하시오. 미국에도 우리 학자들이 있으니 순수한 애국심만 있는 사람들을 동원해서 반드시 이해관계 없이 중립적으로 추진하시오."

박 대통령으로부터 석유 탐사 특명을 받은 신직수 정보부장은 아연실색했다고 한다.

김정렴 당시 비서실장의 회고는 이렇다.

"석유에 문외한인 정보부장이 이 일을 맡게 되니 난감한 표정이 되어 땀을 흘립디다. 그래도 박 대통령은 신직수 부장을 믿고 맡기신 거지요. 신 부장은 이해관계 없는 순수한 사람을 쓰라는 각하의 하명에 따라 시추회사의 회장 격으로 정보부 陸東蒼(육동창·당시 육군 준장) 국장을 발탁했어요."

2월 6일 정장출은 뜻밖의 사람으로부터 연락을 받았다. 서울 광교 부근의 어느 다방에서 만난 사람은 정보부 육동창 국장이었다. 육영수 여사의 인척이기도 한 陸 국장은 그동안의 포항 시추 경과에 대해서 물었다. 정 씨는 정보부가 고위층의 지시를 받아 움직이고 있다고 판단했다. 정보부는 정 씨에게 정부에 요구할 사항을 물었다. 정장출은 시추기 두 대, 자금 2억 원, 방해 요인 제거를 건의했다.

육 국장으로부터 보고를 받은 신직수 정보부장은 3월 5일 박 대통령에게 보고했다.

이 자리에서 박 대통령은 말했다.

"하느님은 아마도 자원을 골고루 나눠주었을 것이다. 우리가 몰라서 그렇지 기름이 어딘가는 숨어 있을 것이다. 이제 우리나라도 이만큼 컸으니 우리 손으로 기름을 한 번 찾아보자."

박 대통령으로부터 특명을 받은 정보부는 즉시 포항 시추의 진행 책임을 김영수 기획조정실장-육동창 국장-崔甲東(최갑동) 과장 선으로 정했다. 현장에서 진두지휘를 할 사람으로 뽑힌 최 과장은 육군 공병 대령으로서 정보부에 파견 나가 있었다.

1975년 5월 31일부터 포항에서 중앙정보부 특별 석유탐사반은 '동신산업공사' 라는 위장 간판을 내걸고 정장출이 지목한 3개 지점 A, B, D 세 개 갱정의 시추 기공식을 올렸다. A, B공은 정장출, D공은 자문위원들의 의견이 많이 반영된 위치 선정이었다고 한다. 정보부는 상공부로 하여금 정 씨 형제들이 갖고 있던 이 지역의 석유개발권을 '실적이 없다' 는 이유로 그 등록을 취소시켰다.

地下 1,475m 화강암층에서 나온 기름의 정체

정보부는 국내에 석유 개발 전문가가 부족함을 알고 외국 전문가들을 수시로 초청해 의견을 들었다. 1975년 6월에는 프랑스 국립석유연구소의 라트레이유 박사가 포항을 답사, '퇴적층이 너무 작다. 학술 목적의 시추가 아니라면 몰라도 경제적 목적의 시추로는 적합하지 않다' 는 비판적인 보고서를 냈다.

시추 작업도 비관적으로 진행됐다. 퇴적층이면 으레 나오는 천연가스 발견을 제외하고는 별다른 낭보 없이 가을로 접어들었다. 신생대 제3기 지층을 다 뚫고 중생대 화산암층을 계속 굴진해도 정장출(그는 시추 현장에 시험실을 두고 지질 및 암석 분석을 하고 있었다)의 예견처럼 퇴적층은 다시 나타나지 않았다.

A공은 지하 1,150m 부근에서부터 단단한 화강암이 나타나기 시작했다. 푸석한 퇴적암이어야 석유가 괼 수 있는데 강철 같은 화강암이 등장하자 자문위원들 사이에서는 "그만 끝내자"는 말들이 나오기 시작했다.

문제의 B공에서는 지하 900m쯤에서 화산암층이 나오다가 지하 1,400m쯤에서부터 화강암층이 나타났다. 자문위원들은 "이제 그만하자"는 의견을 냈다.

1975년 12월 3일 새벽 2시 30분경, 포항 시추 현장 당직실에서 숙직 근무하던 광업진흥 공사 파견 직원 곽승진은 전화벨 소리에 잠을 깼다.

"지금 이상한 게 올라오고 있습니다."

시추공의 흥분된 소리가 들려왔지만 곽 씨는 냉정하게 말했다.

"더 자세히 살펴본 뒤에 다시 보고하시오."

그동안 포항 시추 현장 책임자였던 동신산업 崔甲東(최갑동·중앙정보부 과장) 사장은 시추공들에게 "기름이 나오는 걸 발견하면 상금 100만 원을 주겠다"고 하여 종종 시추공들이 오인 보고를 해오는 경우가 있었다.

비슷한 시각, 이상한 예감에 잠이 오지 않았다는 정장출도 전화를 받았다. 그는 즉시 현장으로 달려 나왔다. 정 씨가 현장에 가보니 구멍에서 나오는 물을 받아두는 큰 통에서 물이 넘쳐 배수로를 따라 논도랑으로 흘러들고 있었다. 시추 구멍에서는 샘솟듯 하는 지층수와 함께 시커먼 액체가 솟아 나와 수면 위로 확 번지고 있었다. 정 씨는 논도랑을 따라 300m쯤 걸어갔다. 시커먼 액체와 뒤섞인 물이 계속 흐르고 있었다.

시추공들의 설명이 있었다.

"새벽 2시경, 시간당 1cm 정도의 느릿한 속도로 내려가던 시추봉이 지하 1,475m 지점에서 갑자기 푹 꺼지듯 쑥 들어갔다. 마치 공동을 통과하듯 약 2m를 그렇게 지나갔다. 우리(야간작업반 시추공)는 사고가 난 줄 알고 굴진을 중단했다. 그런데 갑자기 검은 액체가 시추공을 통해 솟아나기 시작했다. 불을 댕기니 연기를 내며 탔다."

정 씨는 문제의 액체를 채집하기 전에 사진 촬영부터 해 두었다. 그는 동신산업의 회장 격이던 육동창 국장에게 전화를 걸었다. 육 국장은 "속단하지 말라"고 주의를 주었다고 한다.

한편 인하공대 화공과 이희철 교수는 이날 아침 8시 30분경 인천의 학교로 출근했더니 정보부로부터 온 전화가 기다리고 있었다. 최갑동 사장이었다. 즉시 서울역으로 나와 포항 시추 현장으로 내려오라는 이야기였다. 이 교수는 잠시 어리둥절했다. 포항 시추 자문위원이었던 이 교수는 다른 자문위원들과 함께 바로 전날 포항에서 서울로 돌아왔던 것이다. 10여 명의 자문위원들은 포항에서 이틀 동안 B공 평가회의를 가졌다. 거의 모든 학자들이 비관적인 견해를 보였다. 그런데 하루 만에 기름이 나왔다는 것이다.

이 교수를 태운 정보부 승용차가 포항에 도착한 것은 정오가 조금 지나서였다. 갱정에서 샘솟듯 나오던 암갈색 액체는 오후 2시쯤 끊어졌다. 약 12시간 동안 한 드럼가량의 액체가 나온 셈이었다.

이희철 교수는 샘플 한 통을 받아 싣고 곧장 울산정유공장의 원유 분석실로 달려갔다. 기술자들에게 엄중한 함구령을 내린 이 박사는 샘플 분석을 지시했다. 증류 시험, 가스 크로마토그래피 및 형광 분석 등을 거친 뒤 분석자는 "경질의 원유입니다"라고 말했다고 한다. 곁에 있던 정보부 직원은 이 낭보를 본부로 전했다.

이 액체는 두 갈래 경로를 따라 고위층에 전달됐다. 정장출은 그날 아침 서울로 전화를 걸어 부인을 급히 포항으로 내려오게 한 뒤 기름이 든 유리병을 코리아 타코마 김종락 회장에게 전달했고, 김 회장은 친동생인 김종필 국무총리에게 갖다 주었다.

다른 한편으로는 최갑동—육동창—신직수로 연결된 정보부 명령 계통을 따라 기름이 든 유리병이 옮겨 다녔다. 12월 5일 신직수 부장은 분석표를 붙인 공식적인 기름병을 김종필 국무총리와 박정희 대통령에게 전달했다.

朴 대통령은 기름병을 받아 들고 아이처럼 좋아했다. 곁에 서 있던 김정렴 비서실장에게 "하느님이 우리를 버리지 않았어. 우리도 이제 산유국이 될 수 있구나"라면서 재떨이에 기름을 붓고는 라이터로 불을 붙였다. 그리고는 "이걸 그냥 마시고 싶다"고 했다는 것이다.

대통령의 흥분과 자랑

12월 6일. 오전 9시 30분부터 청와대 회의실에서 경제 각료들과 중동 문제연구소 연구원들 간의 회의가 열렸다.

낮 12시 30분경 회의가 끝나자 박 대통령은 김정렴 비서실장에게 "김

실장, 내 집무실에 있는 그것 좀 가져와 보시오"라고 했다. 잠시 후 대통령의 책상 위에 검은 액체가 담긴 유리병이 올랐다.

박 대통령은 "내가 오늘 여러분께 기쁜 소식을 하나 알려 주겠소. 우리나라 포항에서 기름이 나왔습니다. 이게 바로 그 원유이니까 한 번씩 돌려가면서 보시오"라고 말했다. 어떤 사람은 손가락으로 찍어 맛을 보기도 했다.

12월 9일 박 대통령은 대구에서 열리는 전국 새마을지도자대회에 참석하기 위해 특별열차를 탔다. 열차가 경기도 안양에 이르렀을 때 옆 칸에 타고 있던 林芳鉉(임방현), 張東雲(장동운), 朴振煥(박진환) 특별보좌관들을 불렀다. 박 대통령은 이들에게 원유를 개발하게 된 경위와 실용적인 단계에 이르기까지의 문제점 등을 자상하게 설명하기 시작했다.

이 무렵 박 대통령은 석유가 나오는 꿈을 꾸다가 깨는 바람에 아쉬웠다는 이야기를 측근들에게 한 적이 있었다. 석유에 한이 맺힌 대통령은 원유가 담긴 병을 자신의 집무실에 둔 이후부터 틈만 있으면 누군가에게 이것을 자랑하고 싶어진 것이다.

이날 저녁 숙소인 대구 수성관광호텔에서 열린 만찬장에서도 박 대통령은 포항 석유 발견의 보안을 지킬 수 없었다. 다음날 새마을지도자대회가 끝난 뒤 전국 지방장관들과 가진 오찬석상에서도 박 대통령은 이 소식을 알렸다. 이로써 포항 석유의 비밀이 깨져버렸다. 1975년 세모의 한국 사회는 대통령으로부터 번지기 시작한 석유의 꿈을 불태우며 저물어 갔다.

필자(당시 국제신문 사회부 기자)는 1976년 1월 1일자 〈국제신문〉 사회면 머리기사를 썼다. 기사 제목은 '石油(석유)여 솟아라, 浦項(포항)

일대 中生代(중생대) 경상계 지층 탐사서 희망적 결론'이었다. 직설적으로 포항에서 석유가 나왔다는 언급은 없었지만 석유가 나왔다는 전제하에 유전 가능성을 지적한 내용이었다.

기자는 연초의 연휴 때 포항 시추 현장을 둘러보았다. 해양 석유시추선에 눈이 익은 기자에겐 매우 초라한 규모의 시추탑이었다. 시추 구멍 사이의 거리로써 背斜(배사) 구조의 크기를 대강 짐작하고 왔다.

1976년 1월 4일 회사에 출근하니 정보부 부산지부에서 좀 와달라는 연락이 왔다. 갔더니 "포항 석유 관련 기사는 쓰지 않기로 되어 있는데 무슨 의도에서 썼느냐"는 추궁이 있었다. 정보과장이 기자를 수사과 직원한테 넘겨 진술조서를 받게 했다. 몇 시간 지나 풀려나긴 했지만 정보과장의 정중한 태도가 인상에 남았다.

1979년 10월 27일 아침, 경찰서 출입 기자이던 필자는 전국에 지명 수배된 대통령 시해사건 범인 자료를 보다가 깜짝 놀랐다. 필자를 조사한 그 정보과장이 시해범으로 지명 수배되어 있는 게 아닌가. 그가 박 대통령 경호원인 안재송, 정인형 두 사람을 사살한 朴善浩(박선호) 의전과장이었던 것이다.

1976년 1월 15일 당시 〈국제신문〉 사회부 소속이던 필자는 박 대통령이 연두 기자회견 때 혹시 기름에 대해 언급할지 모른다는 생각에서 라디오에 귀를 기울이고 있었다. 전날 미리 포항 시추 관련 기사를 몇 꼭지 써두었지만 박 대통령이 기자회견에서 석유 발견을 확인해주지 않으면 신문에 게재할 수 없게 되어 있었다.

기자회견

몇 시간이나 다소 지루하게 계속되던 일문일답이 마무리 단계에 들어가도 석유 이야기는 나오지 않고 있었다. 열 번째 질문으로 어느 기자가 이렇게 물었다.

"포항 근교에 석유가 나왔다는 설이 일부 국민 간에 퍼져 있으며 제주도 남쪽 7광구에도 많은 석유가 매장되어 있다는 보도가 나오고 있어 국민들이 대단히 궁금하게 생각합니다. 이 기회에 사실 여부를 밝혀주십시오."

박 대통령이 기다렸다는 듯이 답했다.

"지난해 12월 우리나라 영일만 부근에서 처음으로 석유가 발견된 것이 사실입니다. 우리 기술진이 오랫동안 탐사한 후 3개 공을 시추한 결과 그중 한 군데에서 석유와 가스가 발견된 것이 사실입니다. 석유가 나온 양은 비록 소량이나 지하 1,500m 부근에서, 그것도 우리나라에서 처음으로 석유가 발견된 것은 고무적인 일이 아닐 수 없습니다. 그동안 KIST에 의뢰해 성분을 분석한 결과 양질의 것으로 판명되었습니다.

매우 반가운 소식이고 고무적인 이야기라 하지 않을 수 없습니다. 매장량이 어떻게 될지는 모르나 우리나라에서 석유가 나왔다는 사실 그 자체가 중요합니다. 경제성이 있을 만큼의 매장량이 있는지는 더 조사해보아야 합니다. 이 지역에 대한 탐사 및 조사를 위해 연초부터 외국 기술자를 불러오고 필요한 장비를 들여오고 있습니다. 4~5개월이 지나면 그 결과를 알 수 있을 것입니다. 외국 기술자들이 유망하다고 이야기하고 있으나 땅 밑에 있는 문제로 아직은 무어라고 말할 수 없으며 더

조사해봐야 할 것입니다. 좀더 확실한 것을 안 후 발표하기 위하여 공개하지 않았습니다.

기름이 한 방울도 나오지 않는 우리나라에서 기름이 나온다니까 국민들이 흥분하고 좋아하는 심정은 충분히 알 수 있으나 직접 파보지 않으면 알 수 없는 것이므로 하늘은 스스로 돕는 자를 돕는다는 말과 같이 국민들이 번영된 조국 건설을 위해 근면·자조·협동으로 부지런히 일하고 열성을 다하면 하느님이 우리에게 좋은 선물을 가져다줄지도 모르니 조사가 끝날 때까지 기다려 주십시오."

필자는 이 대목이 끝나자마자 회사로 뛰기 시작했다. 마감시간을 늦추면서까지 석유 발표를 싣기 위해 기다리고 있는 우리 신문(국제신문)에 준비해 둔 기사를 넣기 위해서였다.

吳源哲 수석은 이 기자회견장에 배석하고 있었는데 석유 관련 질문이 나오자 불안했었다고 한다. 박 대통령의 설명을 분석해보면 그는 포항 석유가 원유가 아니란 사실을 알면서도 원유가 발견된 것처럼 말했고, 마치 매장량이 많아 유전으로 성립될 수 있으리란 기대감을 주는 방향으로 대답을 하고 있음을 알 수 있다. 경제성이 있다는 이야기를 하지 않았으나 포항 석유 발견에 대단한 의미를 두는 발언이었다.

박 대통령의 이 발표에다가 혹을 덧붙인 것이 언론의 소나기 같은 과장·조작 보도였다. 거의 모든 신문은 포항 석유 발견 발표를 1면 머리에 통단 컷 제목으로 보도했다. 이런 편집은 북한이 남침하거나 현직 대통령이 사망한 경우에나 사용한다. 박 대통령은 석유가 나왔다고만 했는데 거의 모든 신문들은 유전이 발견된 것처럼 보도했다.

퇴적층을 뚫으면 소량의 석유는 자주 나오지만 경제성이 있을 만한 유전 발견율은 2% 정도에 불과하다는 것을 무시하고 '우리도 산유국이 되었다' 느니 '이제 세금을 내지 않아도 될 날이 오고 있다' 느니 보도하는가 하면, 어느 중앙지는 '포항 유전의 매장량은 일본 최대 유전의 열 배, 중동 최대인 멜라님 유전과 맞먹는 69억 배럴로 추정된다' 고 백일몽 같은 기사를 쓰고 있었다. 이런 기사로 해서 주식 가격은 연일 폭등했다.

참고로 일본에서 당시 가장 큰 유전은 매장량이 약 6,000만 배럴이었고, 중동에서 가장 큰 유전은 사우디아라비아의 가와르 유전으로서 매장량이 약 700억 배럴이며 멜라님이란 유전은 존재하지도 않았다.

필자는 박 대통령의 석유 발견 발표 다음날부터 포항 석유에 대해서 비관론자가 되어가고 있었다. 포항 시추에 관계했던 기술자들과 접촉하면서 언론 보도나 박 대통령의 희망 서린 발표와는 다른 냉담한 견해를 듣기 시작한 것이다.

필자는 포항 석유가 油徵(유징) 정도이고 그 한 해 전 부산 앞바다인 제6광구 도미 A갱정에서 발견된 含油層(함유층)보다도 오히려 의미가 작은 것이란 판단을 하게 됐다. 도미 A 갱정 석유 발견 특종을 해본 필자로서는 기름 몇 드럼의 발견이 유전과는 아무 관계가 없는 경우가 훨씬 많다는 것을 실감한 때문에 포항 석유가 유전 성립으로 이어질 가능성을 확신할 수 없었다.

박 대통령의 언급에서 필자가 느낀 것은 '아하, 이분이 석유를 무슨 우물 파는 식으로 이해하고 있구나' 하는 점이었다. 그는 지하 1,475m에서 기름이 발견되었으니 더 깊게 파면 더 많이 나온다는 식으로 이해하고 있는 것이 틀림없다는 감을 갖게 된 것이다. 목표로 하는 지층에서 기름이 나오지 않으면 더 깊게 판다고 해서 기름이 발견되는 것이 아니다.

油徵과 油田의 혼동

부산의 국제신문 사회부 소속이던 기자는 포항 석유의 가능성에 대해 부정적인 내용을 써서 사회부장에게 제출했다. 사회부장은 "어제부터 정보부에서 연락이 있었다. 이제부터는 포항 석유에 대해서 일절 보도하지 못한다는 통보였다"고 말하는 것이 아닌가. 박 대통령이 포항 석유 발견을 확인해준 날로부터 6일이 지나자 포항 석유란 단어가 신문과 방송에서 썰물처럼 사라졌다.

필자는 이 무렵 석유 개발에 대한 나름대로의 이해력을 갖추고 있었다. 그것은 교실에서 배운 지식 덕분이 아니라 취재 현장에서 특종을 노리고 뛴 덕분이었다.

1972년 11월 13일, 동해 제6광구의 해저석유 개발권을 가진 로열 더치쉘은 울산 正東(정동) 80km 해저(수심 197m)에서 돌고래 I공 시추를 시작했고 그때, 국제신문 문화부 기자이던 필자는 '석유 발견'이란 희대의 특종을 하기 위해서 부산 감만동 바닷가에 있는 현장사무소를 들락거렸다. 필요에 의해서 필자는 미국 및 네덜란드 기술자에게 묻고 석유지질학 책을 참고하면서 '지상 최대의 도박'이라 불리는 성공률 2%의 석유개발 취재에 빠져들었다.

필자는 1973년 1월 4일자 〈국제신문〉 사회면 머리기사로 돌고래 I공의 굴착심도 2,000m 지층에서 '천연가스가 발견되고 있어 油層(유층)의 가능성을 보여주고 있다'고 특종으로 보도했다.

나중에 檢層(검층)해본 결과 기름과는 관계가 없는 천연가스로 밝혀졌다. 이 지역은 유전보다는 천연가스전의 가능성이 더 높다는 것이 그때부터 확실해졌다. 최근 석유개발공사는 이 부근 해저에서 발견된 천연가스층이 경제성이 있다고 판단하여 생산을 시작했다.

　석유 개발 과정을 면밀히 취재하면서 필자는 두꺼운 퇴적층을 뚫었을 때 석유가 나오는 것은 구름이 끼면 비가 오는 것처럼 아주 자연스런 현상임을 알게 됐다. 문제는 매장량이다. 육상에서는 수백만 배럴의 매장량도 유전으로서 경제성이 있으나 해저 유전은 수천만 배럴의 매장량도 비싼 개발비 때문에 경제성이 없을 수 있다.

　이런 사정을 잘 모르는 기자들, 국민들, 그리고 나중에는 박정희 대통령까지도 기름 몇 드럼 정도가 발견되어도 흥분하려는 태세였다. 외국에선 퇴적층을 시추할 때 석유가 안 나오면 오히려 이상하게 여기는 판인데 우리나라에선 당연히 나와야 할 천연가스에도 흥분하고, 그것을 곧장 유전 발견으로 연결시켜 확대 해석하곤 했다. 시추의 목적은 천연가스나 유징이 아니라 경제성이 있을 만큼 다량으로 매장된 유전이나 가스전의 발견이란 것을 망각한 데서 포항 석유 대소동이 있었다. 필자도 처음부터 그런 사실을 안 것이 아니라 취재 과정의 시행착오를 거치면서 배웠던 일이었다.

　1975년 6월 로열 더치 쉘은 제6광구의 제주도 동쪽 82km에서 도미 A공 시추를 재개했다. 굴착 심도 2,400m 부근 沙岩層(사암층—모래가 굳어서 된 틈이 많은 퇴적암. 이 틈 속에 석유나 가스가 괸다)을 뚫을 때부터 원유가 검출되기 시작했다. 포항 석유가 아니라 이 원유 검출이 우리나라에서 최초였다.

　필자는 1975년 6월 17일 〈국제신문〉 1면 머리기사로 '원유가 나왔다'고 보도했다. 이 유층은 2,480m 부근에 있었다. 이 지층에 대한 검층 결과 경제성이 있을 만한 매장량을 갖고 있지 않음이 밝혀졌다.

필자는 유전 발견으로 이어지지 않았던 이 두 개의 불발 특종-천연가스 발견과 유징 발견-의 경험을 통해서 포항 석유 발견을 냉정하게 볼수 있는 눈을 가지게 되었던 것이다. 필자는 포항 석유의 수준을 아무리 높게 잡더라도 제6광구 도미 A공에서 발견된 원유 정도라고 판단했던 것이다.

포항 유전의 가능성을 최초로 제기했으나 1975~1977년 시추에는 관계하지 않았던 정성엽(정우진의 改名)은 이즈음 정보기관에 불려가 조사를 받았다. 거의 모든 신문은 포항 석유발견의 주역이 정성엽이라고 오보를 했었다. 이번 포항 시추는 정장출의 활약에 의해 착수되었다는 것을 모르는 언론이 옛날 신문철을 뒤져서 쓴 기사 때문이었다. 당국에선 정성엽이 자신의 이름을 내기 위해 그렇게 떠들고 다녔다고 오해한 것이다.

이 무렵 필자는 어떤 충동을 억제할 수 없었다. 그것은 '임금님 귀는 당나귀 귀', '포항 석유는 경제성이 없다'고 소리치고 싶은 충동이었다. 이런 충동에는 필자가 알고 있는 진실을 전하고자 하는 욕심에다 석유 개발에 관한 지식을 과시하고 싶은 생각도 깔려 있었다. 명예욕과 정의 감이 뒤섞인 충동을 자제하지 못한 필자는 언론종사자와 지질학자들, 그리고 관계 공무원들을 상대로 한 편의 논문을 쓰기 시작했다.

석유 축제설과 논문 소동

1976년 5월에 들어서자 포항 석유에 대한 2차 발표가 있을 것이란 소문이 퍼지기 시작했다. 5월 16일엔 석유 축제가 열릴 것이란 소문이 돌기도 했다. 주가가 또다시 뛰기 시작했다.

이때 필자(당시 〈국제신문〉 사회부 기자)는 논문을 완성했다. 〈한국의 석유개발: 비공개 자료의 분석에 의한 전망과 제언〉이란 제목의 원고지 250장 분량의 소책자를 200부 찍었다. 인쇄비 11만 원은 "제발 그런 위험한 짓 그만두라"고 말리던 아내가 댔다. 이 책자를 연구소, 관청, 언론사로 보냈다. 정보부의 지시에 의해서 모든 언론이 포항 시추에 대해 침묵하고 있는 상황에서 이런 논문이라도 써야 한다는 강박관념 비슷한 것이 있었기에 논문들을 다 보내고 나니 후련하기도 했다.

〈한국의 석유개발〉 제5장에서 필자는 포항에서 정보부가 뚫고 있는 시추공의 위치와 이미 밝혀진 지질 단면도를 결합시켜 가능한 최다량의 원유 매장량을 계산해보았다. 유전 유망 지역의 평면적을 최대로 10km² 로 잡고 유층의 두께는 10m, 유층을 형성하는 지층의 암석 空隙率(공극률−바위 안에 듬성듬성 구멍이 나 있는 공간의 비율. 이 값이 높아야 기름이 많이 스며 있다는 것이 된다) 20%, 含油率(함유율) 50%, 採油率(채유율) 50%로 계산해보니 可採(가채)매장량은 약 3,000만 배럴이란 추산이 나왔다. 이 수치는 모든 가능성 가운데 최고치를 가정하여 계산한 것이다.

이 최대치를 기준으로 해도 포항 석유로 한국이 석유를 자급자족하게 되었다느니 세금을 내지 않아도 되게 되었다느니 하는 보도는 터무니없는 과장이라고 필자는 지적했다. 필자는 포항 석유는 경제성이 없거나 있어도 매장량은 적을 것이라고 결론지었다.

한 보름 뒤 정보부 부산지부에서 좀 보자는 연락이 왔다. 일본 〈산케이 신문〉에서 필자의 논문을 인용해 '포항 석유의 경제성은 비관적이다' 고 기사를 썼다는 것이다. 정보부에선 필자가 배포한 보고서를 모두 회수하라고 강요했다. 그들은 필자가 '부득이한 사정으로 논문을 되돌려주십시오' 란 요지의 글만 써주면 자신들이 대신 회수해 주겠다고 했다. 그렇게 해주었다. 그 보름 뒤 필자는 근무하던 〈국제신문〉에서 쫓겨나 실업자가 됐다. 정보부에선 두 번이나 정보부의 보도 지침을 위반한 필자를 몰아내도록 회사에 압력을 넣었던 것이다.

나중에 필자가 〈산케이 신문〉을 얻어 읽어보니 이 신문의 서울특파원이 쓴 기사는 '한국 포항 유전 소규모' 란 제목으로 외신면 머리기사에 실려 있었다.

그 요지는 '석유 전문기자인 〈국제신문〉의 趙甲濟(조갑제) 기자가 포항 석유와 관련된 시추 자료를 근거로 하여 포항 석유에 대해서 비관적인 전망을 했다' 는 것이었다. 이 기사는 '탄화수소(석유와 가스의 화학 성분)를 저장해야 하는 지층의 두께가 얇고 탄화수소를 생성시키는 母岩(모암)의 발달이 부족하다' 면서 '정부에서 발표한 포항 석유 발견이 과연 유층의 존재를 의미하는지 고립된 소량의 석유 발견을 의미하는지조차 확실하지 않다' 는 필자의 주장을 인용했다. 이 기사는 이어서 '趙 기자는 과대평가해서 매장량을 추산해도 포항 석유는 한국의 연간 소비량에도 미치지 못한 정도라고 주장했다' 고 보도했다.

졸지에 실업자가 된 필자는 잡지에 글을 쓰면서 몇 달을 버티다가 국제상사 신발공장에 간부 사원으로 입사했다. 그 1년 뒤 신직수 부장이 金載圭(김재규)로 바뀐 다음 정보부에서는 '조용히 신문사로 복직하면 우리도 가만히 있겠다' 는 암시가 왔다. 필자는 1977년 10월 1일자로 〈국제신문〉

사회부로 복귀했다.

필자가 실직자 생활을 하고 있던 1976년 8월 박 대통령은 진해 별장에서 여름휴가를 보내면서 기자회견을 했다. 그는 "포항에서 석유 탐사를 계속했지만 아직 경제성은 확인하지 못했다"고 발표했다. 그동안 포항에서는 무슨 일이 일어났던가.

뚫어도 뚫어도

1976년 연두 기자회견 석상에서 한 박 대통령의 석유 발견 발표 이후 정보부는 바빠졌다. 신직수 부장은 검사 출신답게 합리적이고 신중한 사람이었다. 정보부는 박 대통령이 그런 발표를 하는 것에도 반대했다고 한다.

언론의 과장 왜곡 보도로 여론이 과열되자 우선 언론의 포항 관련 보도를 일절 금지시킨 다음, 정보부는 미국에서 5,000m까지 뚫을 수 있는 유전시추기를 도입하고 미국인 석유 시추 기술자 20여 명을 데리고 왔다. 명인성·김연수 박사 등 해외에서 활동 중이던 한국인 전문가들도 초빙했다. 동신산업은 현대적 석유개발회사로 변모했다.

3월에 정보부의 위장 회사 동신산업은 기름이 나온 B공 북서쪽 약 50m 지점에서 DS 1호공을 뚫기 시작했다. B공 시추는 일반 광산용 시추기를 사용했기 때문에 구멍이 지름 2.7cm 좁아 검층(지층의 상태를 조사하여 유전의 자격이 있는지 여부를 검사하는 작업)을 하지 못했기 때문이다. 시추기가 掘進(굴진)심도 1,000m를 넘어 석유가 나왔던 1,475m를 향해 접근하자 누구보다도 가슴을 죄기 시작한 것은 현장책임자인 동신산업 사장 최갑동이었다. 육군 대령이던 그는 포항 석유 발표 직후 준장으로 진급했다. 지하 1,394~1,396m 안산암에서 형광 반응이 있었으나 기름은 비치지 않았다. 시추봉은 지하 1,400m를 넘어섰다. 메마르고 단단한 화강암층을 갈아서 부수면서 조금씩 조금씩 파고 들어갔다.

최 사장은 침식을 잊다시피 하며 현장에 나와 초조하게 작업을 지켜보았다. 정보부·청와대로 매일 아침 보고를 했다. 그는 졸도했다. 긴장의 연속에 의한 신경성 고혈압 때문이었다. 병원에 며칠 입원해 있다가 링거 주사를 팔뚝에 꽂은 채 현장에 다시 나타났다. "문제의 유층 심도에 접근하고 있다고 생각하니 도저히 병상에 누워 있을 수 없었다"는 것이다.

1,450, 1,470, 1,480, 1,490, 1,500, 1,550m. 기름은 나오지 않았다. 최 사장은 눈에 띄게 초췌해졌다. 초조하게 좋은 소식을 기다리는 정보부장과 대통령 쪽으로 매일 '유징 없음'이란 보고를 하는 것도 이만저만한 고역이 아니었다. 마침내 신직수 부장은 석유보다도 건강이 더 중요하다고 훈계를 한 뒤 그를 부산의 동래 온천장으로 강제 휴양을 보내버렸다.

B공에서 불과 50m 거리를 두고 뚫었는데도 기름이 나오지 않았으니 귀신이 곡할 노릇이었다. 함유층은 보통 고립적으로 존재하지 않는다. 수km², 수십km² 뻗어 있는 법이기 때문에 같은 그 지층에 도달하면 유징이 나오게 되어 있다. DS 1호공 시추는 지하 2,176m까지 뚫고 끝냈다. 화강암층이 끝날 줄 몰랐기 때문이었다.

기름은 沙岩(사암), 石灰岩(석회암) 같은 무른 퇴적층에 스며 있지 강철 같은 화강암층에선 발견되지 않는다. 정보부는 화강암을 지나면 또다시 퇴적층이 나오겠지 하는 기대를 버리지 않고 굴진을 계속했으나 인간의 소망이 아무리 간절하다고 한들 자연의 이치가 바뀔 리 없었다.

정보부는 이어서 기름이 나온 B공에서 남동쪽으로 수십m 떨어진 장소에서 DS 2호공을 시추하기 시작했다. 문제의 지하 1,475m 지층을 목표로 했다.

이런 시추는 아마도 세계 석유개발사상 처음이었을 것이다. 마당만한 면적에 세 구멍을 뚫는다는 것은 이미 유전을 찾자는 것이 아니었다. 한국 대륙붕 시추에서는 수십km²의 평면적을 가진 유전 유망 지층에 대한 평가를 단 한 구멍의 시추로 결론을 내렸다. 포항 시추는 유전이 아니라 대통령이 발표한 석유 발견의 진실성을 확인하는 것으로 그 성격이 변질되어 버렸다. DS 2호공 시추도 지하 1,475m를 아무 소식 없이 통과했다.

매일 아침 "아무 징후 없습니다"란 보고를 정보부, 청와대 비서실로 올려야 하는 최갑동 동신산업 사장의 괴로움이 극에 달하고 있었다. 오원철 수석은 직접 전화를 걸어와 "무슨 소식이 있습니까?" 하고 물어오기도 했다. 멀리 떨어져 있는 박 대통령의 숨결이 느껴지는 듯했다. 박 대통령은 그해 3월 포항의 시추 현장을 찾아 격려하고 올라가지 않았던가.

단단한 화강암층을 파고 들어가는 것을 보다 못한 한 미국인 기술자는 자문위원인 이희철 교수(인하대학)에게 "당신들은 차라리 금을 찾는 것이 낫겠다"고 말하더란 것이다. 새 구멍 굴진을 시작하는 한 기공식에 참석한 김영수 정보부 기조실장은 최갑동에게 "이번에도 기름이 나오지 않으면 너를 이 구멍에 파묻어버리겠다"고 농담을 했다. DS 2호공에서 유징이 나오지 않자 정보부는 지하 1,823m에서 굴진을 종료했다. 다른 지역의 시추공에서도 아무 성과가 없었다.

필자가 '포항석유는 경제성이 의문시된다. 있다고 해도 소규모일 것이다' 는 요지의 논문을 써낸 것은 이처럼 정보부의 신경이 예민해져 있을 때였다.

고개를 드는 의문점

시추현장에서도 이즈음 B공 원유에 대한 의문이 제기되기 시작했다. 국립지질조사소에서 현장에 파견 나가 있던 석유지질 전문가 郭英勳(곽영훈·전 한국자원연구소 소장) 박사는 그 의문점을 이렇게 요약했다.

"우선 석유가 나올 수 없는 지층에서 나왔다는 점이었습니다. 석유지질학설로는 어떤 경우에도 설명이 되지 않는 석유 발견이었습니다. 즉, 과학으론 해명이 되지 않는 현상이었다는 점입니다. 포항 지역에서 석유가 나올 가능성이 있는 곳이라고는 최대 두께가 800m쯤 되는 제3기 海成層(해성층−바다 밑에서 퇴적된 지층)뿐입니다.

그런데 이 3기층을 여러 번 뚫어보니 석유를 생성하기엔 지층의 성숙이 미흡하다는 결론이 났습니다. B공의 기름은 이 3기층이 아니라 중생대의 백악기층, 그것도 화강암, 정확히 말하면 규장암 지층에서 나왔단 말입니다. 다른 지층에서 생성된 것이 틈을 따라 이동하여 이곳까지 왔다고 설명하려고 해도 무리였습니다. 중생대 퇴적층은 제3기층과 달리 過(과)성숙되어 기름을 생성시킬 수 없다고 우리는 판단했습니다. 중생대 퇴적층이라면 또 모를까 화강암층에서 나왔으니 더욱 석유 발견을 이론적으로 설명할 수 없었습니다. 또 한 가지 B공 기름에 대한 유공과

KIST의 최초 분석에 대한 오해입니다. 이 분석은 원유 여부를 판별한 것이 아니라 원유라는 전제하에서 성분을 알아 본 것이었습니다."

郭 박사는 "KIST에 B공 기름을 분석하러 갈 때 나도 동행했다"면서 "성분 분석을 해보니 더욱 원유가 아니란 생각이 굳어졌다"고 했다. 郭 박사는 "원유인가 아닌가를 분석하는 확인법이 당시 국내에선 정립이 되어 있지 않았다"면서 "원유인가 아닌가를 알아보려면 분석화학적 여러 가지 시험과 함께 석유지질학적인 검토가 따라야 하는데 어느 것도 되지 않았다"고 했다. 이미 박 대통령이 원유라고 발표하고 무서운 정보부가 대통령의 말씀을 사후적으로 뒷받침하려고 달려들고 있는 판에 자문위원들이 제기하는 이런 이견은 그냥 묻혀 넘어갔다.

하루는 김정렴 실장이 오원철을 부르더니 "이젠 포항 탐사를 매듭지을 때가 된 것 같다"고 했다. 두 사람은 우선 정보부를 납득시키는 것이 필요하다고 판단했다. 오원철은 걸프의 석유탐사 전문가 레딩 햄을 초빙해 포항을 시찰하게 하고 탐사 자료를 검토하도록 했다. 조선호텔에서 정보부 탐사반 사람들과 만난 레딩 햄은 간단하게 "석유 부존의 가능성은 없다"고 결론 내렸다. 하루 500달러, 10일 기한으로 온 오일맨의 권위 앞에서 정보부도 반론을 제기하지 못했다.

동신산업 회장으로 통하던 정보부의 육동창 국장이 오원철 수석을 찾아와 "이제부터 어떻게 했으면 좋겠습니까" 하면서 상의하더라고 한다. 오원철은 이렇게 말했다는 것이다.

"오래 끌수록 정보부도 빠져나오기 어려울 것입니다. 정보부는 이 일에서 손을 떼고 장비와 殘務(잔무)를 국립지질조사소에 인계하는 것이 좋겠습니다."

동신산업이 마지막으로 뚫은 것은 칠포 해수욕장 남쪽 해안 언덕의 DS 4호공이었다. 최후를 의식해서인지 가장 깊게 뚫었다. 최종 심도는 3,117m. 역시 화산암층을 헤쳐 나오지 못하고 굴진은 끝났다.

1976년 말에 중앙정보부장으로 취임한 金載圭는 시추 종료를 박 대통령에게 건의했다. 이 자리에서 박 대통령은 "석유가 있는가 없는가를 확인하는 것도 통치자의 의무가 아니겠는가"라고 말했다고 전한다.

연인원 약 4만 명, 약 70억 원의 예산, 12개 구멍 시추, 총 2만 5,000m 굴착. 그 흔적은 암석 표본과 각종 검층 자료로만 남았다. 박 대통령, 김종필 당시 총리, 정장출, 최갑동, 그리고 현장의 몇 사람들은 B공에서 나온 기름을 기념으로 조금씩 얻어가 최근까지 보관했다.

1981년 여름 필자는 포항 시추 현장을 5년 만에 둘러보았다. 기름이 나왔던 B공은 시추 파이프가 박힌 채 남아 있었고 가스가 지층수에 섞여 보글보글 올라오고 있었다. 풀밭 속에 버려진 이 坑口(갱구)가 기름에 한 맺혔던 대통령과 온 국민들을 흥분시켰던 곳인 줄 아는 행인들은 별로 없었다. 뜨거운 지하수가 나왔던 D공 주변은 정부가 주변의 땅과 집들을 사들여 통제 구역으로 설정해놓았다. 갱구의 손잡이를 트니 뜨거운 물이 쏟아졌다. 국립지질조사소의 後身(후신)인 동력자원연구소의 현장관리소 직원들은 굴착 장비에 기름칠을 해가며 다시 때가 오기를 기다리고 있었다.

일본인의 분석 결과도 '원유가 아니라 輕油'

자, 이제부터는 오원철 씨가 주장한 "포항 석유는 원유가 아니라 정제된 경유였다"는 내용을 검증할 차례이다. 오 씨는 그런 주장을 1997년 월간 〈WIN〉 5월호에 '중앙정보부가 연출한 국가적 해프닝-포항석유탐사'란 제하의 기고문에 실었고, 그해 7월에 나온 《한국형 경제건설 제6권》에도 기재했다. 이 두 글은 별다른 주목을 받지 못했다. 저널리즘의 기준으로 본다면 이것은 오원철 씨의 주장일 뿐이다. 이 주장을 검증하는 절차를 거쳐서 사실이나 허위로 확인하는 작업은 그 뒤 진행되지 않았다. 지금부터 필자는 이 일을 하려는 것이다.

먼저 오 씨가 박 대통령으로부터 받은 유리병에 든 석유를 미국으로 보내 분석하는 데 있어서 중계역할을 했던 한성갑 씨를 찾았다. 한 씨는 1976년 뒤에는 호남정유 부사장, LG소재(주) 사장을 거쳤다. 그는 오원철 씨가 기록한 과거사를 대체로 사실이라고 확인해 주었다. 다만 자신이 "이 기름은 유공에서 만든 경유 제품과 같다"고 말한 기억은 나지 않는다고 했다.

"저는 당시 호남정유 서울 본사 기획·수급 담당 임원이었습니다. 오 수석 밑에 있던 김광모 비서관과 친했습니다. 저는 오원철 수석으로부터 받은 기름 샘플을 미국의 칼텍스로 보냈더니 며칠 있다가 분석치가 왔고 이것을 오 수석에게 보고했습니다. 미국 연구소의 분석 결과는 원유가 아니란 것이었습니다. 아주 단정적으로 '이것은 원유가 아니고 정제된 기름이다'라고 판단했던 것으로 기억합니다."

—그런데도 박정희 대통령이 기자회견을 하면서 포항에서 양질의 원유가 발견됐다고 이야기하는 것을 듣고 충격을 받지 않았습니까.

"저는 그분이 무슨 정치적인 의도가 있어서 그렇게 말하는 줄로만 알았죠."

1970년대 포항 시추를 성사시킨 주인공 정장출은 포항 B공과 C공 및 경북 의성군 다인 지역 시추에서 나온 기름을 유리병에 넣어 보관하고 있다가 1980년에 일본의 저명한 석유지질학자 기노시다(木下浩二) 박사에게 맡겨 분석을 의뢰했다. 정장출에 따르면 1980년 3월 그는 기노시다 박사에게 한국의 중생대 지층인 경상계에 대한 공동 연구와 유전 탐사 指導(지도)를 의뢰했다고 한다.

기노시다 박사는 1945년 규슈제국대학 지질학과를 졸업한 이후 제국석유, 석유자원, 미쓰비시석유, 중동석유 등에서 석유지질학자로 일했다. 정 씨는 원유분석에 정통한 기노시다 박사에게 그동안 보관하고 있던 기름을 보낸 것이다.

필자는, 기노시다 박사가 1981년 4월 14일 정장출에게 보낸 분석 결과 보고서와 분석표의 전문을 鄭 씨로부터 입수할 수 있었다.

그 요지는 이러하다.

〈시간이 흘렀다고 해도, 또 원유의 경질분은 휘발했다고 해도 중질분은 남아 있어야 한다. 혹은 화강암이 들어와 열에 의한 變性을 받았다고 해도 중질분은 남아 있어야 한다. 중질분의 존재 여부를 알아내는 최선의 방법은 FD-MS(Field Desorption-Mass Spectrometry) 분석법이다. 이 방법으로 시험해본 결과 1번(B공 기름)과 2번(C공 기름)은 매우 특수하지만 원유일 가능성은 있다. 3번(의성군 다인면 기름)은 경유와 윤활유가 섞인 것으로 원유가 아니다. 더 확실하게 하기 위해서 가스 크로마토그래피 증류 분석을 해보았다. 칼럼 안에는 중질분이 남고 주로 경질분이 관측되어야 한다. 해본 결과는 한 번도 경질분이 보이지 않았다. 이렇게 되면 휘발분은 원래부터 없었다는 이야기로서 원유일 가능성은 낮다는 것이 분석자의 결론이 됐다. 분석자의 중간 보고는 이상과 같은데 대단히 죄송하게 되었지만 나의 견해를 덧붙여 둔다.

가벼운 휘발분도, 무거운 아스팔트 성분도 없으므로 1, 2번 샘플은 경유, 3번은 경유+윤활유의 분자량 범위 안에 있는 것이며 원유라고 한다면 극히 稀有(희유)의 타입이라고 할 수밖에 없다. 가스 크로마토그래피의 분석에 의하면 나프텐 성분이 많다. 이 점, 海成(해성) 유기물에서 생성된 원유의 특징인데 한국의 퇴적 분지는 陸成層(육성층—기름이 나온 포항 B공 1,475m는 중생대 화강암층이다. 중생대 지층 가운데는 육성 퇴적층이 있고, 신생대 제 3기층은 해성 퇴적층이다. 육성이란 뜻은 호수나 강에 의해서 퇴적된 지층을 말한다. 해성은 바다 밑에서 퇴적된 지층이다)이라고 생각하는데 불가사의하다. 샘플 분석으로 더 상세히 답한다는 것은 무리라고 생각한다. 다른 자료로 원유의 존재 가능성을 제시하지 않으면 안 될 것이다. 원유라 해도 변질을 많이 받은 것은 확실하므로 양적으로는 큰 기대를 하기는 어려울 것이다〉

기노시다 박사의 분석을 요약하면 포항에서 나온 기름은 원유가 아니라 경유일 가능성이 매우 높으나 매우 특이한 원유일 가능성을 완전히 배제할 수는 없다는 것이다. 전체적인 문맥으로 봐서 기노시다 씨는 경유일 가능성에 거의 절대적인 비중을 두고 있음을 알 수 있다.

특히 그는 자신에게 분석을 의뢰한 정장출을 실망시키지 않기 위해서 경유의 가능성이 압도적임에도 불구하고 세 번이나 분석시험을 한 뒤 '경유이다'라는 결론을 내렸지만, 다시 조심스럽게 '극히 특이한 원유일 가능성도 있으나 다른 자료로써 그것을 입증하지 않으면 안 될 것이다'고 못 박았다. 그는 '대단히 죄송하게 되었지만'이란 말을 덧붙임으로써 분석 의뢰자인 정장출의 기대와 다른 결론이 나온 점에 대해서 신경을 쓰고 있는 것이다.

B공 기름을 가스 크로마토그래피로 분석한 자료에 따르면 이 기름에 열을 가했더니 섭씨 166도에서 처음으로 증발하기 시작해 396도까지 전체의 85%가 증발했다. 이것은 경유 성분이다. 나머지 15%는 섭씨 396~760도 사이에서 증발했는데 이것은 중유 성분이다.

원유라면 166도 훨씬 이하의 온도에서부터 휘발유 성분 등이 증발해야 하는데 그런 것이 전혀 보이지 않고 무거운 아스팔트 성분도 없으므로 이 기름은 원유가 아니라 경유로 보아야 한다는 것이다. 다만 원유가 지층 속에서 생성된 뒤 갑자기 화산 분출이 있다든지 하여 열에 의한 변성을 받았다면 휘발 성분이 날아가 버린 원유가 될 가능성을 배제할 수 없다는 것이다. 이 부분은 지질학적으로 설명돼야 한다(지질학자들은 포항에서 그런 현상이 있었을 가능성을 배제하고 있다).

郭英勳 박사의 견해 '원유라고 설명할 도리가 없다'

포항 시추 때 참여했던 곽영훈 전 한국자원연구소 소장(당시는 지질조사소 근무)은 우리나라의 석유 탐사, 그 가운데 지질 분석 및 검층 분야의 일인자로 꼽힌다. 곽 소장은 1975년 12월에 기름이 나왔을 때부터 의문을 갖고 있었던 사람이다. 곽영훈 소장은 유공 울산공장이나 한국과학기술연구소에서 원유라고 분석했다는 것은 사실과 다르다고 했다.

"그곳에서 한 분석은 원유인가, 정유인가를 가리기 위한 게 아니었습니다. 원유란 전제하에 어떤 성분이 있느냐를 분석한 것입니다."

필자는 油公 울산공장의 시험실에 알아보았는데 같은 대답이 돌아왔다. 당시 분석은 원유 여부를 가린 것이 아니라 성분 분석이었다는 것이다. 원유 여부를 가린 분석은 오원철 수석의 의뢰에 의해 칼텍스 시험실에서 한 것과 미쓰비시 석유의 기노시다 박사가 한 것뿐이란 이야기다. 이 두 분석에서 다같이 '원유가 아니라 경유이다', '원유일 가능성은 극히 낮고 경유일 가능성이 높다'란 판정이 나온 것이다.

필자는 곽영훈 소장에게 기노시다 박사의 분석 자료를 팩스로 보내주고 의견을 들었다. 곽 소장은 "기노시다 박사가 한 분석 자료, 특히 가스 크로마토그래피의 분석 자료를 보니 원유로 보기는 어렵고 경유와 비슷하다는 판단을 하게 된다"고 말했다.

곽 소장도 기노시다처럼 이 석유 샘플에서 메탄, 에탄, 부탄 같은 가벼운 탄화수소 성분이 전혀 검출되지 않는 것이 원유가 아니란 중요한 증거라고 지적했다. 1975년에 나온 기름을 5년간 병에 넣어 보관했다가 분석했기 때문에 휘발분은 날아가 버렸을 수도 있지만 가스 크로마토그래피 분석법은 100만분의 1(ppm) 단위 이하의 미량도 검출해내는 아주 정교한 방법이므로 휘발분이 전혀 검출되지 않는 것은 있을 수 없다는 것이다.

"그래서 이 기름은 원유가 아니라 경유라고 보는 것이지요. 정유 과정에서 휘발분을 없애버리고 경유 성분만 정제해낸 제품이란 뜻입니다. 원유라면 세월이 가면서 또는 누군가가 불을 붙여서 그 휘발분을 태워 없앴다고 하더라도 무거운 성분 속에 소량의 가벼운 성분이 포획되기 때문에 기노시다 박사의 분석치처럼 휘발분이 전혀 나오지 않을 수는 없는 것이지요.

이 자료를 가지고 기노시다 박사가 '이 기름은 원래부터 휘발분을 지니고 있지 않았으므로 원유가 아닌 경유로 보인다'고 판단한 것은 정당하다고 생각합니다. 더구나 기노시다 박사는 중질유의 존재 여부 시험에서 아스팔트 성분도 발견하지 못했다고 지적했습니다. 무거운 성분도 가벼운 성분도 없는 원유란 상상하기 어렵습니다. 원유란 복합 물질로서 가벼운 가스부터 무거운 아스팔트까지를 다 포괄하고 있는 물질이니까요."

다만 한 가지 1975년 기름 발견 직후 원유설에 의문을 제기한 곽영훈 소장이 말문이 막힌 적이 있었다고 한다. B공 기름에 자외선을 비쳐보니 형광 반응이 있었기 때문이다. 원유라고 믿는 사람들은 "형광 반응은 경유에선 나오지 않고 원유에서만 나오니 이것을 원유라고 보아야 하지 않겠는가"라고 했다고 한다.

곽영훈 박사는 나중에 원유가 아닌 그리스(중질유) 성분에서도 형광 반응이 나오는 것을 확인했다고 한다. 시추 기계의 윤활유로 쓰이기도 하는 그리스 성분이 B공 내부를 순환하는 물에 녹아들어 이것이 기름 성분과 섞여 형광을 발한 것이 아닌가 추정된다는 것이다.

輕油와 윤활유가 왜 地下로 들어갔을까

그러면 B공의 기름이 원유가 아니고 경유라고 하더라도 어떻게 해서 그 깊은 땅속에까지 스며들었을까. 이것도 수수께끼이다.

전술한 吳源哲 전 수석의 추리는 이러했다.

'A공 시추를 할 때 냉각수와 섞어 쓴 경유와 시추 장비에 쓰는 윤활유인 그리스유 등 중유 성분이 지하의 바위 틈새로 빠져나가 B공 지하 1,475m에 발달한 공동에 몰려 있다가 B공 시추 때 발견된 것이다.'

곽영훈 소장은 이런 추리에 대해 "A공과 B공은 상당히 떨어져 있는데 과연 그런 기름의 이동이 가능했겠는지 의문이 간다"고 했다. 그보다는 "坑井(갱정) 순환 泥水(이수:갱정의 벽이 붕괴되지 않도록 뻑뻑한 물을 순환시키는데 이 물에는 화학약품이나 기름을 섞기도 한다)에 탄 乳化(유화)된 경유가 분리돼 나왔을 가능성을 생각해본 적이 있다"고 했다. 유화제를 이용하면 물과 경유 성분이 죽처럼 혼합된다. 좀처럼 기름이 따로 떨어져 나올 수 없는데 어떤 상황에서 기름이 분리돼 표출되는 바람에 원유라고 오해했을 가능성이 있다는 추리이다. 한 현장 기술자는 그러나 B공에선 기름을 순환 泥水에 타지 않았다고 증언했다.

곽 소장은 어떤 경로로 경유가 B공 안으로 들어갔는지는 추정만 할 뿐 밝힐 순 없게 되었다고 했다.

"조 편집장도 시추 현장에 가보셔서 잘 아시겠지만 그곳에는 여러 가지 용도로 쓰이는 기름이 매우 많습니다. 시추 현장 여기저기에 흩어져 있는 기름이 어떤 경로로 해서 지하로 들어갔다가 굴진할 때 나오는 지층수에 묻어나올 수 있다는 것이지요."

정장출 씨가 1979년에 경북 의성지역에서 시추할 때 계산한 예산서에 따르면 1,500m를 뚫는 데 드는 경비 6,800여만 원 가운데 각종 유류대가 10%가 넘는 710만 원이었다. 그만큼 시추 현장에선 경유, 휘발유, 중유, 윤활유, 그리스유 등을 많이 쓴다는 얘기다.

재미있는 것은 정장출 씨가 포항에서 나온 두 가지 기름 시료와 함께 일본의 기노시다 박사에게 분석을 맡겼던 제3번 시료는 정 씨가 정부의 도움을 받지 않고 중용석유광업주식회사란 민간회사를 통해서 경북 의성군 다인면에서 시추한 GD 1호공 484~504m 지층에서 나온 것이란 점이다. 1979년 12월에 발견됐다는 이 기름에 대해서 정 씨는 원유가 틀림없다고 주장해왔었다.

기노시다 박사는 포항에서 나온 샘플 두 개에 대해서는 경유일 가능성이 매우 높지만 '그러나 매우 특이한 원유일 가능성도 배제할 수 없다'고 했으나 이 다인의 시료에 대해서는 '분석 결과 이것은 경유와 윤활유가 섞인 것임이 분명하다'고 단정했다. 즉 시추봉, 갱정 순환 泥水 등 시추 현장에 있던 경유와 윤활유가 어떤 경로에 의해 지하로 들어갔고 구멍을 팔 때 이 경유와 윤활유 성분이 표출됨으로써 정장출 씨가 원유로 오해했다는 이야기이다.

그렇다면 포항에서 나온 기름도 비슷한 경과를 거친 것이 아닐까. 기노시다 박사가 분석한 포항 기름의 성분은 경유 성분을 주로 하고 중질유도 조금 보이는데 이 중질 성분은 윤활유에서 나온 것이 아닐까. 다인 지역 GD 1호공에서 일어났던 사고가 포항 B공에서도 일어났던 것이 아닐까.

오원철의 기억에 따르면 박 대통령이 건네준 B공 기름은 검었다고 한다. 吳 수석은 '이것은 경유이다'는 분석결과표를 갖고 온 호남정유 한성갑 씨에게 "경유라면 투명한데 왜 검지요"라고 물었다고 한다. 한성갑 씨는 "중질유가 극소량 있습니다"라고 말했다고 한다.

오원철 씨의 이 기억은 일본의 기노시다 박사가 분석한 B공 기름(정장출 보관분)의 분석 결과와 정확히 일치하고 있어 그의 증언에 신빙성을 더하고 있다.

포항 B공에서 기름이 발견된 직후 정보부는 도쿄대학의 석유전문가 가와이 고조(河井興三) 교수를 초청하여 평가를 의뢰했다. 필자는 1975년 12월 17일자로 된 '포항지구 석유 천연 가스 조사보고'란 제하의 글을 입수할 수 있었다. 이 보고서에서 가와이 교수는 '시추 지구에서 나오는 천연가스의 거의 전부는 물에 녹아 있고 대부분은 메탄 성분이며 가스층 부근에서는 유징이나 석탄층이 존재하지 않는다'고 했다.

그는 '천연가스의 최대 매장량은 2,000만m³로서 이는 하루 3만m³씩 생산할 경우 2년이면 바닥나는 수준이기 때문에 경제성이 없다'고 계산했다. 가와이 교수는 '3기층과 백악기층 어디에서도 유전 가스 및 원유의 유징이 보이지 않는다. 배사 구조의 꼭대기에 뚫은 A갱정에서도 유징이 발견되지 않는 것으로 보아 포항 지구에는 석유의 매장이 없다는 것을 의미한다. 특히 백악기층에는 화산암이 너무 많아 탄화수소가스나 원유를 기대할 수 없다'고 단정했다. 가와이 교수는 '지열 자원으로 이용할 만한 뜨거운 水源도 없으나 다만 D공에서 나오는 지층수는 온천으로 이용할 수 있을 것이다'라고 했다.

1973년 초에 로열 더치 쉘이 해저 4,260m까지 뚫었던 제6광구 돌고래 I공의 지질 분석 자료를 필자는 입수했다. 이 구멍은 포항 지역에 노출된 신생대 제3기층의 퇴적층이 동쪽으로 연장된 곳을 뚫은 것이다. 퇴적층의 크기와 두께가 포항보다 엄청나다. 그만큼 석유 생성에 유리한 지질 조건을 갖추고 있다는 얘기이다.

1973년 4월 쉘이 우리 정부에 제출한 시추 결과 보고서는 부정적인 평가를 담고 있다. 이 구멍에서는 천연가스만 발견되고 유징은 일절 발견되지 않았다. 그 이유에 대해서 쉘의 보고서는 '석유를 생성하는 母岩

(모암)의 발달이 좋지 않아 석유 생성이 되지 않았다. 이런 현상은 이곳만의 문제가 아니라 이 지역 전체의 문제인 것 같다'고 지적했다. 이것도 포항 B공에서 나온 기름이 원유일 수 없다는 간접 증거이다. 포항보다 몇 배나 잘 발달된 해저 퇴적층에서도 석유가 발견되지 않았는데 포항에서 원유가 나오기란 무리다.

自明한 결론

필자는 정보부가 만든 동신산업공사의 회장이었던 육동창 당시 정보부 관리국장과 통화했다. 그는 "지금도 포항 석유가 원유라고 생각하는가"란 질문에 대해 "공무상의 일이기 때문에 확인해줄 수 없다"는 입장을 취했다. "대통령이 이미 원유라고 발표한 것에 대해서 그런 이야기를 한다면 사실상 원유가 아니란 의미로 받아들여진다"고 답변을 재촉했으나 그는 함구했다.

최갑동 사장은 "지금 우리 집에는 B공에서 나온 기름이 든 유리병이 보관돼 있다. 나는 지금도 원유라고 생각한다"고 했다.

필자는 마지막으로 오원철 씨와 이런 일문일답을 가졌다.

─정말 포항 석유는 원유가 아니고 정제된 경유 제품이었나?

"틀림없다. 칼텍스에서 보내온 분석표를 보니 금방 알 수 있었다."

─정장출 씨가 보관하고 있던 포항 석유 시료를 분석한 일본의 기노시다 박사는 원유보다는 경유에 더 가깝다고 분석했지만 극히 예외적인 원유일 가능성도 배제하진 않았는데.

"지금 내가 말하는 것은 박 대통령으로부터 직접 받은 병에 든 석유를 말하는 것이다. 정장출 씨가 보존하고 있었던 것이 포항 석유인지 아닌지 나는 모른다. 원유란 것은 복합적인 탄화수소 성분을 가진 물질이다. 분자량이 적은 가스로부터 고체에 가까운 아스팔트 성분까지 광범위한 성분 분포를 보인다. 이런 원유를 대상으로 증류 시험을 하면 그 분석표는 반월형의 능선처럼 보인다. 그런데 포항 석유를 분석한 것을 보니 담뱃갑을 모로 세워놓은 것 같았다. 즉 가스 같은 휘발분과 무거운 중질분은 없고 가운데의 경유 성분만 검출되었다는 의미이다. 이것은 절대로 원유가 아니다. 의문의 여지가 전혀 없는 경유였다."

—혹시 '포항 석유는 원유가 아니었다' 는 귀하의 글이 나간 뒤 당시 시추 관계자들로부터 항의를 받은 적은 없는가?

"없었다."

—박 대통령으로부터 포항 B공 석유에 대한 질문을 그 뒤 다시 받은 일이 있었나.

"없었다."

지금까지 이 기사를 읽은 독자들도 같은 생각이겠지만 포항 B공 기름이 원유가 아니었다는 것은 자명한 결론이 되고 말았다. 오원철의 증언과 한성갑 및 김광모의 증언으로 칼텍스가 포항 B공의 석유를 원유가 아닌 경유라고 분석한 것은 사실로 확인됐다. 그 분석 기록은 존재하지 않는 것 같다. 다행히 정장출이 가지고 있던 B공 기름을 분석한 기노시다 박사의 보고서는 남아 있었다. 이 기록은 오원철의 증언을 뒷받침한다.

기노시다 박사는 또 정장출이 원유라고 믿었던 의성군 다인면의 기름을 경유와 윤활유의 혼합품이라고 단정함으로써 정보부와 정 씨가 원유라고 믿었던 기름이 모두 '경유+중유' 일 가능성을 높여주었다. B공 기름 발견 이후에 일본 도쿄대학 가와이 교수가 평가한 보고서도 발견됐고, 이것 또한 포항 석유는 원유가 아니란 결론을 재촉했다.

정보부가 B공 기름을 울산정유공장과 KIST에 맡겨 조사한 것은 원유 여부가 아니라 원유란 전제하의 성분 분석이었음이 확인됨으로써 B공 기름이 원유라고 주장할 과학적 근거가 상실되고 말았다. 석유지질학적으로 판단할 때도 B공 기름을 원유라고 설명할 수는 없게 돼었다. 그것이 지층 속에 생성돼 있던 원유라면 바로 옆에서 뚫은 두 개의 구멍에서도 나와야 하는데 나오지 않았다.

즉, 과학으로는 포항 B공 석유가 원유라고 도저히 설명할 수 없다는 결론에 도달한 것이다. 그런데 박정희는 그것이 원유라고 선언했고, 그 뒤 30여 년 동안 과학과 사실 보도의 도전을 저지하거나 피한 채 그 허위를 보호할 수 있었다. 권력은 한시적이긴 하지만 허위를 사실이라고 우길 수 있는 것이다.

박 대통령이 서거한 뒤 그의 집무실을 정리할 때 포항 기름이 들어 있는 유리병이 그대로 발견됐다. 박 대통령은 왜 자신에게 실망을 안겨다 준 이 기름을 그대로 보관하고 있었을까. 더구나 오원철 수석이 원유가 아니라 경유라고 보고한 '가짜 원유' 인데.

풀리지 않은 의문은 왜 박 대통령이 '원유가 아니다' 란 보고를 받고서도 기자회견에서 '원유가 나왔다' 고 발표했을까 하는 점이다. 이때 박 대통령으로서는 너무 여러 사람들 앞에서 석유 자랑을 많이 해두었기 때문에 '가짜다' 라고 고백하기가 어려운 상황이었다. 朴 대통령으로선 당시 포항에서 석유 시추가 계속되고 있었으므로 설사 B공 석유는 가짜라고 해도 내일, 아니면 모레, 아니면 언젠가는 석유가 솟아오를 것이라고 기대할 수도 있는 입장이었다.

석유 시추에 종사하는 이들은 시추가 최종적으로 끝나기 전까지는 항상 노다지의 꿈과 기대를 품게 되는 것이다. 포항 시추의 실패 후에도 박 대통령은 대륙붕 시추에 기대를 걸고 있었다고 한다. 그의 집무실에 최후까지 남아 있었던 기름병은 대륙붕에서 유전이 터지기를 비는 하나의 부적이었는지도 모를 일이다. 그것은 기름에 한이 맺힌 대통령에게 어울리는 유품이었다.

제44장

전쟁에 가장 가까이
갔던 날

朴正熙

"아내와 나 사이엔 24년만 주어져"

朴대통령은 유신시대에 일기를 쓰고 있었다. 자신만의 시간이 많았기 때문이다. 朴正熙 일기는 그의 인간됨을 소박하게 드러낸다. 1975~1976년 무렵의 日記와 발언록을 중심으로 그의 숨결과 육성을 느껴 보자.

1975년 10월3일(금) 맑음

단기 4308년 개천절이다. 단군 聖祖가 이 땅에 나라를 세우신 지 4308년. 弘益인간이란 민족의 이상을 구현하기 위하여 지난 4천년 동안 우리의 조상들이 이 땅에서 생을 영위하면서 가꾸고 건설하고 키워 왔다. 영고성쇠, 민족이 걸어온 역정에는 허다한 굴곡과 기복이 있었으나 민족의 전진은 계속되어 왔다. 앞으로도 영원히 계승될 것이다. 올바른 민족사관에 입각하여 배달민족이 걸어온 전통과 정통을 우리들이 계승하고 창조적인 발전을 위하여 온 겨레가 가일층 분발하고 정진해야 하겠다.

1975년 11월6일(월) 맑음

서울신문 오늘자 5면을 읽고 조국을 사랑하는 정념이란 것을 새삼 생각해 보았다. '값진 선물 자신감을 뿌듯이 안고' 라는 표제 아래 김모라는 在美(재미) 교포(예비역 대령)가 쓴 글이다. 김씨는 광복 30주년 행사의 하나로 在美 기독교 지도자 친선 모국 방문단의 일원으로 돌아온, 羅聖(로스앤젤레스) 거주 장로직 기독교인의 한 사람이라고 한다.

4년 만에 고국의 발전상이 믿어지지 않을 정도로 달라졌다는 것이다. "고국 동포들의 진지하고도 활기찬 모습과 입이 딱 벌어지는 고국의 발전상이 눈물겹도록 대견하고 고맙다"고 했다.

이번 고국 방문을 통해서 값진 선물을 가지고 간다면서 그것은 자신감이라고 했다. "그동안 조국이 초라하다는 데 얼마간 기가 죽어 있던 것도 사실이다. 그러나 이제는 다르다. 나는 가슴을 활짝 펴고 돌아갈 것이다. 그리고 누구에게나 떳떳이 조국의 모습을 전하고 자랑하겠노라"고 하였다. 얼마 전 조총련계 교포들이 34년 만에 고국땅을 밟고 "이만한 조국이면 어디에 내놓아도 손색이 없고 자랑할 수 있다"고 한 기사가 기억 난다.

조국이 부강하고 잘살고 훌륭하면 어디를 가나 어깨가 으쓱하고 자랑스럽고, 그러지 못하고 가난하고 빈약하고 못살면 그와는 반대로 공연히 어깨가 수그러지고 기가 죽어서 움츠리고 다니게 되는 것은 도리가 없다. 우리 국민 대다수가 겪고 느낀 일이다. 일제 시대 때가 그러했고 해방 후도 그러했다.

그러나 최근에 와서 우리 국민들은 이 점, 많이 달라졌다는 것이 확실하다. 자신감과 긍지가 생기기 시작했고 앞으로 몇 년 후에는 우리도 당당히 선진 국가로서 어깨를 재고 살 수 있다는 자신이 만만하다. 이것이 국민의 사기다. 이것이 필요하다. 失意(실의), 비굴, 열등의식, 패배의식 이런 것들은 이제부터 과감하게 씻어 버리고 패기, 자신, 긍지를 가지고 대한민국이 나의 조국이란 것을 어디서나 자랑할 수 있는 국민이 되어야 하겠다. 이것이 민족의 염원인 조국 통일의 대업을 성취하는 정신적인 원천이요, 원동력이라고 확신한다.

金모라는 在美 동포의 그 정신은 오늘 우리 모든 국민의 가슴속에서 싹트고 있는 똑같은 심정일 것이다.

1975년 12월12일(금) 맑음

오늘이 아내와 결혼한 지 만 25년이 되는 날이다. 아내가 있었다면 은혼식을 올리고 축배를 올렸을 터인데…. 1950년 12월 12일 대구시 모 교회에서 일가친척·친지들의 축배를 받으며 식을 거행하고, 아내와 백년해로를 맹세하였다. 24년 만에 아내는 먼저 가고 말았다. 남은 은혼식·금혼식을 올리며, 일생의 반려로 자손들의 축복을 받으며 老後를 즐기는데 아내와 나의 사이는 어찌 24년밖에 시간을 주지 않았을까.

25년 전 오늘의, 그 착하고 수줍어하던 아내의 모습이 아직도 선한데, 이번 25년이란 세월이 흐르고 아내와는 幽(유)와 明(명)을 달리하게 되었으니 인생이란 果是(과시) 무상하도다.

1976년 1월 20일(목) 맑음

언두 중앙관서 순시 개시. 오전 10시 경제기획원. 오후 1시30분 재무부 방문. 엘리베이터를 타면서 종사원에게 봉급을 물어보았더니 작년 12월에는 4만4000원이었는데 1월부터 7만7000원 정도이고 상여금을 합치면 월평균 8만여원이 된다고 하며 기쁜 표정을 지었다. 이런 사람에게 현재 물가 표준으로 倍만 더 보수를 인상하여 줄 수 있다면 극히 만족하겠지, 하고 혼자 생각해 보았다.

1976년 2월24일(화) 맑음

금년도 각 대학 입학 시험에 학과시험에는 합격하였으나 신체 부자유라는 이유로 불합격된 학생들의 억울하다는 호소 소리가 작금 보도를 통하여 알려짐으로써 듣는 사람의 마음을 어둡게 하고 있다. 문교부 장관을 통하여 관계 각 대학 총학장에게 권유하여 이들을 구제해 주도록 지시했다. 이 소식을 들은 신체 부자유 학생과 학부모들의 기뻐하는 모습이 방송에 나오는 것을 보고 참으로 흐뭇하기 그지없다.

중국 고사에 漢武帝 때 사마천은 신체 불구가 되어서 더욱 분발하여 '史記 (사기)' 130권을 저술하여 고대중국사를 남겼다고 한다. 손자병법을 후세에 남긴 孫武도 두 다리가 없는 불구였다고 한다. '春秋左氏傳 (춘추좌씨전)'의 명저를 남긴 공자의 제자 左丘明은 눈이 멀었던 失明者라고도 한다.

신체 일부가 불구라고 하여 사회에서 버림을 받거나 폐인 취급을 해서는 안 될 것이다. 오히려 그들 중에 굳은 의지로써 훌륭한 일을 성취하여 후세까지 빛을 남긴 사람이 있다는 것을 생각하며 지금까지 우리나라 대학이 이들 불구한 사람들을 차등 대우하였다는 것은 깊이 반성해야 할 문제라고 생각한다.

"金日成은 남침 시기 놓쳤다"

1976년 4월 13일. 朴대통령은 청와대 출입 기자단 및 공보비서관들과 점심을 함께 하면서 여러 가지 이야기를 했다. 朴대통령은 1월 15일 연두기자회견 때 발표했던 포항석유 시추에 대해서 얘기를 꺼냈다.

"3월25일 미국에서 기계를 들여와 하루에 20m씩 파고 있습니다. 시추를 할 때 기계에 물을 붓는데 그 물과 합쳐서 기름이 나오고 있어요. 아직까지 경제성은 없는 것 같습니다. 시중에 떠도는 얘기는 전부 거짓말이야. 한 번 포항에 같이 가봅시다. 그때 기름이 펑펑 쏟아졌으면 좋겠어."

화제는 미국 하원의원 프레이저가 시작한 朴東宣(박동선)의 對美로비 스캔들, 즉 코리아게이트 사건 조사로 옮아갔다.

"프레이저의 본색이 드러났는데, 즉 한국의 민권을 위해 투쟁했다는 기록을 남겨서 지지표를 더 얻으려는 속셈입니다."

朴대통령은 못마땅한 표정을 지으면서 미국에 대한 감정을 드러냈다.

"미국의 군사 원조는 내년에 완전히 종결됩니다. 유상원조도 8년 상환이고, 이자 8%는 상업차관과 다를 바 없어요. 내 생각 같아서는 차라리 구라파에서 얻어 오는 것이 좋겠어.

그 전에 닉슨이 국군 현대화를 위해서 무상으로 15억 달러를 준다고 했었는데, 이것이 점차 변질되어 유상으로 바뀌었고, 내년에 받게 될 2억3000만 달러로 15억 달러 약속은 다 이루어진 셈이지요. 미국의 군사 원조 실태를 국민에게 전부 다 알려 주시오."

미군 철수 문제에 대해서도 다음과 같이 확고한 방침을 갖고 있었다.

"미군이 철수하더라도 우리 국군만으로 북괴를 충분히 막을 수 있습니다. 그런데 미국도 미군을 쉽게 뽑아 가지는 않을 것이오. 지난번 美의회에서 딜럼스 수정안이 압도적 다수로 부결된 것만 보아도 알 수 있어요. 전쟁이 일어나더라도 미국에 지상군을 요청할 생각은 없습니다. 다만 해군과 공군, 병참 원조만을 適期에 대주면 좋겠어.

걱정되는 것은 이북의 기습이오. 이북에서 일단 기습을 가해 오면 처음엔 당황하지 않을 수 없을 것입니다. 그러나 일단 넘어온 敵은 모두 분쇄될 것은 틀림없는 사실이고, 즉각 전방에서 막을 수 있어요."

그는 물가에 관해서도 자신감을 보였다.

"현재 추세로 보아 연말까지 도매 물가 인상률을 10%, 소비자 물가는 12% 선에서 억제하겠소. 절대 자신이 있어요. 석유가 안 나와도 우리 경제는 자신 있습니다."

대통령은 북한에 대해서도 언급했다.

"이북은 모순이 저렇게 쌓여 가면 반드시 망합니다. 중국도 외세의 압력이 없었던 淸나라는 약 300년 갔지만, 대부분의 통일 중국은 200년 정도밖에 지탱하지 못했습니다. 이제 毛澤東(모택동) 死後에는 굉장한 혼란이 있을 겁니다. 金日成도 마찬가지요. 金日成도 초조하겠지만, 이제 남침 시기는 이미 지났다고 봅니다."

朴대통령은 집무실에 포항에서 나왔다는 석유를 병에 담아 놓고 방문객들에게 자랑하곤 했었다. 그때 이 석유가 땅속에서 나온 것이 아니고 지상에서 정유된 기름이 스며든 것이었음을 알고 있던 사람은 吳源哲 경제2수석비서관과 이 석유를 분석했던 석유공사 劉載興 사장 정도였다.

1976년 4월17일(토) 맑음

1년 전 오늘 크메르 공화국이 공산주의자들에게 항복하고 프놈펜이 함락된 날이다. 작년 이맘때 국내 정세를 회고하니 감개무량할 뿐이다. 조국을 死守하겠다는 의지가 박약하고 국난을 당하고도 국민이 단결할 줄 모르고 국가와 민족의 생존과 이익보다 자기 개인의 이익을 앞세우고 위기에 처해서 국론을 통일하고 국민을 결속시킬 수 있는 지도자를 갖지 못한 국가와 민족의 운명과 그들이 걸어가야 할 길이 무엇이라는 것을 우리는 눈으로 똑똑히 보았다. 他山之石으로 삼고 우리가 갈 길이 무엇이라는 것을 우리 모두 깊이 명심해야 할 것이다.

1976년 4월 24일. 朴대통령은 기자들을 초청해서 오찬을 하면서 보도금지를 전제로 한 뒤, 크메르(캄보디아) 공산군의 양민 학살에 언급했다.

"우리가 6·25 동란을 겪어 봐서 알겠지만 크메르 사람들 고생하고 있을 겁니다. 공산당은 자기와 같은 공산주의자가 아니면 사람 대접을 하지 않아요. 차라리 소나 말을 더 귀하게 여긴다고 하더군요.

이럴 때 평화니 인권을 부르짖던 사람들이 합심해서 학살의 마수로부터 크메르 국민들을 건져 주어야 하는 것 아닙니까. 세계인권옹호위원회는 무얼 하고 있는 겁니까.

우리나라에 대해서는 법에 어긋난 일을 한 사람들만 몇 명 잡아서 법의 절차를 밟아 처리하는 데도 야단법석을 떨면서, 크메르에 관심을 안 보인다는 것은 말도 안 돼요. 기자 양반들 社(사)에 가면 이야기해요. 크메르 국민들을 도와야 한다고. 이런 것이야말로 대서특필해야 하는 것 아니오.

인도차이나 3國은 사서 고생하는 것 같아. 월남에 들렀을 때 들은 얘기인데, 우리 공병대가 다낭인가 어디에다 팔각정을 멋지게 세워 주었으나 월남 국민들이 하도 돌보지 않아서 우리 공병들이 매일 아침 청소해 주었다고 합디다. 그곳 사람들은 멀거니 우리 공병들이 청소하는 모습을 구경만 하고 있었다고 하니, 이게 될 말입니까. 전투는 미군과 한국군에게 맡겨 놓고, 자기들은 反정부 구호나 부르면서 재미는 볼 대로 보겠다는 겁니다. 심지어 軍 장교가 軍需(군수)를 맡아 하는데, 이들은 오히려 미군에게서 원조받은 무기의 일부를 야간에 베트콩에게 슬슬 팔아먹은 예도 있었다고 해요.

그 후 나는 派越(파월) 지휘관들에게 일렀습니다. 큰 전과를 세우려 하지 말고, 희생자는 될 수 있는 대로 적게 내도록 하고, 한국군에 지정된 지역 안의 보호에만 힘쓰라고 말입니다. 그러므로 우리는 미국의 지원이 없어도 나라를 지킬 수 있는 국방력을 강화해야 합니다. 몇 년 전 선거에서 金大中씨가 군축을 선거 구호로 내세웠을 때는 내 몸이 오싹해지는 것을 느꼈어요"

1976년 4월24일(토) 흐림

작금 紙上과 방송을 통하여 공산화된 크메르에서 공산주의자들의 대량 학살이 대대적으로 보도되고 있다. 크메르 루즈가 정권을 잡은 지 1년간에, 크메르 인구의 약 1할에 가까운 50만~60만 명을 학살하였다는 것이다.

6·25를 통하여 공산주의자들의 잔인상을 직접 목격하고 체험한 우리들이기에 크메르에서 일어나고 있는 이 천인공노할 이 참상을 누구보다도 더 가슴 아프게 생각하고 義憤(의분)을 금할 수 없다. 오늘날과 같은 문명사회에서 이와 같은 잔인무도하고 야만적인 행위가 있을 수 있다는 사실, 그리고 이것을 보고도 숫인류가 특히 툭하면 남의 일에 주제넘게 참견하기 좋아하는, 평화니 人道니를 찾던 각국의 인사들, 언론·종교단체, 무슨 무슨 옹호 단체들이 어찌하여 꿀 먹은 벙어리처럼 아무 말이 없다는 그 자체가 더욱 해괴하고 이해할 수 없다.

유엔은 무엇을 하는 곳일까. 소위 세계평화가 어떻고 자유가 어떻고 인권이 어떻고 하는 강대국이라는 나라들은 갑자기 벙어리가 된 모양인지? 모든 것이 다 위선이었구나 하는 생각이 들기만 한다. 크메르의 참상을 들으면서 나의 머리에서 문득 떠오르고 잊혀지지 않는 일은, 작년 이 무렵 크메르가 적화되자 서울에 와 있던 크메르 대사관 직원들 소식이 궁금하기만 하다.

대사와 기타 몇몇 고급 직원들은 미국 등지로 이민을 갔다. 그 밖의 하급 직원들은 본국이 공산화되었더라도 자기들 부모 형제와 친척들이 있는 본국으로 돌아가겠다고 했다. 그러나 그들은 귀국할 여비가 없어서 우리 정부에서 여비를 도와주고 여러 가지 편의를 봐주었다. 그 후 그들이 방콕을 경유, 본국으로 떠났다는 보고를 받았다. 무사하였으면 하는 마음 간절하다.

지금과 같은 공산주의자들의 무자비한 만행이 있을 줄이야 그들은 미처 몰랐을 것이다. 공산주의란 왜 이처럼 잔인하고 포악할까? 인류 사회에 어찌 이런 극악무도하고 잔인무도한 主義니 국가니 하는 것이, 존재가 용인이 될 수 있을까? 우리의 국토 북반부에도 크메르 루즈와 똑같은 살인 집단이 존재하고 이들이 무슨 혁명이니 해방이니 평화니 조국의 통일이니 연방제가 어떠니 하고 광적으로 설치고 주제넘게도 우리를 보고 독재니 파쇼니 비방을 하고 돌아가니, 가소롭다고나 할까, 한심스럽다고나 할까.

1976년 4월26일(월) 흐림

초봄을 장식한 개나리·진달래·벚꽃·목련들은 어느새 다 지고 시들고 2陣으로 철쭉·라일락·서부해당화 등이 활짝 피었다. 모든 나뭇가지에 새싹이 푸릇푸릇 아침에 다르고 저녁에 다르게 푸르러 간다. 싱그러운 신록이 무럭무럭 눈에 보이듯 자라만 간다.

1976년 4월 30일(금) 맑음

1년 전 자유월남공화국이 패망한 날이다. 작금 우리 사회에서는 印支반도 적화의 이야기가 紙上을 통해서 방송을 통해서 연일 보도되고 있다. 참으로 감개무량하다. 우리 이웃의 자유 우방이 어이없게도 패망하고 세계 지도의 색깔이 달라져 가는 것은 참으로 필설로 표현하기 어렵다. 왜 印支가 적화됐느냐. 그들이 패망한 원인이 무엇이냐.

우리는 그들의 전철을 밟지 않기 위해서 어떻게 해야 할 것이냐. 3500만 동포들이 제각기 가슴에 손을 얹고 엄숙한 마음으로 깊이 반성하고 크게 각성해야 할 것이다. 자기의 조국을 자기들이 끝까지 지키겠다는 의지가 없고 국민들의 단결이 없을 때 그 나라는 망하는 법이다. 이는 비단 印支의 예만이 아니라 동서고금의 역사가 이를 입증하고 있다.

1976년 5월 6일(목) 맑음

부처님 오신 날 2520주년 석탄일이다. 금년부터 '초파일'을 공휴일로 제정하여 그 첫해가 된다. 전국 각지와 5000여 사찰에서 석존의 탄신을 경축하고 국태민안과 평화적인 국토 통일을 기원하는 법회와 각종 불교 행사가 거행되다.

불교가 우리나라에 전래된 지 1600여년이 된다고 한다(고구려 소수림왕 시대). 신라시대에는 國教로서 정하여 넓게 보급이 되고 護國불교로서 그 시대의 정신적 지주로서 우리 민족의 사상과 정신면에 끼친 영향은 절대적이었다.

국가가 위기에 처하였을 때에는 승려들이 법복을 벗어 던지고 무기를 들고 일어서서 나라를 지키는 데 앞장을 섰다. 그 정신과 전통은 고려를 거쳐서 이조시대까지도 계승되었다. 李氏왕조에 들어와서 소위 崇儒抑佛(숭유억불) 정책으로 인하여 불교가 다소 쇠약해진 느낌이 없지도 않으나 여전히 우리 민족의 정신세계에 미친 영향력은 감퇴하지 않았으리라.

그러나 일제시대를 거쳐 해방이 되고 해방 후 사회적 혼란과 더불어 사상적 혼란기를 지나오는 과정에서 불교 내부에서 분열이 생기고 타락 현상이 일어남으로써 불교의 과거 찬연한 역사와 전통을 날이 갈수록 퇴색케 하는 경향을 노정하게 된 것을 몹시 아쉬워한 바 있었다.

작금 불교계 내에서 새로운 정화 움직임이 일기 시작하고 화합 단결하는 운동이 대두되고 있는 것은 불교계뿐만 아니라 나라의 미래를 위해서도 매우 좋은 일이라고 생각하는 바이다. 모쪼록 대동단결 불교 중흥을 위하여 불교계 지도자 여러분들의 분발이 있기를 기대한다.

1976년 5월16일(일) 흐림

5·16혁명 15주년 기념일이다. 15년 전 오늘 새벽에 이 나라의 젊은 군인들이 기울어져 가는 國運을 바로잡기 위하여 구국의 횃불을 높이 들고 궐기했다. 오늘 새벽 동녘이 틀 무렵 전차 부대를 선두로 하는 1陣의 혁명군 부대가 결사의 각오를 굳게 간직한 채 새벽바람 찬이슬을 마시며 숙연히 한강대교를 渡江했다. 고요히 잠든 수도 서울은 역사의 새로운 장이 바뀌는 이 순간까지 적막 속에 초여름의 피곤한 잠을 이루고 있

다가 갑자기 술렁이기 시작했다.

부패와 부정과 무능과 안일, 정체와 무기력으로 氣息(기식)암암하던 이 사회에 새로운 활력소와 소생의 숨소리가 흘러나오고 몽롱한 깊은 잠길에서 잠을 깨고 제 정신을 차리기 시작한 것이다. 오전 5시 국영 방송을 통해서 혁명 공약이 전파를 타고 전국 방방곡곡에 메아리치기 시작했다. 이제부터 새 역사가 전개되기 시작했다.

그 순간부터 15년이란 세월이 흘러갔다. 그러나 혁명은 아직 완결된 것이 아니다. 아직도 줄기차게 진행 중에 있다. 가지가지의 고난과 저항과 毁譽褒貶(훼예포폄)을 들어가면서. 5·16의 완성은 우리나라를 선진 공업국가 수준까지 끌어올리고 자주국방·자립경제를 달성하여 평화적 남북통일의 기반을 구축하여야만 한다. 1980년대 초에는 이 목표가 달성될 것으로 확신한다.

1976년 6월25일(금) 흐림

大逆 金日成 도당들이 동족상잔의 전쟁을 도발한 지 26주년이 된다. 조국 강산을 피로 물들이고 국토를 초토화시키고 수십만의 동포가 고귀한 생명을 잃었다. 대한민국을 공산화하기 위해서 소위 남조선 해방이라는 구호를 내걸고 이처럼 엄청난 죄악을 저질렀다. 반만년 역사상 동족끼리 이처럼 처참한 살육전은 없었다. 이 대역무도한 놈들의 이 죄과를 어떻게 다스려야 하나. 천추에 씻을 수 없는 이런 엄청난 죄를 범하고도 지금도 또다시 남침의 야욕을 버리지 않고 호시 탐탐 남침의 기회를 노리고 있으니 이 만고역적들을 여하히 治罪해야 하나. 길은 단 하나뿐이다. 全力을 경주하여 우리의 국력을 배양하는 길이다. 역적 도당들

에게 천벌을 가할 수 있는 막강한 국력을 길러서 민족의 원한을 풀어야 한다. 애국선열, 전몰군경, 반공애국투사들의 천추의 한을 풀어 줄 수 있는 길은 오직 이 길 하나뿐이다. 나의 모든 생명을 바쳐서 이 민족적 사명을 기필코 완수하리라. 천지신명이시여. 나에게 이 대업을 완성할 수 있는 지혜와 용기와 힘을 주옵소서.

"원장 사택이 너무해"

1976년 7월6일에 朴正熙 대통령은 정무, 공보비서관을 데리고 수원 새마을연수원, 경기 도청, 청소년지도자 연수원 등의 신축 공사장을 시찰했다.

새마을연수원 원장실에서 대통령은 金準 원장과 농업진흥청장, 鄭相千 정무2수석비서관과 환담을 나누었다. 주로 새마을운동의 성과가 화제로 올랐다. 청소년지도자 연수원으로 갈 때는 길을 잘못 들어 고속도로 양지터미널에서 舊도로로 들어가는 바람에 차가 자갈길을 한 시간 이상이나 힘들게 달려야 했다. 도착하고 나서 청소년지도자 연수원을 둘러본 대통령은 趙炳奎 경기지사에게 물었다.

"저 꼭대기에 있는 집이 뭐요?"

"원장 사택입니다"

"교육장을 먼저 짓고 나서 연수원장 집을 짓는 것이 순서인데, 어떻게 원장 관사부터 지었소"

그런 다음에 먼저 도로를 놓지 않은 점, 식당이 중앙에 위치한 점, 원장 관사가 호화롭다는 점, 교관 숙소의 건축 양식이 기이하다는 점 등을 꼼꼼하게 지적했다.

"이것을 재검토하는데, 여기 교통 사정도 나쁘니까 공사 중이지만 더 좋은 곳이 있으면 그쪽으로 옮겨서 순서대로 건물을 짓도록 하시오. 특히 이 청소년연수원은 원장 사택과 교관 숙소를 먼저 지어 놓고, 또 그것도 우리가 보통 보는 건물과 달리 사치스러우니 오히려 청소년들을 연수시키는 것이 아니라 청년들과 주민들로부터 반발을 사지 않겠소?"

대통령의 못마땅한 반응에 수행했던 鄭相千 정무2수석비서관과 경기지사는 당황해서 다른 설명은 제대로 하지도 못했다. 대통령은 다음 시찰지를 포기하고 곧장 청와대로 돌아왔다.

1976년 7월 9일(금) 우천

오랫동안 한발이 계속되어 일부 모내기가 늦어지거나 이미 모내기를 마친 논(旣植畓)의 일부가 말라 들어간다고 농민들은 비를 몹시 기다리는 중에 어젯밤부터 비가 내리기 시작하고 장마전선이 북상하여 전국적으로 비가 내리다. 이 비는 내일도 계속될 듯하다니 이것으로 완전 해갈이 되고, 금년도 풍년을 바라볼 수 있게 되었다.

석유 파동으로 심대한 타격을 받던 우리 경제가 금년 봄부터 서서히 회복을 하기 시작, 이제 완전 정상화되고 생산과 유통, 수출, 모든 부분이 급격한 성장을 지속하고 있다. 수출도 작년 同期(동기) 대비 약 57%의 신장을 하였고 정부 보유 외화도 20억 달러를 초과, 기초 수지 면에서도 흑자를 시현하기 시작했다. 국민이 단합하고 근면하고 노력하면 국력은 매일매일 자라게 마련이다. 근면·자조·협동은 나 자신을 잘 살게 하고 나라를 부강하게 만드는 길이다.

1976년 7월16일(금) 흐림

7월14일부터 16일까지 을지연습을 실시, 오늘밤 22:00을 기해 종료된다. 1968년부터 이 연습을 매년 1회씩 실시하여 금년으로 9회째가 된다.

횟수를 거듭할수록 연습 내용이 충실화되고 모든 공무원들도 이제는 숙달이 되어 일단 유사시에는 자신 있게 모든 문제를 처리할 수 있으리라는 확신을 갖게 되었다. 이 연습의 주된 목적은 戰時에 소요되는 인적·물적 자원 동원 능력을 정확히 판단하여 전쟁 수행을 효과적으로 수행할 수 있도록 지원을 하는 데 있다. 종합 강평은 8월 말경에 있을 예정이나 총평해서 이 정도면 북괴 단독 남침이 있더라도 능히 막아낼 수 있다는 자신이 섰다.

물론 부분적으로는 보완해야 할 점이 많으나 이 연습을 처음 시작하던 초기 상황에 비교하면 그간 우리의 국력이 크게 증강되었다는 것을 실감하게 되고, 9회에 걸친 을지연습을 통해서 우리의 방위 능력이 크게 향상되었다는 것을 확인할 수 있어서 퍽 흐뭇하다.

그러나 이것으로 결코 우리가 만족해서는 안 된다. 계속 부단히 검토하고 보완하고 내실화해 나가야 할 것이다. 남북통일이 될 때까지 이 연습은 절대로 중단해서는 안 될 것이다.

"나는 재혼 안 해요"

7월 말부터 朴대통령은 진해 휴양지에서 여름 휴가를 보내고 있었다. 7월 31일, 대통령은 수행 기자단과 비서진 몇 명과 함께 수영을 하고 나서 환담을 나누던 중, 한 기자의 질문을 받았다.

"큰영애 근혜 양이 얼마 전 텔레비전 방송국에 나와서 나라 사랑하는 길을 말하면서, '나에게 작은 소망이 있다면 장미꽃이 피어 있는 아담한 집에서 손님들에게 차를 끓여 대접하는 일'이라고 밝힌 바 있는데, 영애의 결혼 문제에 대해 생각하신 바가 있으십니까? 그리고 국민의 더 큰 관심은 송구스러워 묻지 못하겠습니다."

"근혜도 출가할 나이가 되었으니 마땅한 사람이 있으면 출가시켜야지. 내 재혼 문제는 생각해 본 일도 없고, 마음도 내키지 않고…"

이 말을 하고 나서 朴대통령은 한참 동안이나 하늘을 쳐다보았다.

"더군다나 애들이 커서 장가도 보내고 출가도 시켜야 하는데, 아직 한 사람도 출가시키지 못했어요. 우선 근혜부터 시집 보내고 다음에 근영이 차례가 되겠지요. 되풀이하지만 내 문제는 뒤로 미루고 애들 문제를 앞세워야 할 것 아니오. 지만이가 지금 고등학교 3학년이니 예비고사를 위해 지금이 황금 시기라면서 공부하고 있어요. 내년에 대학 시험 치를 때 잘해 주기를 바랄 뿐입니다.

이번 여름 휴가에 애들이 따라오지 않은 것도 지만이 시험 공부를 도와주느라 셋이 같이 있기로 했기 때문입니다. 지만이 엄마가 없으니까 나 혼자 어떻게 해야 할지 갈피를 못 잡겠어. 말이 그렇지 부모로서 자식을 결혼시킨다는 게 보통 어려운 문제가 아니오. 우선 내 머리에는 애들 문제를 먼저 해결해야 되겠다는 생각뿐이오. 나는 재혼 안 해요."

이 말을 할 때 대통령은 주먹까지 불끈 쥐어 보였다.

화제는 안보 문제로 넘어갔다.

"국군 지휘권 문제에 대해 내가 한 마디 하지. 지금껏 韓美 양측이 모두 이 문제를 제기해 본 일이 없어요. 그러나 미군 지상군이 現 수준에서 줄어들면 당연히 지휘권 문제는 제기되어야 할 것입니다. 미군의 숫자가 적은데, 별만 넷을 달았다는 것만으로 작전권을 장악할 수는 없는 것 아닙니까.

우리가 내세우고 있는 자주국방에 대해 미국 측은 그 진의를 명백히 아는 것 같지 않아요. 우리의 자주국방 개념은 북괴가 소련이나 중공의 지원 없이 단독으로 남침할 경우에 이를 우리 힘만으로 막자는 것인데, 미국 측은 우리 국군이 여세를 몰아 이북을 공격할지도 모른다는 우려를 갖고 있는 것 같습니다.

그러나 그것은 기우에 지나지 않아요. 우리는 북괴가 우리를 침범하는 것을 막자는 것이고, 만일 침해당했을 경우에는 북괴를 휴전선 이북으로 쫓아버리겠다는 방어 위주의 전쟁 개념을 갖고 있는 것이지, 절대 힘이 넘친다고 북괴를 침범할 생각은 없어요. 설령 중국과 소련이 북괴를 지원한다 해도 美 해군과 공군이 우리를 지원하면 별로 두려울 것이 없다고 생각해요.

우리 공군도 空對空 미사일을 갖게 되었고, 해군도 미사일을 갖고 있으며, 북괴의 잠수함(현재 14척)에 대해서도 이를 즉각 발견할 수 있는 미군의 초계기가 있어요. 또 우리 해군의 주축이 잠수함을 격파하는 구축함으로 이루어져 있어서 敵이 우리를 침범한다고 해도 막아낼 수 있는 자신감이 이젠 생겼습니다.

우리는 과거에도 그랬지만, 지금도 평화로운 가운데 한반도를 통일하자는 것이 지상 목표입니다. 아무리 통일을 하겠다고 하더라도 동포의 피를 보면서까지 하려는 것은 아닙니다."

판문점 도끼만행 사건

1976년 8월 18일 판문점 공동경비구역에서 15명의 韓美 경비병과 노무자들이 남측 초소의 시야를 가리는 미루나무 가지를 자르고 있었다. 북한군 장교 박철이 부하들을 데리고 오더니 가지치기를 중단하라고 했다. 미군 장교 아서 보니파스 대위는 이를 묵살하고 작업을 계속하라고 지시했다. 그는 웨스트포인트 출신으로서 1년 기한의 한국근무를 3일 남겨두고 있었다.

박철이 북한병력을 불렀다. 30여 명의 북한군이 트럭을 타고 왔다. 손에는 쇠몽둥이와 도끼를 들고 있었다. 이들은 가지치기를 하던 노무자들을 에워쌌다. 박철은 한국군 장교를 통역삼아 미군 장교에게 다시 작업중단을 요구했다.

보니파스 대위가 이를 무시하고 등을 돌리는 순간 박철은 손목시계를 풀어 손수건으로 싼 뒤 호주머니에 넣었다. 그는 "죽여!"라고 고함치면서 보니파스 대위의 목을 손으로 쳐 쓰러뜨렸다.

동시에 북한군인들은 韓美 경비병과 노무자들을 덮쳤다. 보니파스 대위는 몽둥이와 도끼에 맞아 현장에서 즉사했다. 다른 미군 장교 마크 바렛 중위는 사병을 도우려다가 맞아죽었다. 미군 기동타격대가 도착했을 때는 북한군이 분계선을 넘어가 정렬을 끝낸 뒤였다.

이 뉴스가 워싱턴으로 전해졌을 때 제럴드 포드 대통령은 캔자스시티에서 대통령 후보를 뽑는 공화당 전당대회에 참석하고 있었다. 그는 로널드 레이건으로부터 공산당에 대해 너무 무르다는 비판을 받고 있었다. 대통령이 부재 중인 관계로 키신저 국무장관이 백악관 지하 상황실에서 긴급회의를 소집했다.

미국 CIA 요원은 이런 요지의 보고서를 제출했다(돈 오버도퍼 著《두 개의 코리아》).

〈우발적인 사고는 아닐 것이다. 미국 대통령 선거기간에 주한미군에 대한 반대 여론을 조장하려는 의도로 추측된다.〉

합참을 대표해서 나온 해군참모총장 제임스 I. 할러웨이 제독은 "북한 이 남침에 성공하려면 기습을 해야 하는데 이미 우리가 만반의 경계태 세에 돌입한 이상 북한의 대규모 군사공격은 없을 것이다"고 분석했다. 이 회의에서 키신저 장관은 포드 대통령과 통화한 뒤 "북한놈들이 이번 에는 반드시 피를 보아야 한다"고 말했다.

리처드 스틸웰 駐韓 유엔군사령관은 회의 전에 합참으로 문제의 미루 나무를 베어 버리자는 보복案을 냈으나 키신저는 그 정도로는 어림없다 는 태도였다.

긴급대책회의는 구체적인 보복방안을 결정하지 않고 먼저 한국으로 병력을 집결시키기로 했다. 오키나와 기지로부터 팬텀 편대를 한국으로 이동시키고, 아이다호州에 있던 F-111 전폭기를 한국으로 보내기로 했 다. 괌에 있는 B-52 전략폭격기를 휴전선 상공까지 보내 폭탄투하 연습 을 하도록 하는 한편 일본에 있던 미드웨이 항공모함 전대를 대한해협 으로 이동시키기로 했다.

이날 회의에서 참석자들은 소련과 중국을 의식하지 않고 상당히 강경 한 보복안들을 쏟아 냈다.

'도끼만행'이 감정적 반응을 부른 점도 있었을 것이다. 북한 선박 나 포에 이어 북한 해안선 인근 해역에 核폭탄을 터트리자는 案도 나왔다.

북한 측 휴전선의 동쪽 끝 부분을 폭격하자는 발상도 있었다. 美 합참은 미루나무를 베어 버린 뒤 초정밀 유도병기나 地對地 미사일로 북한의 전략적 기간시설을 파괴하는 응징案도 냈다. 키신저도 미루나무만 자르는 행위는 너무 나약하다는 생각을 하고 있었다고 한다.

하지만 결국 온건론으로 귀착되었다. 美 국방부와 해군 측에서는 "강경한 조치가 또 하나의 한국전쟁을 부를지도 모른다"고 경고했다. 포드 대통령도 '한반도에서 지나친 무력과시는 자칫 전면전으로 확대될 위험성이 있다. 적정한 수준의 병력 사용으로 미국의 결연한 의지를 보이는 것이 효과적일 것이다' 고 생각하게 되었다.

북한은 자신들이 저지른 짓의 심각성에 놀라 먼저 전투준비 태세에 들어갔다. 평양에선 등화관제가 실시되고 요인들은 지하 방공호로 들어갔다. 숲전선에서 북한군은 임전태세를 갖추었다. 한국군과 주한미군도 경계태세를 데프콘(Defcon) 3으로 높이고 비상경계태세에 돌입했다. 유엔군 측은 즉각 군사정전회의를 열자고 제의했다. 북한은 즉시 이에 응했다. 이것을 본 스틸웰 사령관은 "판문점 사건이 북한 측의 우발적 행동일 가능성이 있다"고 보고했다.

이날 朴대통령은 평상시처럼 집무했다. 오전에는 朴東鎭 외무장관의 보고를 받고, 오후엔 金龍煥 재무부 장관으로부터 부가가치세제 도입에 관련한 보고가 있었다. 오후 4시20분부터 1시간30분간 朴대통령은 부가가치세제 도입에 대해 소극적이던 南悳祐 부총리를 불러 이 문제를 의논했다.

워싱턴에서는 이 시간 긴박한 대책회의를 하고 있었지만 戰時는 물론이고 平時 작전통제권도 갖지 못한 朴대통령으로선 별로 할 일이 없었다.

"미친 개한테는 몽둥이가 필요하다"

이날 밤 朴대통령은 이런 일기를 남겼다.

〈오전 10시30분경 판문점 비무장지대 안에서 나무 가지치기 작업 중
인 유엔군 장병 11명이 곤봉·갈고리 등 흉기를 든 30여 명의 북괴군의
도전으로 패싸움이 벌어져서 유엔군 장교(미군) 2명이 사망하고, 한국군
장교 1명과 병사 4명이, 미군 병사 4명, 계 9명이 부상을 입는 불상사가
발생하였다.

전쟁 미치광이 金日成 도당들의 이 야만적인 행위에 분노를 참을 길
이 없다. 목하 스리랑카 수도 콜롬보에서 개최 중인 비동맹회의에서 주
한미군 철수를 위한 정치 선전에 광분하고 있는 북괴가 정치적으로 이
용하기 위한 하나의 계획적인 만행이란 것은 분명한 사실이다.

이들의 이 만행을 언제까지 참아야 할 것인가. 하룻강아지 범 무서운
줄 모르는 이들의 이 만행을 언젠가는 고쳐 주기 위한 철퇴가 내려져야
할 것이다. 저 미련하고도 무지막지한 폭력배들아, 참는 데도 한계가 있
다는 것을 잊지 말지어다. 미친 개한테는 몽둥이가 필요하다.〉

사건 다음날인 8월 19일 오전(9시50분부터 45분간) 청와대에서 대책
회의가 열렸다. 徐鐘喆 국방장관, 盧載鉉 합참의장, 스틸웰 유엔군사령
관, 金正濂 비서실장, 崔侊洙 의전수석은 통역으로 참석했다. 이 회의에
서 "朴대통령은 대화 내내 차분하고 사려 깊었으며 긍정적 태도를 보였
다"고 스틸웰은 워싱턴에 보고했다. 朴대통령은 이런 요지의 발언을 했
다고 한다.

〈북한 측에 사과 배상 재발방지 등 최대한으로 강력한 항의를 전달해

야 하겠지만 나 자신도 이것이 통할 것이라고 기대하지는 않는다. 북한에 교훈을 주기 위해 적절한 군사적 대응조치를 하되 화력을 사용하는 것에는 반대이다.〉

그 다음날(8월 20일) 스틸웰 유엔군사령관은 청와대로 와서 오전 11시부터 45분간 朴대통령에게 워싱턴에서 결정된 보복계획을 보고했다.

"미군이 공동경비구역으로 들어가서 문제의 미루나무를 잘라 버린다. 만약 이때 북한군이 대응공격을 한다면 우리도 즉각 무력으로 대응하여 휴전선을 넘어 개성을 탈환하고 연백평야 깊숙이 진격하여 수도에 대한 서부전선의 근접성을 해결한다"고 스틸웰 사령관이 보고했다고 한다(배석했던 金正濂 비서실장 증언).

《두 개의 코리아》를 쓴 돈 오버도퍼가 美 국방부 문서를 인용한 내용은 좀더 구체적이다. 미국 정부가 스틸웰 사령관에게 승인한 보복계획은 '북한군이 소총으로 미루나무 절단작업을 방해할 경우에는 작업팀의 철수를 엄호하기 위하여 박격포와 대포를 쏜다. 북한군이 (분계선을 넘는) 지상공격을 해올 경우엔 대기 중인 지원부대가 인근의 북한군 목표물에 대한 집중포격을 개시한다' 는 내용이었다고 한다. 후자의 경우는 제2의 한국전쟁이 시작되는 것을 뜻했다. 이런 경우에는 유엔군과 한국군이 개성과 연백평야까지 진출하되 더 북쪽으로는 전선을 확대하지 않는다는 목표를 세웠던 것 같다.

스틸웰 유엔사령관의 보고를 들은 朴正熙 대통령은 "군사작전은 미루나무 절단에 한정하고 북한이 확전할 때만 우리도 확전해야 한다"는 점을 강조했다고 한다. 朴대통령은 매우 신중한 태도를 취했다는 이야기이다. 그때 한국은 중화학공업 건설이 궤도에 오르고 있었다.

朴대통령은 평화만 깨지지 않는다면 체제경쟁에서 金日成에게 이길 수 있다고 믿고 있었다. 그는 도끼만행에 대한 보복으로 그런 평화가 중단되는 것을 바라지 않았던 것이다. 朴대통령은 이해 1월24일 국방부를 연두순시하는 자리에서 이런 말을 했었다.

"공산당이 지난 30년간 민족에게 저지른 반역적인 행위는 우리가 절대로 용납할 수 없을 겁니다. 후세 역사도 절대로 용납하지 않을 겁니다. 우리가 정말 참을 수 없는 것을 참아 온 것은 전쟁만은 피해야겠다는 일념 때문이었습니다.

우리가 언젠가는 이 분단 상태를 통일해야겠는데 무력을 쓰면 통일도 되지 않을 뿐만 아니라 한 번 더 붙어서 피를 흘리고 나면 감정이 격화되어 몇십 년간 통일이 또 늦어진다. 그러니 통일은 좀 늦어지더라도 평화적으로 해야 한다고 우리가 참을 수 없는 그 모든 것을 참아온 겁니다. 우리의 이런 방침엔 추호의 변화가 없습니다."

이날 朴대통령은 스틸웰 유엔군사령관에게 주문을 하나 했다.

"공동경비구역이 미군 관할이라고 해서 우리가 가만 있을 수 없다. 미군 지휘관을 제외하고 절단작업, 경호, 근접지원 등 제1선 임무는 한국군이 맡고 미군은 제2선을 맡도록 했으면 한다."(金正濂 비서실장 증언)

1976년 8월21일 오전 4시쯤 美 2사단內 RC4 체육관. 한국 공수부대원으로 구성된 특공대원 64명이 출동을 기다리고 있었다. 朴熙道 여단장은 특공대 장교들을 불러놓고 이렇게 지시했다.

"일단 교전이 붙으면 누가 먼저 발포했느냐는 문제가 안 된다. 교전결과가 중요하다. 일단 우리 편의 피해가 없어야 한다. 敵의 공격이 예상되면 그 즉시 선제 기습이 이뤄지도록 특공대장 이하 간부들이 즉각

조치하라. 내가 현장에서 직접 지휘할 수 없는 상황이니까 특공대장의 판단하에 움직여라. 결과에 대한 책임은 모두 내가 진다."

朴熙道 여단장은 무기를 숨겨 가라고 지시했다. 방탄조끼를 입고 계급이 없는 철모를 쓴 특공대원들은 몽둥이(곡괭이 자루)만을 든 채 트럭 3대에 나눠 탔다. 방탄조끼 안에는 권총과 수류탄이 숨겨져 있었다. 이러한 무장은 공동경비구역內의 규정과 스틸웰 사령관의 '비무장 지시'와는 배치되는 것이었다.

한국 특공대 병력이 공동경비구역으로 가는 전진 기지인 키티호크 캠프(注: 이 캠프는 후에 8·18 도끼만행 사건으로 사망한 미군 대위의 이름을 따 '보니파스 캠프'로 바뀌었다)에 도착한 것은 잠시 후였다.

이날 오전 7시 韓美호송 차량 23대가 북한 측에 사전 통보 없이 공동경비구역으로 진입했다. 미군 공병대원 16명은 전기톱과 도끼로 미루나무를 베어 내기 시작했다. 공동경비구역 안에 북한이 멋대로 설치한 두 개의 바리케이드도 철거했다. 한국군 특공대가 이 작업을 엄호했다. 하늘에는 미군 보병이 탄 20대의 汎用헬기와 7대의 코브라 공격용 헬기가 굉음을 내면서 선회 중이었다. 상공에서는 B-52 전폭기 편대가 韓美 전투기의 엄호를 받으며 선회하고 있었다. 오산에는 중무장한 F-111 편대가 대기 중이었다. 해상엔 미드웨이 항공모함 전대, 판문점 가까운 전선에는 韓美 보병, 포병이 방아쇠를 만지고 있었다.

미루나무 절단작업이 시작된 직후 유엔군 측은 당직 장교를 통해 북한 측에 메시지를 전달했다.

'유엔사 작업반은 8월21일 JSA(공동경비구역) 안에 들어간다. 그것은 지난 8월18일 당신네 경비병들의 도발로 마무리짓지 못한 작업을 평화적으로 완료하기 위해서이다. 우리 측 작업반은 유엔司 초소 사이를 가로막고 있는 나무를 베어 낼 것이다. 작업반은 임무가 끝나는 대로 JSA에서 철수할 것이다. 이 작업반이 아무런 도발을 받지 않는 한 어떤 문제도 없을 것이다.'

金正濂 비서실장과 崔侊洙 의전수석은 이미 오전 6시에 청와대로 출근하여 유엔군 사령부 지하 벙커에 있는 柳炳賢 합참본부장과 전화 통화를 한 뒤 비서실장실에서 대기하고 있었다. 유엔군 사령부와 연결돼 있는 핫라인을 통해 작전 진행 상황을 파악하여 대통령에게 보고하기 위해서였다.

절단 작전이 시작되었을 즈음 朴正熙 대통령은 본관 2층 거실에서 아래층 집무실로 내려왔다. 金正濂 실장과 崔侊洙 수석은 유엔군 사령부에서 보고가 들어오기만을 초조하게 기다렸다.

첫 번째 보고는 '지금 작업반이 들어가 미루나무를 베고 있다' 였다. 崔侊洙 수석이 집무실로 가 朴正熙 대통령에게 이 내용을 보고했다. 崔 수석은 작전이 끝난 오전 7시55분까지 두 번 더 대통령 집무실로 들어갔다. 오전 7시22분쯤 敵 200여 명이 돌아오지 않는 다리 방향으로 오고 있다' 라는 보고가 들어왔을 때, 敵이 다리를 넘어오지는 않고 사진만 찍고 돌아갔다' 라는 보고가 들어왔을 때였다.

이날 전방의 북한군 부대 통신을 감청한 미군은 "그들은 겁을 먹고 있었다"고 평했다. '돌아오지 않는 다리' 북쪽에서 북한군은 미루나무가 작전 개시 42분 만에 잘려 넘어가는 것을 지켜보기만 했다. 그 20분 후 북한 측 군사정전위 수석대표 한주경 소장이 金日成의 친서를 전달하고자 미국 측 수석대표에게 비밀면담을 요청했다. 金日成이 유엔군 사령부에 편지를 쓴 것은 이번이 처음이었다. 그 내용은 '유감표명'이었다.

미국 측은 이를 사과로 받아들였다. 절단 작전이 끝난 뒤 金正濂 실장은 최종 보고를 하러 대통령 집무실로 들어갔다. 朴正熙 대통령은 서류를 보면서 보고를 다 듣고는 아무런 표정도 없이 "그래, 끝났다고, 알았어"라고 말했다.

얼마가 지난 뒤 金正濂 실장은 朴正熙 대통령의 인터폰을 받았다. 朴대통령은 "金실장이 국방장관, 합참의장, 참모총장, 그리고 스틸웰 사령관에게 애썼다는 말을 전해 줘"라고 지시했다.

미국이 북한에 대한 폭격·봉쇄 등 강경한 보복조치를 생각했다가 온건한 대응으로 물러난 것은 이번이 세 번째였다. 북한이 계획적으로 저지른 1967년의 청와대 습격사건과 푸에블로號 납치, 1969년의 미국 전자첩보기 격추 때도 미국은 무력시위에 그쳤다.

북한이 一戰不辭(일전불사)의 자세를 취하니까 미국으로서도 제2의 한국전을 각오하지 않고서는 강경대응이 어려웠던 것이다. 6·25 전쟁에서 미군이 뼈저리게 느낀 교훈이 하나 있었다. 한반도에서는 북한군과 절대로 육상전을 해선 안 된다는 것이었다.

이 도끼만행 사건에 대응하는 과정에서 韓美공동작전을 위한 지휘체제의 필요성이 제기되었다. 이때부터 韓美연합사 설치를 위한 협의가 본격적으로 진행된다.

"내가 제일 존경했던 相熙형님"

1976년 9월7일 오후 3시20분쯤 대변인실을 통해 朴대통령이 직접 鮮

于煉 공보비서관을 찾았다. 그는 아침에 가벼운 셔츠 차림으로 나왔기에 당황하더니 金永斗 행정관의 흰 와이셔츠를 빌려 갈아입고 서둘러 본관으로 달려갔다.

안경을 쓰고 책상에서 서류를 읽고 있던 朴대통령은 반가이 그를 맞았다. 朴대통령은 회의용 테이블 쪽으로 자리를 옮기더니 "고생 많은 줄 내가 알고 있어. 추석은 지내야지"라는 말과 함께 봉투를 주었다.

朴대통령은 모교인 구미국민학교에 과학실을 지어 달라는 부탁을 받고는 鮮于씨에게 계획을 추진하라고 얼마 전에 지시한 적이 있었는데, 그가 올린 과학실 건립 계획서를 보고 있던 중이었다. 朴대통령은 보고서를 일일이 체크한 다음 이렇게 말했다.

"이 계획서 가지고는 충분치 않아. 좀더 면밀한 계획을 세워서 모범이 되는 과학실을 만들어 주도록 하게."

"그러시다면 서울의 성동工高가 우수한 공업고등학교인 만큼 그곳 기술 담당 교사와 협의하여 再검토한 후 빈틈없이 짜도록 하겠습니다."

"성동工高도 좋지⋯. 그보다 정수직업훈련원 사람들을 불러서 물어보는 것도 좋지 않을까? 그런 다음 필요한 기계와 부속품은 서울에서 충분히 사서 운반하여 설치해 주고, 李聖祚 교육감과도 의논해서 모범적인 교습장을 만들도록 모든 책임을 지고 완성하도록 해.

현지에 있는 금호工高에서 기술 지원을 받도록 하고. 이왕 구미에 내려가거든 우리 선영을 좀 돌보고 오게. 산 중턱까지 지하수가 많아 지표에 물이 스며 나오는 것이 확인되거든, 땅 밑에 토관을 두 개 정도 묻어서 배수로를 만들면 선영에 물이 배지 않을 거야."

朴대통령은 일일이 지도를 그리면서 설명해 주었다.

朴대통령은 相熙형 묘소로 가는 길에 대해서 궁금해했다.

"묘소 앞까지 차 진입로가 완성되었습니다."

"그래? 누가 했지"

"외아들 준홍씨가 했습니다."

"다음에 고향에 내려가면 한번 들러봐야지. 내가 제일 존경하는 형님이었는데, 그간 차가 들어가지 못해서 아쉬웠는데, 이제는 직접 가볼 수 있게 됐구먼."

대통령은 모처럼 환하게 웃었다. 그러면서 구미국민학교 사진 몇 장을 꺼내 보여 주었다.

"전에는 이 자리에 보잘것없는 校舍(교사)만 있었는데, 이제는 강당도 세웠구먼. 애들 옷 좀 봐. 내가 다닐 때는 후줄근한 한복들만 입었었는데, 지금은 옷들도 잘 입고 있어. (손가락으로 가리키면서) 여기 좀 봐. 이 사진에서 내가 세어 봐도 선생님들이 36명이나 되지 않아. 참 훌륭하게 발전했구먼."

"제가 알아본 바로는 교사가 47명에 학생은 2700명이었습니다."

"내가 다닐 때는 男선생님 다섯인가 여섯 분에 女선생님은 두 분밖에 안 계셨고, 학급도 한 학년에 하나뿐이었어."

"각하가 최고회의 의장 당시에 구미 상공을 지나면서 쓰신 편지를 보통학교 동창인 당시 면장이 갖고 계시더군요."

"張月相이 말이지, 허허허. 그 친구 큰소리 잘 치지. 참, 그리고 李聖祚 교육감은 내 대구사범 동기생이야."

대통령의 얘기는 자신의 생일로 옮아갔다. 대통령의 생일은 그때까지 9월30일로 알려져 있었다. 해마다 이날 대통령은 인사도 받고 선물도 받으면서 그때마다 쑥스러워했다.

"난 언제나 가짜 생일을 쇠고 있어. 일생 동안 진짜 생일을 지내 본 적이 없어. 아버님이 출생 신고를 하실 때 음력 생일을 그대로 적었거든."

鮮于비서관이 말을 꺼냈다.

"2년 전에 각하 생일을 알아보니 양력으로 11월14일이었습니다. 그때부터 발표할 기회를 기다리다가 이번부터는 각하께 욕먹을 각오하고 발표했습니다."

"그래? 사실 내 생일이 정확하지 않았어. 양력 9월30일이면 외국 원수들에게서 축전이 오는데, 그게 거북하단 말이야. 그렇다고 이제 새삼스럽게 모든 나라에 경위를 정식으로 통보하기도 멋쩍고…"

"지시하실 필요 없습니다. 신문에 발표된 것을 보고 외무장관이 알아서 在外공관장들을 통해 조치를 하여 해결할 것입니다."

朴대통령은 말없이 고개만 끄덕이더니 崔侊洙 의전수석을 불렀다.

"생일 바꾸는 문제 말인데 鮮于는 국내를 맡고, 崔비서관은 국외를 담당하되, 공문이나 공식통지는 하지 말도록 해요. 자연스럽게 해 나가도록 하고, 외국에 대해서는 崔비서관이 다른 이야기를 하다가 지나가는 말로 슬쩍 말하라고. 절대 법석 떨지 말고 해야 돼."

朴대통령은 시종 웃는 얼굴로 즐겁게 대화를 나누었다.

모교의 과학실 건립에 잔신경을 많이 썼던 朴대통령은 陸英修 여사 추모사업회가 기념관 건립을 추진하는 것은 중지시켰다. 이유는 "아직 우리 주변에 어려운 사람들이 많고 독립운동기념관과 6·25 전쟁기념관도 없는데 비록 국가예산으로 짓는 것이 아니라고 해도 지을 시기는 아니다"였다.

"퍼스트 레이디로 대접해야"

1976년 9월20일 오후 1시경 朴대통령이 갑자기 鮮于煉 공보비서관을 불렀다. 朴대통령은 鮮于비서관이 짠 구미국민학교 과학실 계획 내용을 그대로 승인하고, 따로 실습용 재료비로 50만 원을 더 주었다. 鮮于비서관은 보고를 마친 후 내려가려고 인사를 했다. 그러자 朴대통령은 대화 상대를 찾는 기분으로 "거기 좀 앉아 봐요. 대통령이 그렇게 무섭습니까"라고 했다. 朴대통령은 그 며칠 동안 감기에 걸렸었는데, 몇 가지 우스갯소리를 했다.

"감기에 걸리면 꼭 목감기란 말이야. 바깥 공기가 코를 통해 목으로 들어갈 때 코 속에서 한 번 더 걸러 줘야 하는데, 그대로 직행하니까 목이 상하는 모양이야. 몇 년 전 왼쪽 코 속에 조그만 살점 같은 것이 하나 생겨서 그것을 제거하는 수술을 했는데, 아마 그것 때문에 그런지 바람이 그냥 들어가는 것 같아."

朴대통령은 빙긋이 웃으면서 코 얘기를 계속하였다.

"아닌 게 아니라 그때 담당 의사도 조금 많이 잘랐다고 하더구먼. 적당히 자를 일이지, 허허."

朴대통령은 큰딸 근혜양의 儀典(의전)에 대해서 몇 가지 불만을 털어 놓았다.

"우리 근혜가 아무리 어려도 퍼스트 레이디인데, 그에 맞는 접대가 잘 안 되고 있는 것 같아요. 우리나라 부인들은 어떤 한계를 잘 모르는 것 같지?"

朴대통령은 8월26일 오후 경복궁內 경회루에서 있었던 행사에 참석한 근혜 양의 얘기를 소상하게 설명하면서 불경스런 행동을 저지른 몇 사람을 거명했다.

"우리 부인단체 간부들과 세계 여성단체 지도자들 모임에 근혜가 그날 참석했었는데, 행사장 저 끝에 있던 李○○ 여사가 사람들을 비집고 근혜에게 다가와서는 대뜸 한다는 소리가 '내가 이○○이야!' 하더라는 거야. 임자도 잘 알겠지만 신민당의 金○○ 의원은 말이야, 근혜를 보더니 아무런 공식 인사도 없이 곧장 반말로 '어머니도 없는데 고생이 많지' 라고 했다는 거야. 그날 근혜가 돌아와서 몹시 불쾌했다고 하면서 울더군. 뭔가 잘못된 것 아니오?"

"그 사람들이 의전을 몰라서 그랬을 것입니다. 수행한 사람들이 적절한 분위기를 조성하지 못한 데 그 원인이 있습니다."

"그래, 그게 옳은 말이야."

"누가 따라가서 예의를 지키지 못할 것 같다고 생각되는 사람은 멀리하게 하고, 예의 바른 사람을 가까이 하게 하는 등 뭔가 조치가 있어야 될 것 같아. 그것도 남의 눈에 띄지 않게 점진적으로 조용히 할 필요가 있지."

"앞으로 더욱 신경을 쓰겠습니다."

朴대통령은 잠시 말을 멈추더니 鮮于비서관에게 지시를 했다

"그 일을 임자가 맡아서 하도록 하시오. 청와대 내에서도 소문나지 않도록 주의하게."

朴대통령은 몇 번이고 입조심할 것을 강조했다.

1976년 9월26일

秋夕有感(추석유감)

팔월 한가위

해가 뜨고 달이 지고 지구가 돌고 돌면

해마다 가을이면 이날이 오건만은

올해는 보기 드문 풍년 중에도 대풍년

농민들의 흘린 땀이 방울방울 결실했네

높고 맑은 가을 하늘 아래

들과 산에 단풍이 물들어 가는데

오곡이 풍성하고 백과가 익어 가니

나라는 기름지고 백성은 살쪄 가니

이 어찌 天佑와 조상의 보살핌이 아니랴

국화의 향기 드높은 중천에

팔월 대보름 둥근달 높이 떠서 온누리를 비치니 격앙가도 높더라

이 강산 방방곡곡에 풍년이 왔네

이 강산 좋을시고 풍년이 왔네

1976년 9월 30일

지만이가 육군사관학교를 지망하기 위하여 오늘 입학 지원서를 제출하였다. 어제 저녁에 원서에 도장을 찍어 주었다. 지만이가 벌써 육사를 지원할 만큼 컸구나 생각하니 세월이 퍽 빠른 것만 같이 느껴진다. '저희 어머니가 살아 있더라면 얼마나 대견해 할까' 하고 아내를 생각한다.

1976년 10월 1일(일)

一葉知秋(일엽지추). 뒤뜰에서 한 잎 두 잎의 낙엽이 소리 없이 잔디 위에 떨어지고 있다. 청초한 국화들의 그윽한 향기와 맑고 높은 하늘은 가을이 한창이라는 소식을 소슬바람에 실어서 창가에다 전하고 간다. 오곡이 영글어 가고 백과가 익어 가니 모든 것이 풍성하고 가난하거나 부족한 것이 없는 것만 같다.

옛말에도 秋收冬藏(추수동장)이라고 하였으니 가을에 거두어 들여 차곡차곡 저장을 해두고 추운 겨울에는 맛있는 음식을 만들어 가족끼리 모여 앉아 밤이 늦도록 옛 이야기에 시간 가는 줄 모르던 정경이 아득히 뇌리에 떠오른다. 가을은 역시 지나간 봄과 여름을 뒤돌아보게 되는, 추억과 사색에 잠기게 되는 계절인가 보다.

1976년 10월17일(일) 흐림

10월유신 4주년이 된다.

유신 4년 동안에 우리나라는 과거 10년 내지 20년 정도의 변화를 가져왔다. 국력이 그만큼 커졌다. 정부와 국민이 일치단결하여 피땀 흘려 노력한 결과일 것이다. 그동안 1973년 말부터는 유류 파동으로 시작된 국제 경제의 일대 불황이 있었다. 1975년 초에는 인도지나 반도의 비극이 있었다. 북괴의 남침 땅굴 발견도 이 기간 중에 있었다. 8·18 판문점 만행 사건도 있었다. 그러나 우리는 꾸준히 국력을 신장시켜 왔고, 주변 정세의 격변과 북한 침략 집단의 집요한 도발과 위협에 미동도 하지 않고 우리의 안보 태세를 훨씬 더 튼튼하게 다져 놓았다.

우리의 방위 산업도 괄목할 만큼 발전 성장하였다. 우리의 경제 발전은 국제 사회에서 경이의 대상이 되고 개발도상국 중의 모범 국가로서 선전이 되고 있다. 그 원인은 딴 데 있는 것이 아니다.

우리 모두의 일대 자각과 단결과 땀 흘려 일한 노력의 代價다. 그렇기 때문에 오늘의 이 건설의, 성장의 결과는 값진 것이고 보람 있는 것이다.

하늘은 한민족이 자기의 운명을 스스로의 힘으로 해결하고 개척하겠다는 결의와 노력을 경주할 때는 반드시 거기에 응분한 보상을 준다는 것을 우리는 믿어야 한다. 농촌 사회에서 5천 년의 유산인 가난이 하나하나 벗겨져 나가고 새로운 생기 약동하는 농촌모습으로 달라져 가는 것은 새마을 운동의 성과다.

농민들의 의지와 의욕과 노력의 代價가 농촌의 모습으로 나타나고 있는 것이다. 10월유신은 救國의 결단이었다. 우리 국민 전체의 결단이었다. 새 역사의 출범이었다. 근면·자조·협동하는 데에서 새 역사가 하루하루 창조되어 나가고 있는 것이다. 중단해서는 안 된다. 계속해야 한다. 밝은 내일은 반드시 도래하기로 약속이 되어 있다.

1976년 9월 하순 鮮于煉 비서관이 결재를 받기 위해 대통령 집무실로 갔다가 짧은 대화가 있었다.

"로비 안 하는 국가가 있나. 송미령씨도 中日전쟁 때 미국을 돌면서 연설도 하고, 돈도 거두고 다니지 않았소. 미국에게 물어보시오, 자기들은 로비 안 하는가. 우리가 로비를 한 것도 철군을 하지 말라는 것이지 다른 게 있나. 이런 걸로 한국을 이렇게 괴롭힐 수 있어?

내가 존슨 대통령을 만났을 때 6·25 때 도와준 것이 고마워서 즉각 월남 파병을 승낙했는데, 미국이 이렇게 할 수 있냐 말이오. 김형욱이 지금 미국에서 범법을 하고 있잖소. 정보부장으로서 대통령과 한 얘기는 평생 비밀로 해야 하는 것이오. 그럼 미국 정보부장은 그렇게 배신해도 된다는 말인가."

　그는 화제를 바꾸어 야당 인사들에 대한 평을 했다. 9월15일에 있은 신민당 전당대회에서 온건한 李哲承씨가 강경한 金泳三씨를 누르고 대표최고위원으로 당선된 뒤였다.

　"야당에 똑바른 정치가가 있다면 아마 유진산하고 李哲承이야. 신민당이 저렇게 됐으니 다행이야. 李哲承씨가 대표최고위원이 되었는데 잘해 나갈지…. 金大中과 金泳三은 자기 분수를 모르는데, 李哲承은 그래도 자기 분수를 아는 것 같아. 그래도 문제는 말이야, 모든 일이 최고위원 회의에서 합의를 보아야 된다는 것 같던데, 李哲承씨가 어떻게 당을 끌고 나갈 것인지. 아무튼 고생이 많을 거야. 鮮于비서관은 어떻게 생각해요?"

　"광복 후 학생연맹 시절부터 잘 알고 있는데, 비교적 잘할 수 있을 것으로 생각됩니다. 그는 자신의 中道統合論(중도통합론)을 실천하려 할 것입니다."

　"아무튼 사람이 괜찮아요. 꿋꿋한 정치를 할 것 같은 인상이더구먼. 얼마 전에 만났던 金泳三씨는 보기보다는 얌전한 것 같던데. 유복한 집안에서 자랐다는 것이 그의 태도와 언어에서 비치더군. 그런 사람이 과격한 행동은 안 하겠지?"

　이해 3월1일 명동성당에서 있었던 '3·1 민주선언' 집회에 참여했다고 하여 金大中씨는 긴급조치 9호 위반혐의로 구속되어 징역 5년을 선고받고 진주교도소에서 복역 중이었다. 金泳三 신민당 총재도 기자회견에서 긴급조치 9호의 해제를 요구했다고 하여 불구속 기소된 상태였다.

金 씨는 이렇게 썼다(《김영삼 회고록》 2권).

〈내 주위의 당직자들은 모두 朴正熙와 중앙정보부의 위협 때문에 주눅이 들어 있었다. 어떤 이들은 정보부의 국장 한 사람이라도 만날라치면 대단한 벼슬이라도 한 듯 자랑삼아 떠들기도 했다. 야당의 전당대회가 열리는 날이면 전국 각지 경찰서의 정보과장들이 총동원되었다.〉

1976년 5월 25일의 신민당 전당대회는 '각목대회'라는 별명이 붙었다. 전당대회장에서 폭력이 춤을 추고 당은 쪼개지는 듯했다. 金泳三 총재는 정보부의 지원을 받은 불량배들이 자신의 再당선을 저지했다고 생각했다. 중앙선관委도 金총재의 총재임기는 소멸되었으므로 권한을 행사할 수 없다는 유권해석을 내렸다. 신민당은 넉 달간 분당 상태였다.

9월 15~16일의 수습전당대회에서 金泳三은 총재경선 1차 투표에선 1위였으나 과반수 표를 얻지 못했다. 2차 투표에서 鄭一亨 후보가 李哲承 후보를 미는 바람에 25표 차이로 李 씨가 당선되었다. 李씨는 국방과 외교 분야에선 정권에 협력한다는 방침을 밀고나갔다. 朴대통령은 두 政敵이 무력화되고 협조적인 사람이 야당을 이끌게 됨으로써 속이 편했겠지만 兩金氏가 3년 뒤 손을 잡고 反정부 선명투쟁의 기치를 내걸 때 그 代價를 치르게 된다.

1976년 12월 30일. 청와대에서 망년회가 있었다. 오후 6시에 대통령은 1급 이상 비서관들과 특보들을 불러 소접견실에서 칵테일 연회를 베풀었다. 이때 한 비서관이 朴 대통령이 지은 '나의 조국'이라는 노래를 테이프에 담아 가지고 행사장으로 올라갔다.

朴 대통령이 행사장에 들어선 순간, 누군가가 즉각 그 테이프를 틀었다. 좁은 접견실에 난데없는 합창단의 노랫소리가 우렁차게 울려

퍼졌다.

朴대통령은 만면에 미소를 지으며 "아! 그것 참 듣기 좋군" 하면서 흡족해했다.

朴대통령이 소리 내어 그 노래를 끝까지 따라 부르자, 참석자들 모두가 합창을 하게 되었다.

칵테일 파티가 끝나고 식당에서 서양요리를 먹는데, 金東祚 특보가 샴페인이 든 컵을 들어 보이며 "각하의 만수무강을 위하여" 하며 건배를 제의했다.

그때 鮮于비서관은 "축배 내용을 바꾸자"고 했다. 깜짝 놀란 참석자들이 그를 주시하는 가운데 이런 설명이 나왔다.

"각하께서는 애초부터 장수하시게 되어 있습니다. 각하께서는 시조인 혁거세로부터 59代 손이며, 中興(중흥)의 조상인 숙동공으로부터 29代인데 家系가 모두 장수하셨습니다. 역사 이래로 우리 나라 사람들의 평균 수명을 추정하면 18.5세인 데 비해, 혁거세로부터 각하에 이르기까지 각하 집안의 평균 수명은 25세입니다"

"저 친구가 나보다 우리 집 족보를 더 잘 알아. 잡아다가 조사를 해봐야겠어."

朴대통령의 이 말에 일제히 폭소가 터져 나왔다. 행사는 저녁 8시40분경에 끝났다.

농촌을 바꾼 시멘트와 철골

유신시대에 한국인의 삶을 바꿔 놓은 3大 사업은 중화학공업 건설, 새마을 운동, 中東건설 시장 진출이다. 중화학공업 건설은 朴대통령과 吳源哲 경제2수석 비서관이 주도했고, 中東건설은 기업이, 새마을 운동은 농민지도자들이 주도했다. 새마을 운동은 공업화 과정에서 상대적으로 뒤떨어졌던 농촌을 바꾸어놓았다. 그 힘은 새마을 지도자를 중심으로 한 농민들의 자발적 참여였다. 우리 민족사상 농민이 수동적 백성의식을 떨쳐 버리고 역사 창조에 주도적으로 참여한 것은 이것이 처음이었다. 새마을 운동은 백성을 국민으로 만든 셈이다.

농촌을 바꾸는 데 기폭제가 된 것은 정부가 새마을 사업을 위해서 전국 농촌마을에 나눠 준 시멘트와 철골이었다. 1971~1978년간 지원된 시멘트는 마을당 2100포대(약 84t)이었고 철골은 마을당 2.6t이었다. 1974년 時價로 환산하면 연간 250만 원이다. 그 뒤의 정권이 했던 식으로 정부가 이런 지원을 개별 농가 앞으로 했더라면 국민정신 개혁운동으로 발전하지는 않았을 것이다.

마을이 공동으로 사용하도록 지원했기 때문에 마을 사람들이 협동체제를 만들어 공동작업으로써 농로·하천둑·마을회관 등 마을의 공동재산을 건설하고 개선하는 일에 나섰다. 청와대 새마을 담당 특별보좌관이었던 朴振煥 박사에 따르면 새마을 운동 성공사례를 동남아 국가 지도자들에게 강의했더니 "물자지원에 따른 부정에는 어떻게 대처했나"라고 묻더라고 한다.

"시멘트와 철골은 부피가 크고 무겁기 때문에 훔치기 어렵다. 전국적으로 마을마다 같은 양이 지급되었고, 이것을 마을 주민들이 잘 알고 부정을 감시하는 인원이 너무 많아 문제가 생기지 않았다."

1970년대에 시멘트와 철골은 국내에서 생산되었으므로 이런 지원이 가능했다.

시멘트와 철골은 주로 농촌마을의 길과 둑을 정비하는 데 쓰였다. 마을과 마을을 이어 주는 길을 넓히거나 포장하고 꼬불꼬불한 마을안길을 바로 하고 넓혔다. 동력 경운기가 보급되기 시작했으므로 이런 길 정비는 농촌의 생산성 향상과 직결되었다.

1971년부터 8년간 넓혀지고 바로 된 마을 진입로와 마을안길이 전국적으로 8만5851km였다. 마을당 2601m다. 길을 넓히자니 작은 하천에 놓인 징검다리나 통나무 다리도 콘크리트 교량으로 바꿔야 했다. 1971년부터 5년간 새마을사업으로 건설한 이런 작은 다리들이 전국에 6만 5000개, 마을당 두 개였다. 마을주민들 중에는 軍복무 중 다리를 만들어 본 적이 있는 제대장병들이 많아 이들의 지휘下에 공사가 이뤄지기도 했다. 홍수 때 잘 무너지던 하천의 둑도 보강되거나 물이 잘 흐르도록 직선으로 바꾸어 주었다.

마을안길을 직선화하고 넓히는 과정에서 흙·돌·나뭇가지로 된 담을 헐고 시멘트 담을 쌓는 일이 이어졌다. 길가에 돌출한 農家도 헐어야 했으나 정부가 보상해 주지 않고 마을사람들이 기금을 모아 보상했다. 이렇게 하여 마을안길과 농가 마당까지 자동차와 동력 경운기가 다니게 되니 농업의 기계화가 확산되었다. 1970년엔 두세 마을당 한 대 정도이던 경운기가 1975년에는 마을당 2~3대로 늘어나고, 1980년대엔 마을당 20대로 急增(급증)한다.

이런 농촌개조사업을 정부가 보상해 주면서 주도했더라면 엄청난 재정지출이 따랐을 것이다. 1970년대에 토지소유자가 새마을 사업을 위해 자기 땅을 내어놓은 것이 마을당 1700평이었다. 이런 利他的인 행동이 가능했던 것은 마을사람들이 자율적으로 자신의 일처럼 마을의 공동이 익사업을 위해 헌신했기 때문이다. 마을사람들이 자율적으로 마을의 간접자본을 축적해 간 것이다.

朴正熙 대통령은 새마을 지도자의 양성과 교육에 운동의 成敗가 달렸다고 생각했다. 그는 기존의 里長 외에 마을마다 새마을지도자를 두 명씩 추대하되 보수를 주지 않도록 했다. 보수를 받지 않는 지도자라야 좋은 사람이 추대되고 마을사람들도 잘 따라 준다고 계산했던 것이다. 1971년부터 8년간 새마을사업을 위해 투입된 마을주민들의 無보수 노동일수는 매년 평균 8일이었다.

마을사람들이 마을 일을 놓고 회의를 하는 마을회관도 마을마다 서게 되었다. 주로 밤에 마을사람들이 회관에 모여 전등불 아래서 길을 닦고 다리를 놓으며 둑을 쌓는 일을 의논하기 시작한 것이다. 1970년대에 원자력 발전이 시작되면서 농촌 電化사업이 본격적으로 추진되어 마을 속으로 전기가 들어가기 시작했다. 마을사람들이 마을 일을 스스로 결정하는 풀뿌리 민주주의의 현장이 전국 농촌의 풍경이 되었다.

한국의 농민들은 민주주의를 책에서 배우기보다는 자기들이 살고 있는 마을을 더욱 살기 좋은 고장으로 만들기 위한 自助사업을 실천하는 과정에서 배우게 되었다(朴振煥이 쓴 《박정희 대통령의 한국 경제근대화의 새마을운동》).

풀뿌리 민주주의를 이끈 여성지도자들

이런 풀뿌리 민주주의의 현장에서 여성들의 발언권과 참여가 높아졌다. 농촌근대화의 필요성을 절실하게 느끼고 있었던 것이 여성들이었기 때문이기도 했다. 여성들이 새마을 운동 지도자로 등장하는 곳이 점점 많아졌다.

1960년대부터 女工들이 섬유·신발 공업 쪽으로 진출하더니 1970년 대엔 드디어 농촌에서도 여성의 역할이 커졌다. 새마을 운동은 여성지 위 향상에 기여했다. 1970년대에 양성된 농촌의 지도자群은 그 뒤 농협 과 지방자치단체의 간부로서 활동하게 되었다.

볏짚으로 이어진 초가지붕은 해마다 갈아입혀야 했다. 겨울철이 되면 이 일이 아주 큰 행사였다. 1970년에 전국 250만 농가의 약 80%가 초가 집이었다. 마을안길을 정비하여 농가 마당까지 화물자동차가 들어올 수 있게 되니 시멘트 기와 슬레이트로 草家지붕을 바꾸는 농가들이 늘기 시작했다. 당시 草家지붕을 갈아입히는 작업을 할 줄 모르는 젊은이들 이 늘어 가고 있었다. 농촌지붕개량사업이 전국적으로 확산되면서 草家 지붕들이 알록달록한 원색으로 바뀌기 시작했다. 새마을 운동의 성과를 가장 쉽게 눈으로 확인할 수 있는 분야였다.

농촌 아궁이도 19공탄용으로 개량되었다. 1970년대에 들어오면 산에 서 땔감을 얻기가 어려워졌다. 朴대통령의 강력한 入山금지 조치가 효 과를 내고 있었다. 도시에선 아파트가 들어서면서 가정용 연료가 가스 로 바뀌고 있었기 때문에 19공탄 수요가 줄어 농가로 퍼져 갔다. 1970년 대 후반에 가면 농촌에서 지게를 지고 나무하러 가는 모습이 사라지기 시작한다. 또 다른 가시적 변화였다.

우물에 의존하던 농민생활도 개혁되었다. 새마을 사업의 일환으로 간 이상수도 공사가 이뤄졌기 때문이다. 계곡의 맑은 물을 저수탱크로 끌어왔다가 파이프로 이 물을 개별 농가에 공급하는 방식이었다. 비위생적인 食水로 인해 발생하던 전염병이 많이 줄어 한국인의 평균수명이 늘었다.

朴대통령은 이 무렵 월간경제동향보고회 직후의 새마을 운동 성공사례 발표 때 이런 이야기를 듣게 되었다.

"농촌에서 급한 환자가 발생하면 농민들은 어디에 있는 어떤 병원으로 가야 할지 몰라 우왕좌왕하다가 시기를 놓치는 경우가 많습니다."

朴대통령은 읍면단위로 보건진료소를 만들고 여기에 의과대학을 졸업한 견습의사와 간호원 한 사람씩을 배치하도록 했다. 1964년 우리나라 농민들 가운데 전등불 아래 살았던 사람들은 약12%였다. 새마을 운동의 하나로 農村電化사업이 확산되면서 1977년 농민들의 98%가 전등불 아래 생활할 수 있게 되었다. 전기를 끌어오는 데 드는 비용의 약 80%는 장기저리의 융자금으로 충당토록 했다.

여성 새마을 지도자 手記

전북 순창군 여성 새마을 지도자 서죽자씨 手記에서 일부를 뽑았다.

〈우리는 다시 10월22일 그 숙원사업 중의 하나인 양수장 기공식을 갖고 남녀 노소 없이 숫부락민이 총동원되어 산을 끊고 도수로를 내고 양수장을 설치하는 데 전념하였습니다. 그 엄청난 산허리를 불과 5일 만에 끊고 도수로를 내게 되었습니다. 너나없이 이 엄청난, 상상조차 못 할 힘에 놀라지 않을 수 없었습니다. 양수장 설치작업을 계속하면서도 주민들에게 천추의 숙원인 섬진강 대교 건설을 한번 해보자고 계속 설득전을 벌였습니다만 총회를 할 때마다 '하기는 해야 하지만 우리 힘으로 어떻게 하느냐'는 것이었습니다. 한 길이 넘는 수심, 수천년 동안 못 놓던 다리, 역대 국회의원들이 선거 때마다 내놓은 공약은 거짓으로 끝나 버렸던 다리, 저곳에 다리만 놓인다면 얼마나 좋을까.

자꾸만 마음의 집념은 이 다리로 쏠리게 되고 더구나 3개 마을 회원들은 모두가 저도 모르게 한마음에 도달하게 된 것이었습니다.

'숙원' 이렇게 표현하기는 너무나 약합니다. 퇴비 한 짐을 지고 나루터에 서 있다가 저 나룻배가 이쪽으로 닿으면 배에 올라 논밭에 놓고 오고 홍수가 지면 건너가지 못해 그렇게 애타게 길러왔던 누에를 굶겨 버렸던 5년 전의 쓰라림. 강 건너에서 돌아오지 못하고 안부만 확인하고 애태우던 중·고등학교 학생들인 귀여운 자식들. 학교에 가지 못해 안타까워하는 어린 자식들. 야속하게도 남자들은 하지도 못할 일을 여자들이 무얼 안다고 떠드느냐고까지 했습니다.

나는 부녀회원 3개 마을 총회에서 역설했습니다. 우리 몸이 저 물속에서 차곡차곡 쌓여 완전한 다리가 놓여질 수 있다면 기꺼이 자식들을 위하여 나는 물 속에서 다리발이 되어 주겠다고 말입니다. 모두가 같은 심정이었습니다. 그리하여 남편들의 설득 공작에 돌입하여 그해 겨울 내내 양수장 작업장에서, 밥상머리에서, 심지어 아이들의 호응까지 받으며 남자들 설득에 성공했습니다.

1974년 1월20일 섬진강 연합 새마을교 가설공사 추진위원 30명을 선출하고, 본 사업의 착수를 보게 되었습니다. 추진위원 30명이 분담하여 1년 동안의 배삯을 사전에 미리 받고, 희사를 받아 준비 작업에 이르렀습니다. 우리 부녀회에서도 똑같이 이 사업에 호응하게 되니, 저마다 무리를 해서 내놓았는데 180만 원의 엄청난 돈이었습니다. 하지만 2800만 원이 드는 공사비에는 너무나 부족했습니다.

180만 원을 면장님에게 가지고 가 우리 힘의 증거를 보이고 지원을 요청하게 되었습니다. 그리하여 시멘트 1200포, 철근 2t을 확약받았습니다. 그렇게 꿈에 그리던 섬진강 대교의 기공식을 1974년 3월13일 군수님과 다수 기관장님을 모시고 강변에서 갖게 되었던 것입니다. 그날 이곳의 새마을 사업에 감동되어 각계 요로에서 45만 원의 희사금이 모금되니 부락민은 더욱 더 힘을 얻게 되고 군수님이 현장에서 시멘트 450포대, 철근 5t을 전달하자 모두가 만세로 감사 표시를 했습니다. 온 부락민들은 기뻐서 어쩔 줄 몰라 했고, 우리 회장 3인은 이날 얼마나 기뻤던지 꼬박 밤을 새워 날이 밝기를 기다려 작업장으로 달렸습니다.

그날부터 우리 여자들은 강둑을 막고 남자들은 기초를 파고 우리 부녀회원들은 모래와 자갈을 모았습니다. 3월의 강바람은 차가웠으나 물속에서 일하던 사람들이나 밖에서 일하는 사람들이나 추운 줄도 모르고 즐거운 마음으로 열심히 일하였습니다.

날이 갈수록 손이 부르트고 새 봄이 돌아오자 영세민들의 식량은 떨어져 가니 참으로 안타까웠습니다. 우리 부녀회에서는 구호곡을 거두기로 정하고 집집마다 내놓을 쌀·보리를 확보, 그 영세민들에게 양식을 주면서 일을 했습니다. 자재의 확보도 힘이 들어 면사무소 마루판자를 뜯어다가 거푸집으로 썼습니다. 그 깊은 물속에 기초가 하나둘 만들어져 가고, 착공한 지 25일 만에 교각 '다리발'을 설치하던 날 "야! 만세, 만세!" 강가의 메아리 속에 2개의 교각이 서던 그 감격스러운 순간, 너무도 신기하고 너무도 감사했습니다. 그 우람하고 거대한 교각들…〉

제45장

駐韓미군 철수
저지工作의 내막

朴正熙

朴 대통령, 金日成에 식량지원 제안

1977년 1월 12일 朴正熙 대통령은 연두기자회견에서 對北(대북) 식량 원조를 제안했다.

"북한의 식량사정이 매우 심각한 것이 사실인 것 같습니다. 우리는 재작년인 1975년부터 主穀(주곡)인 쌀과 보리는 자급자족합니다. 작년에 우리는 쌀 3,600만 석을 생산했는데 이는 1960년에 비교하면 58%를 증산한 것이며, 일제 때 남북한 전체 생산량의 두 배입니다. 금년 말에 가면 쌀이 1,175만 석, 보리가 1,145만 석 정도 남습니다.

북한 측에서 받겠다고 한다면 상당량을 지원할 용의가 있습니다. 하나 이해가 안 가는 것은 북한에서 식량소동이 나고 있지만 전쟁용 비축 식량을 풀어 먹이지 않고 있다는 점입니다."

그 14년 전 1963년 10월 5일 金日成은 金日成 군사대학 제7기 졸업식에서 한 연설을 통해서 對南 식량원조를 제안한 적이 있었다.

"우리는 5~6년 전부터 쌀을 사오지 않습니다. 남조선 군대들이 먹는 양식은 다 미국 잉여농산물입니다. 남조선에서 朴正熙가 중농정책을 쓰고 자립경제를 건설하자는 목소리가 울려나오는 것만 해도 좋습니다.

우리는 그것을 찬성합니다. 그러나 그 자립경제는 미국과 일본의 돈을 꿔다가 해서는 안 됩니다. 그렇게 하면 식민지로 됩니다. 우리 북반부와 합작을 해야만 자립경제가 됩니다."

2006년 북한 〈노동신문〉 신년사는 식량문제 해결을 가장 강조했다.

〈올해에도 농업전선을 경제건설의 주공전선으로 내세우고 다시 한번 농사에 모든 력량을 총동원, 총집중하여야 한다. '쌀은 곧 사회주의다'

라고 하신 위대한 수령님의 유훈을 강령적 지침으로 삼고 온 나라가 농업전선에 한 사람같이 떨쳐나서야 한다.

우리는 올해에 농사를 본때 있게 지어 사회주의 조선의 대지에 오곡백과 주렁지게 하고 식량문제, 먹는 문제를 원만히 해결하려는 당의 의도와 결심을 빛나게 실현하여야 한다〉

2006년의 북한은 43년 전의 金日成 시절보다 더 퇴보한 것이다. 반면 한국은 朴正熙 시절의 성장을 확대 발전시켜 지금은 음식 쓰레기와 비만이 사회적 문제가 되는 나라가 되었다. 더 큰 문제는 민족사 최악의 守舊(수구)인 金日成 부자를 '진보와 자주의 태양'이라고 숭배했던 집단이 한국의 조종실에 들어가 국민들을 '살찐 돼지'로 만들고 북쪽의 '야윈 늑대'에게 뜯어먹히게 하고 있다는 점이다.

1972년 남북회담 때 남측의 간사 역할을 했던 당시 정보부 간부 鄭洪鎭(정홍진) 씨에 따르면 몇 차례의 남북한 대표단 왕래로 해서 북한 측은 '만나면 만날수록 우리가 손해'라는 결론을 내렸다고 한다. 우리 기자들과 대표단은 평양에 가서 절망했으나 북한 측은 서울의 발전상에 놀랐기 때문이다.

이 회담을 통해서 金日成이 얻은 것은 남한이 북침 의도를 갖고 있지 않다는 것을 알게 된 점이라고 鄭洪鎭 씨는 말했다. 金日成이 1974년부터 '사회주의 대건설'이란 구호를 내걸고 평양에 고층건물을 짓기 시작한 것도 그런 안도의 표현이었다.

북한은 자본도입에도 적극적으로 나서 1973년엔 서방 차관도입액이 3억 7,500만 달러로 소련 차관(1억 900만 달러)의 세 배를 넘었다. 1960년대에 군사 제1노선을 추구했던 金日成은 1970년대엔 경제건설에 중점을 두게 되는데, 때가 늦었다. 무역수지의 적자폭이 커지더니 1975년부터 외채상환이 늦어지고 1976년부터는 외국자본을 도입할 수 없게 되었다. 더구나 이 시기에 金正日을 후계자로 내세우기 위해서 사상통제를 강화함으로써 경제건설의 절대조건인 사회의 자율성과 창발성이 약화되었다.

1970년대 초 金日成은 金正日을 후계자로 삼기 위한 여러 가지 무리를 범했다. 金日成은 金正日을 위해서 黨과 軍에 대한 통제를 더욱 강화했고, 金正日은 金日成을 위한 신격화 작업을 지휘함으로써 父子(부자)간에 북한체제를 경직화시키는 상승작용이 일어났던 것이다. 한국에 온 黃長燁(북한 노동당 비서 출신) 씨에 따르면 1973년부터 후계자로 떠오르기 시작한 金正日은 권력 기반을 강화하기 위하여 아버지를 우상화하는 일에 매진하여 金日成과 북한체제를 인격적으로나 정치적으로 망가뜨렸다는 것이다.

金日成은 주민들을 철저하게 조직하고 사상교육을 강화해 갔다. 그 결과 학교에서 실무기술교육을 받는 시간보다 이념교육, 특히 金日成 家系(가계)의 소위 혁명역사 교육을 받는 시간이 더 길어졌다.

1977년 미국 CIA는 남북한의 노동생산성을 비교한 보고서에서 '긴 사상교육 때문에 북한의 노동생산성이 기술교육을 위주로 하는 남한에 뒤지기 시작했다'고 핵심적인 지적을 했다.

1970년대 북한 정권은 산업사회에 적응할 수 없는 무능한 충성분자만 양성하고 있었고, 그 결과는 1980년대 이후 경제파탄으로 나타난다.

반면 朴正熙 정부는 몸집이 커지는 경제를 바탕으로 1974년부터 戰力(전력)증강 사업을 추진함으로써 남북한 군비경쟁을 본격적으로 시작해

1976년부터는 국방비 지출에서도 北을 앞서기 시작했다. 1966~1970년 사이 남한은 10.4%, 북한은 5.8%의 年평균 경제성장률을 기록했으나, 1971~1975년 사이엔 남한은 연평균 9.7%, 북한은 2.3%에 그쳤다.

한국은 1970년대 후반기부터 중화학공업, 새마을사업, 中東 건설시장 진출의 과일을 따 먹기 시작했다. 이해부터 中東 건설시장에서 벌어들인 달러로 中東에서 사오는 원유값을 지불하고도 남게 되었다.

하지만 1970년대 후반기에 마냥 행복했던 것은 神이 된 金日成이었고, 쫓기고 있던 것은 한국을 선진국 문턱까지 끌어올리려고 고민하던 朴正熙였다. 金日成은 여유 있게 60代 후반을 보내고 있었고, 1977년에만 60세가 된 朴正熙는 미국 카터 행정부와 언론으로부터 집중포화를 맞고 있었다. 재앙은 축복처럼 오고, 축복은 재앙처럼 오는 수도 있는 모양이다.

金載圭 정보부장 임명

金大中 납치사건이 李厚洛 씨의 실각을 가져왔듯 1976년 미국에서 터진 朴東宣(박동선) 로비사건으로 이해 12월 4일 申稙秀 정보부장이 개각 때 물러나고, 金載圭 건설부 장관이 후임으로 정보부장에 임명되었다. 朴 대통령이 3년 뒤 자신의 생명을 앗아갈 인사를 한 것인데, 그 인사의 요인이 韓美 갈등이었다는 것이 매우 상징적이다.

주로 미국의 국회의원들을 상대로 금품과 이권을 뿌렸다는 朴東宣 사건 자체는 金炯旭과 李厚洛 부장 시절에 그 씨가 뿌려졌으므로 申 부장의 책임이라 할 수 없었다. 朴東宣 씨의 신분이 미국의 언론에 의해 노출되자 우리 정부에선 '김한조'란 在美동포를 새로운 로비스트로 기용했다. 그는 수십만 달러의 자금을 지원받아 미국 내의 여론을 親정부적으로 돌려 놓는 일을 맡게 됐던 것이다.

'백설작전'으로 불린 이 공작에서 돈의 사용처에 따른 여러 가지 말썽이 생겼다. 金 씨와 서울 사이의 연락을 책임지고 그를 감독한 사람이 駐美 한국대사관 1등 서기관인 정보부 요원 金相根 씨였다.

金相根 씨는 1976년 11월에 '즉시 서울 본부로 귀임하라'는 명령을 받았다. 11월 23일, 그는 '27일의 대한항공기 편으로 서울로 가겠다'고 보고하고 다음날 뉴욕으로 갔다. 거기서 金相根 씨는 옛 상사로서 미국에서 망명객이 되어 있던 前 정보부장 金炯旭을 만났다. 金炯旭은 金相根 씨에게 망명을 권했다. 돌아가면 처벌받을 것이라고 겁을 주었다.

이틀 뒤 金炯旭은 뉴욕 라구아디아 공항 근처에 있는 홀리데이 인의 커피숍에서 金相根 씨를 만났다. 곧 美 FBI 요원 3명이 나타났다. 金炯旭이 미리 연락을 해놓았던 것이다. 이렇게 하여 金相根의 미국 망명이 이뤄졌다. 그 뒤 金 씨는 미국 의회에 나가서 한국기관의 對美공작 등에 대해 많은 말을 하게 된다. 金炯旭은 〈뉴욕 타임스〉에 金相根 씨의 망명을 귀띔해 주어 이 사건을 시끄럽게 보도하도록 만들었다.

申稙秀 씨가 해임된 것은 이 망명사건 직후였다. 신임부장 金載圭의 눈에는 1973년 4월부터 미국에 머물던 金炯旭이 시한폭탄처럼 보였을 것이다. 6년간이나 정보책임자로 있으면서 朴 대통령과 朴 정권의 어두운 면에 대해선 누구보다도 많은 정보를 갖고 있는 金炯旭. 그가 한국의 공권력이 미치지 않는 외국에서 성난 늑대처럼 웅크리고 있는 것이 金載圭로서는 마음에 걸리지 않을 수 없었다.

정보부장 취임 한 달 만인 1977년 1월 17일 金載圭는 金炯旭에게 자필 편지를 보냈다.

〈…각하께서는 "그 친구가 돌아온다면 얼마나 반가운 일인가. 자유롭게 왕복한다면 남이 보아도 좋고 본인은 얼마나 떳떳하겠는가. 또 돌아와 일하겠다고 하면 원하는 중책도 맡기지" 하시더군요. 金相根 망명이란 불상사에도 불구하고 金 부장께서 다시 조국에 돌아온다고 한다면 이 얼마나 의의 깊은 일이겠습니까〉

2월 14일에도 金載圭는 私信(사신)을 보냈다.

〈사필귀정을 신념으로 삼고 지금까지 지켜온 金 부장의 침묵을 귀국이라는 행동으로서 깰 때가 됐다고 확신하고 있습니다. 싱긋이 웃으며 김포공항의 트랩을 내리는 金 부장의 그리운 모습을 생각하면서…〉

朴 대통령도 미국에 들르는 고관들을 통해 여러 번 金炯旭의 귀국을 종용했다. 金炯旭은 美 의회에서 "白斗鎭 前 국무총리, 丁一權 前 국무총리를 비롯해 張坰淳, 洪鍾哲, 金東祚 씨 등이 나에게 귀국을 권유했고 멕시코 대사직까지 제의했었다"고 폭로했다.

1977년 3월엔 金鍾泌 前 총리가 샌프란시스코 근방에서 3일간 육사 동기생인 金炯旭과 같이 골프를 치며 귀국을 종용했다. 이런 시도는 다 수포로 돌아갔다. 그 사이 金炯旭은 비수를 갈고 있었다.

1977년 6월 2일 金炯旭은 뉴저지의 어느 모텔에서 〈뉴욕 타임스〉의 아시아 문제 전문기자인 리처드 헬로란과 단독회견을 가졌다. 金 변호사가 통역을 맡았다. 金炯旭은 이 회견에서 자기가 中情부장 시절 기용했던 朴東宣 씨의 과거에 대해서 언급하고, 朴 정권을 신랄하게 비난했다. 그러나 카터 대통령의 駐韓미군 철수 계획엔 반대한다고 했다.

이 회견내용은 6월 8일자 신문에 1면기사로, 그 다음날엔 속보형식으로 크게 보도됐다. 아마도 가장 큰 충격을 받았던 것은 金載圭였을 것이다. 金載圭는 金炯旭이 내친 김에 6월 22일에 美 하원 국제문제위원회, 즉 프레이저 청문회에 나가 증언하기로 했다는 정보도 입수했다. 발등에 불이 떨어진 격이었다.

1977년 6월 8일 정보부 뉴욕분실장 孫호영 씨는 정보부 본부로부터 긴급 電文(전문)을 한 통 받았다(이하 인용하는 電文은 美 의회에 제출된 증거물임).

〈6월 5일자 〈뉴욕 타임스〉 헬로란 기자와 인터뷰하는 자리에서 金炯旭은 朴東宣이 KCIA의 정보원이었다고 주장하면서 대통령 각하에 대한 비난도 서슴지 않았음. 金炯旭의 발언으로 다음과 같은 사태가 발생했음.

① 국내 언론이 6월 7일자로 이를(선택적으로) 보도

② 문공부 대변인이 부인성명 발표

③ 丁一權 국회의장도 부인성명 발표

귀관은 문제된 기사의 내용을 상세하게 파악하고 앞일에 대처하도록 할 것〉

6월 17일에 孫호영 씨는 서울 정보부 본부로부터 중요한 연락을 받았다. 電文은 '閔丙權 무임소장관이 6월 17일 TWA 904편으로 서울을 출발, 다음날 뉴욕 케네디 공항에 도착할 것'이라고 전했다. 閔 장관의 訪美 목적은 '金炯旭에게 정부의 입장을 알림으로써 그의 오류를 수정할 수 있는 마지막 기회를 주려는 것'이라 했다.

閔丙權 장관은 金炯旭의 고향 및 軍 선배였다. 6월 20일 오후 孫 씨는

정보부로 장문의 긴급電文을 보내 두 사람의 대화를 보고했다.

〈閔 장관은 19일 오후 4시~9시 30분 사이에 알파인 골프 하우스에서 金炯旭을 만났음. 참석자는 7명: 閔 장관, 金炯旭 부부, 柳永洙(金炯旭의 보좌역) 부부, 白泰夏 부부.

1. 金炯旭은 문제를 일으키게 된 동기에 대해서 이렇게 이야기했음.

㉮ 한국에 있을 동안 朴 정권 측에서 나를 아주 냉대했다. 집을 수색했고 나를 체포하려는 기미가 보여서 미국으로 달아난 것이다.

㉯ 미국에서도 모두가 나를 멀리했다.

㉰ 처와 아들의 여권을 신청했더니 거절당했다. 이런 상황에서 귀국하라는 것은 잡아넣겠다는 의도가 아닌가.

㉱ 미국의 기관들은 나로부터 정보를 빼내려고 애썼고, 프레이저 의원은 2년 전부터 나에게 청문회에 나오도록 계속 요청했으나 이에 응하지 않았었다.

㉲ 그들(한국 언론)은 확인도 하지 않고 나를 반역자라고 매도하고 있다. 이것이 나의 결심을 촉발시켰다.

2. 金炯旭은 이어서 고향선배인 閔 장관이 일부러 미국까지 온 데 대해 감사했음. 그리고 두 가지 질문을 했음.

㉮ 나에 대한 대통령 각하의 감정은 어떠한가?

㉯ 나에 대한 요구사항은?

3. 閔 장관은 다음과 같이 대답했음.

㉮ 朴 대통령은 여러 사람으로부터 보고를 받고 있다. "과연 그가 이럴 수가 있을까?"라면서 지금도 당신이 그런 일을 했다고는 믿으려 하지 않고 있고 유감을 감추지 못하고 있다. 이런 감정을 감안할 때 만약

당신이 대통령 각하께 편지를 써서, 과거의 행동을 사과하고 앞으로는 反국가적인 언동을 하지 않겠다고 약속하면 각하는 모든 것을 잊어버릴 것이다.

㉯ 이런 상황에서 한국으로 돌아오는 것이 거북하다면 첫째, 청문회에 나가지 말 것, 둘째, 제3국으로 가서 당분간 살아 주었으면 좋겠다. 첫째 요구를 들어 주기 어렵다면 출석을 2주간만 연기해 달라.

청문회에 다시 나가더라도 국가원수에 대한 언급만은 일절 피해 달라. 그렇게 하면 미국 수사기관의 기분도 크게 상하게 하지 않을 수 있을 것 같다.

4. 金炯旭은 위와 같은 선에 따라 다음과 같은 문답을 주고 받았다.

金: 그렇게 하면 나의 체면이 손상되지 않겠습니까?

閔: 조국을 배반하는 것보다는 낫지. 자, 이제 어떻게 할까.

金: 다시 만나죠(金炯旭은 閔 장관을 20일이나 21일에 집을 초대해 아내가 장만한 냉면을 대접하겠다고 했음)〉

"제3국으로는 못 갑니다"

두 번째 면담은 6월 20일 오후 6~10시 사이 뉴저지州에 있는 金炯旭의 집에서 이뤄졌다. 孫호영 씨는 다음과 같이 보고했다.

〈1. 두 번째 면담엔 閔 장관, 金炯旭, 白泰夏, 柳永洙(PR회사 경영) 등 4명이 참석했음. 閔 장관은 제3국으로 갈 것, 청문회 출석을 연기할 것, 증언 내용 중 '독소조항'을 제거할 것 등을 요청했음. 金은 이 요구사항을 전부 거절했음. 다만 선배인 閔 장관의 입장을 생각하여 '독소조항'

의 제거문제는 신중하게 고려하겠다고 약속함. 그들은 다음과 같은 대화를 나누었음.

金: "한국 정부는 韓美 관계가 어렵게 된 것을 잘 모르는 것 같습니다. 여기에 나와 있는 정부의 고관들조차도 그렇습니다. 그래서 정확한 정보를 보고하지도 못하고 있습니다. 한국인들이 파티를 열면 미국인들은 오지도 않고, 크리스마스 선물을 주면 카드만 받고 선물은 돌려줄 정도입니다. 한국 외교관들은 이런 사실을 보고하지 않음으로써 정부의 정책을 오도하고 있습니다. 예를 들면 주한미군 철수 문제에 대해 朴 대통령은 '철수하고 싶으면 하라' 고 큰소리 치고 있습니다."

閔: "어제의 이야기를 계속하겠는데, 제3국으로 갈 수 없나?"

金: "갈 수 없습니다."

閔: "그러면 증언을 해야 할 텐데 좀더 신중한 준비를 하기 위해 출석을 연기할 수 없나?"

金: "나 스스로 연기하기는 어려워요."

閔: "그러면 증언하더라도, 국가원수에 관련된 부분은 빼고 하도록 하지."

金: "선배님의 입장을 생각해서 그 문제를 신중하게 검토하지요."

閔: "그렇게 결심했다면 대통령 각하께 편지를 써야 하네."

金: "뭐라고 쓰죠?"

閔: "이런 취지로 쓰도록. '제가 신문에 말한 것으로 심려를 끼쳐드려 대단히 죄송합니다. 앞으로는 조국과 각하에 해가 되는 일을 하지 않겠습니다.'"

金: "대통령이 나를 박대한 문제에 대한 나의 견해를 추가하지요."

閔: "자네가 그런 걸 안 쓰더라도 사과하는 내용의 편지만 쓰면 지나간 오해는 만족스럽게 풀릴 거야."

金: "내가 의회에 나가서 읽을 내용을 柳永洙 씨와 함께 수정해야 할 것 같습니다. 그러니 내일(21일) 정오에 우리 집에서 식사를 함께 할 때 편지를 드리죠."

柳: "출석 연기 문제가 편지보다 더 시급하지 않으세요."

金: "연기를 해야 하나?"

柳: "閔 장관에게 선물을 하나 드려야죠."

金: "(갑자기 외면하면서) 대통령이 편지를 안 보냈는데, 왜 내가 편지를 써야 합니까. 왜 정부 대변인을 시켜 나를 용공분자라고 부릅니까? 나를 반역자라고까지 했어요. 반역자가 도대체 뭡니까(그는 입에 거품을 품었으며 제 정신이 아닌 것 같았음). 청문회에서 발표할 성명서 작성을 아직 끝내지 못했으니 그 일부터 해야겠어요."

2. 白泰夏가 (김형욱이) 제3국으로 갈 경우의 경비문제를 꺼냈더니 閔 장관은 金炯旭의 의견을 물었음. 金은 제3국행을 거절했음.

3. 柳永洙는 金의 성명서에서 독을 많이 뺐으나 아직도 각하와의 관계에 금이 갈 정도의 내용이 더러 남아 있다고 함. 閔 장관이 강력하게 金에게 朴 대통령께 편지를 쓰도록 요구하자 金은 계속 그러면 미국 의회에 나가 閔 장관이 자신을 달래러 온 사실을 폭로하겠다고 말했음. 21일 오전 7시에 閔 장관, 白泰夏, 柳永洙와 다시 만나기로 했음. 그러나 절망적임〉

6월 21일 아침 閔丙權 장관 일행은 약속대로 金炯旭 집에 갔다. 그러나 그 15분 전 金炯旭은 워싱턴으로 출발해 버렸다. 金炯旭은 "만나 보았자 서로가 괴롭고, 나의 결심은 이미 확고부동할 뿐만 아니라 閔丙權씨는 갖은 방법으로 나를 설득할 것이 예상되므로 일찍이 집을 떠났다"고 20여 일 뒤의 성명에서 밝혔다.

이날을 워싱턴 교외의 모텔에서 지내면서 증언에 대비해 원고를 검토한 金炯旭은 22일 美 하원 국제기구 소위원회에 증인으로 나타났다.

金炯旭은 의원들과의 문답에 앞서 성명서를 낭독했다. 그는 "朴正熙씨 개인에게 설사 인간적인 배신자가 되는 것을 감수한다 하더라도 국민과 역사 앞에 배신자가 될 수는 없다고 믿기에 이르렀다"면서 자신이 증언대에 선 입장을 밝혔다. 묘하게도 金炯旭의 말과 똑같은 말을 2년 뒤 金載圭가 하게 된다. 10·26 뒤 시해사건 군사법정에서였다.

金炯旭은 공화당 정권의 실상, 유신체제 설립과정과 그 영향, 金大中 납치사건과 朴東宣 사건 등의 소제목에 따라 성명문을 낭독해 갔다. 전직 정보책임자로서 신랄하면서도 권위 있는 폭로였다. 그는 朴 대통령의 개인적 스캔들에 대해선 언급하지 않았다. 카터 대통령의 駐韓미군 철수계획에도 반대의사를 분명히 했다.

그는 한반도에서 핵무기를 철수하는 것에 대해선 찬성한다고 했다. 金炯旭은 朴 대통령이 고관들을 보내 자신의 귀국을 종용한 사실도 밝혔다. 이어서 장시간 문답이 진행됐다.

이 자리는 金炯旭의 가장 화려한 무대인 것 같았다. 5·16 이후 어느 누구도 이처럼 지독하게, 또 증거를 들이대면서 朴 대통령에게 도전한 사람은 없었다. 그가 권좌에서 밀려난 이후 朴 대통령과 그 측근으로부터 받았던 냉대로 응어리진 원한을 다 쏟아 놓는 것 같았다.

이틀간의 증언을 마치고 집으로 돌아오면서 金炯旭은 "할 말을 다 하지 못한 아쉬움과 깊은 인간적 고독을 절감했다"고 한다. 그는 "새벽녘에 집에 도착해 커피 한 잔을 들고 서재에 들어가 창 밖의 여명을 바라보면서 회고록의 첫 머리를 쓰기 시작했다"고 뒤에 말했다.

金載圭는 부장에 취임한 직후 朴東宣 사건을 한 달간 면밀히 검토한 끝에 이것은 유신체제에 대해서 미국 정부가 우회적인 방법으로 압력을 넣는 것이란 판단을 했다고 한다(10·26 재판 증언). 그래서 1977년 2월 朴 대통령에게 체제 완화를 건의했다는 것이다. 이때부터 金載圭는 親美的(친미적) 성향을 띠기 시작한다.

1977년 7월 15일 金炯旭은 '내외국민에게 드리는 특별성명서'를 발표했다. 여기서 그는 朴 대통령을 협박했다.

〈나는 정보전문가로서 朴正熙 씨에 대하여 여러분이 상상하시는 것 이상으로 많은 것을 알고 있으며, 朴正熙 씨가 유치한 방법으로 나를 계속 중상한다면 이를 천하에 폭로할 작정입니다. 한 가지만 언급한다면 나는 朴正熙 씨를 참된 반공주의자로 믿고 있지 않다는 점입니다〉

이 말은 朴 대통령의 사상문제를 암시한 것으로 金載圭를 더욱 전전긍긍하게 만들었다. 1977년 8월 23일 정보부 뉴욕 분실장 孫호영 씨는 '업무를 인수인계하고 9월 25일까지 서울 본부로 귀임하라'는 연락을 받았다. 孫 씨는 자신의 金炯旭 설득공작이 실패한 데 대해 처벌을 받게 될 것이라고 겁을 먹었던 것 같다. 그도 귀임하는 대신 미국 망명의 길을 택했다.

孫 씨는 1977년 11월 29일 프레이저 청문회에 나와 증언하면서 이렇게 밝혔다.

"귀임명령을 받았을 때 나는 위협을 느꼈습니다. 金炯旭과 교섭이 실패한 책임을 내가 질 것 같았기 때문입니다. 그래서 나와 가족은 8월 16일부터 미국 연방정부의 보호 아래 놓이게 됐습니다."

孫호영 씨의 망명은 1976년 11월 말에 있었던 駐美 한국대사관 1등서기관 金相根 씨의 망명에 이어 정보부 간부로서는 두 번째였다. 金 씨의 망명이 申稙秀 부장의 해임을 가져온 사실을 잘 알고 있었던 金載圭로서는 굉장한 충격을 받았을 것이다. 자신의 私信까지 공개해 버린 金炯旭을 그래도 회유해 보려고 정성을 다해 관용으로 대했는 데도 실패한 데다가, 그 비밀교섭의 현지 책임자가 관계문서까지 들고 미국에 망명했으니 말이다.

사나이의 위신을 귀중하게 여기는 사무라이 숭배자 金載圭로서는 참기 어려운 모욕이었다.

1976년 2월 13일 〈워싱턴 포스트〉의 맹렬 여기자 맥신 체사이어가 한국 측 對美 로비스트 朴東宣의 활동을 폭로하기 시작한 이후 약 3년간 한국 정부는 미국 언론·의회와 수사기관의 '동네북'이었다.

'동네북'이 된 한국 정부

한국 공화당에 대한 걸프(대한석유공사와 합작한 회사)의 정치헌금, 朴東宣 사건, 金大中 씨 납치사건, 金炯旭의 폭로, 통일교 문제, 在美교포에 대한 한국 정보기관의 협박, 정보부 간부들의 잇단 망명사건에다가 미국이 제기한 駐韓미군 철수 문제와 한국內 인권 문제에 대한 미국의 압력 등이 엎친 데 덮쳐 한국은 샌드백이 되어 갔다.

미국 의회 안에서도 여러 소위원회가 한국을 상대로 제각기의 방향에서 조사하는 바람에 망명객 金炯旭·金相根 씨 등은 이리저리 불려 가 겹치기 증언을 하는 등 탤런트가 되고 있었다. 이런 청문회에서 드러난 것은 대부분이 韓美관계의 그늘이고 얼룩이었다. 범죄는 범죄대로, 비극은 비극대로 미학이 있는 법인데 이 조사에서는 치졸한 한국인의 모습만 부각됐다. 워터게이트 사건으로 닉슨을 내쫓았던 미국 언론은 朴 정권을 하이에나처럼 물고 늘어졌다.

金炯旭·金相根 씨처럼 朴 정권에서 고관을 지낸 한국인이 하루아침에 변신해 온 세계가 지켜보는 가운데 같은 한국인을 상대로 손가락질을 하고 욕설을 퍼붓고 있었다. 駐美 대사관의 전직 공보관은 金東祚 대사가 100달러짜리 지폐를 20여 개의 봉투에 나누어 넣고 미국 의원들에게 건네주러 나가는 장면을 생생하게 묘사했다. 미국 쌀을 수입하는 과정에서 생긴 커미션을 한국의 실력자들이 서로 차지하려고 암투하는 사정도 무자비하게 폭로됐다.

對美 로비가 한국의 안보를 위한 것이었다는 점은 무시됐다. 美 하원 보고서는 朴東宣 씨가 미국 국회의원들에게 돈을 준 것은 '한국을 돕도록 만들기 위한 목적에서라기보다는 朴 씨 자신을 돕도록 만드는 데 진짜 목적이 있었다'고 결론을 내렸다.

이 무렵 한국 정부의 이미지에 특히 나쁜 영향을 주고, 金載圭 정보부장의 신경을 건드린 폭로로서는 닉슨 대통령의 특별보좌관을 지낸 존 니데커의 의회증언을 꼽을 수 있다.

그는 1974년 5월에 한국을 방문, 뇌물을 받은 이야기를 실감나게, 또 비아냥거리는 투로 털어놓았다. 1978년 6월 1일 니데커가 美 하원 국제관계위원회의 국제기구 소위원회에서 한 증언의 요지는 이러했다.

〈더윈스키: "한국 방문 때 선물을 받았나요?"

니데커: "예, 몇 장의 그림과 작은 골동품들을 받았습니다. 그 가운데 하나는 돌을 파서 만든 술 쟁반이었습니다. 2400년 된 것이라더군요. 나는 그 선물을 우송해 달라고 했죠. 잘 아시다시피 50달러짜리 이상의 선물은 모두 국무성에 넘겨야 합니다. 그 뒤에 〈워싱턴 포스트〉의 체사이어 기자에게 들었는데, 내가 인계한 선물 가운데 하나는 경매에 붙여져 일리노이州의 어느 박물관에 1만 달러의 값으로 팔렸답니다."

더윈스키: "한국 방문의 마지막 날에 있었던 일들을 기억할 수 있나요?"

니데커: "비행기 탈 시간에 임박해서 노진환 의원(유정회) 일행이 저를 찾아와 '朴正熙 대통령에게 작별인사를 하자'고 했습니다. 朴 대통령의 사저에 갔는데, 朴 대통령은 朴鐘圭 경호실장과 골프를 치러 나가고 없었어요. 나는 '비행장으로 나가야겠다'고 했더니, 盧 의원이 문제가 없다고 해요. 내가 예약한 JAL기를 붙들어 놓도록 했다는 겁니다. 내가 탈 때까지 말입니다. 기다리다가 끝내 대통령은 만나지 못하고 나오게 됐는데, 젊은이가 오더니 봉투를 하나 주어요.

朴鐘圭 씨의 사인이 쓰인 봉투였죠. 젊은이는 '비행기에 타기 전에는 뜯어 보지 말라'고 합디다. 그 말에 의심이 버럭 났어요. 김포공항으로 가는 차중에서 봉투의 귀퉁이를 뜯어 보니 달러 현찰이에요. 나는 공항에 도착하자 수행한 駐韓 미국대사관의 크라우즈 씨에게 봉투를 건네주면서 하비브 대사에게 전해 주라고 했습니다.

제가 비행기에 탔더니, 저 때문에 한 시간이나 기다린 승객들이 화가 나 있더군요. 미국에 돌아와서 알아보았죠. 그 봉투에는 현금 1만 달러가 들어 있었답니다. 나는 하비브 대사로부터 현금 봉투를 朴鐘圭 씨에게 돌려준 사실을 통보받았습니다."

더윈스키: "당신은 이 사건을 보고했나요?"

니데커: "나는 즉시 국무성의 한국과장 레이너드 씨와 백악관의 국가 안보회의, 그리고 헤이그 비서실장에게 보고했습니다."

프레이저: "당신이 귀국한 뒤 노진환 의원과 다시 접촉한 사실이 있나요?"

니데커: "두세 번 만났죠. 어느 날 그는 많은 선물을 갖고 왔습니다. 헤이그 실장에겐 그림, 헤이그 부인에겐 진주목걸이, 닉슨 대통령 부인과 로즈메리 우드 여비서에겐 진주귀고리, 그리고 나의 아내에게 줄 향수 등을 가져왔어요.

나는 그 선물들을 받을 사람에게 보인 뒤 다시 끌어모아 포장해 한국 국회의사당의 盧 의원 앞으로 발송해 버렸죠. 盧 씨는 朴鐘圭 씨가 미국을 방문할 때 내가 그를 접대해 주었으면 한다고 했지만 나는 이를 거절했습니다. 그때부터 나는 盧 의원과 만날 땐 꼭 제3者를 입회시켜야겠다고 결심했습니다."

프레이저: "盧 씨는 선물 말고는 다른 부탁을 하진 않았습니까?"

니데커: "그는 '상하원 의원들에게 1인당 5000~3만 달러의 선거자금을 대고 싶은데, 누구에게 주었으면 좋을지 이름을 뽑아 달라'고 했고 저는 거절했습니다."〉

1977년 3월 3일, 朴 대통령은 청와대 출입기자들을 초청해 공보비서관들과 점심을 함께 했다. 보도금지를 전제로 朴 대통령은 긴 이야기를 했다.

"이희호, 정일형, 공덕귀 씨 등이 외신기자에게 전단을 배포했다는 이야기가 있어요. 나도 그들이 보낸 서신을 받아보았는데 '朴正熙 귀하'라고 썼더군. 나를 대통령으로 인정하지 않는 모양이지, 허허. 편지에는 '귀하가 하는 정치는 나라 망하게 하는 정치다'라고 쓰여 있었어요. 내용은 담담하게 봤지만, 불쾌한 것은 미국에 기대어서 헐뜯고 고자질하는 사대주의적 근성이야. 조만간 그런 버릇은 없어질 테지만 조금 시간이 걸리고 어려울 것 같아요.

그들은 카터 미국 대통령이 우리나라에 대해 압력을 가하는 것을 기대하는 것 같은데, 그들의 요청이 미국에는 손톱도 안 들어가고, 또 소용없다는 것도 곧 알게 될 겁니다."

朴 대통령은 이른바 양심수 문제에 대해 언급했다.

"들리는 말에 의하면, '크리스마스 때 나온다. 카터 취임 전에 풀려 나온다. 카터 취임 후에 풀려 나온다'고들 떠들었다는데 나는 웃어넘깁니다. 우리 국민들의 생각이 그렇다면 정신 개혁을 먼저 해야지. 한국이 미국의 영향을 받는 것이 그렇게나 좋은 건지, 원. 독립국가의 국민인데…. 그렇게 헐뜯으니 우리나라가 업신여김을 받는 게 아닙니까.

전 같으면 화도 냈겠지만 이제는 웃어넘기기로 했어요. 나는 當代(당대)의 평가에 구애받지 않고, 후세 史家(사가)들의 옳은 평가를 위해 일하고 있습니다. 인기 위주의 정치가 나라를 얼마나 후퇴시키는가 우리 국민도 알아 주면 좋겠습니다. 세종대왕도 최만리·황희 등 중신 대부분의 반대를 무릅쓰고 한글을 창제하신 것이 아닙니까. 그때 찬성한 사람은 신숙주·성삼문·정인지 같은 사람뿐이더군요."

드디어 朴 대통령은 駐韓미군 철수를 공언한 카터 미국 대통령에 대해서 정색을 하고 이야기하기 시작했다.

"내가 카터 대통령에 대해서도 한마디하겠는데, 자기 나라의 부도덕한 문제도 해결하지 못하면서 남의 나라에 대해 부도덕 운운하는 것은 거북스러운 일 아닙니까? 크메르 학살에 대해서는 왜 말을 못 해요? 북한에 대해서도 일체 함구하고 있는데, 도대체 그 뜻이 무엇입니까?

미국의 스나이더 대사와 베시 8軍사령관 등이 본국 정부에 가서 카터와 국방성·국무성 인사들을 만나고 왔는데, '그 사람들은 실천계획을 구상조차 하지 않고 있더라'고 한국에 돌아와서 나에게 말하더군. 이런 사정을 볼 때 미군 철수는 빠른 시일 내에는 없을 것 같아요.

카터가 공약을 했으니 약간의 감축은 있을는지 모르지만. 설사 撤軍(철군)이 이뤄져도 이제는 북괴와 겨루어 볼 만합니다. 물론 전쟁이 일어나면 또다시 경제 시설이 파괴될 터이니 전쟁은 절대로 해서는 안 됩니다."

이때는 카터 대통령의 撤軍관련 발표가 나오기 며칠 전이었는데, 이날 대화록을 읽어 보면 朴 대통령이 사태를 다소 낙관하고 있었음을 알 수 있다.

뒤이어 朴 대통령은 수도이전 문제를 거론했다.

"요 근래 행정수도 문제가 사람들 입에 많이 오르내린다고 하던데 적어도 10년은 내다보아야 합니다. 후보지는 아직 없어요. 여기저기 생각하고 있을 뿐입니다. 실무자들에게도 '백지상태에서 설계하라'고 했습니다. 실행 단계에서 地勢(지세)에 맞추면 될 것 아닙니까. 계획만도 2~3년 내지 3~4년이 걸립니다.

지금 4차 방위산업 육성 계획 때문에 財源(재원)도 없어요. 우리가 그렇게 서두를 것이 뭐 있어요. 올봄에 국회에서 관계법을 통과시키고 地價(지가)를 묶어서 투기꾼들이 재미 못 보도록 해야겠어요.

매년 서울의 인구가 마산 인구만큼 늘어나고 있어요. 그러니 우선 수도이전 문제를 발표하여 속을 트이게 해 주고 나면, 인구 증가를 억제하는 효과가 다소나마 있지 않겠어요? 수년 전 같으면 패배의식 때문에 수도를 옮긴다고 떠들었을 텐데, 지금은 그렇게 생각지는 않는 것 같아요.

국력이 축적되었기 때문에 발표한다는 것을 관계자들은 다 알 겁니다. 행정수도에는 한꺼번에 기관들이 들어가지 않아도 됩니다. 중요하지 않은 부처부터 먼저 옮기고, 맨 나중에 청와대가 들어가면 됩니다. 지금 예정으로는 1980년대 중반에나 가서야 이전될 것으로 봐야 할 것입니다."

화제는 며칠 전 일본 후쿠다 총리가 의회 답변에서 독도 영유권을 주장한 것으로 옮아 갔다.

"후쿠다 일본 총리 입장에서 야당의 질문에 대해 독도가 자기네 영토가 아니라고 답변한다면 총리직에서 물러나야 했을 것 아닙니까? 으레 하는 발언입니다. 어느 누가 총리가 되더라도 그랬을 겁니다.

나는 그들의 국회 답변을 이해하고 있어요. 그러나 실제로 문제가 된다면 공군으로 대응 비행하거나 기관포를 갖다 놓고 위협사격을 가해서 쫓아 버리면 됩니다. 이 독도 문제를 韓日 분쟁의 요소로 삼을 생각은 없어요."

잠시 야당 인사에 대한 언급이 있었다. 신민당의 李哲承 당수가 미국에 가서 駐韓미군 철수 반대를 주장하고 다니는 데 대해 높게 평가했다.

"李哲承 씨는 나름대로 확고한 안보관이 있는 것 같아요. 야당이 외국에 나가서 그런 말을 하면 남이 듣기에도 좋습니다.”

카터, 일방적 撤軍 통고

李 총재는 이즈음 워싱턴에 가서 험프리 상원의원과 브레진스키 대통령안보보좌관을 만났다. 존슨 대통령 시절 부통령이었던 험프리는 자신이 암을 앓고 있다고 털어놓은 뒤 “야당이 국가를 위해서 이런 외교를 한다는 것에 감동했다”고 말하고, 李 총재의 뜻을 카터 대통령에게 전달하겠다고 약속했다. 브레진스키 보좌관은 “나는 폴란드 출신이기 때문에 한국이 처한 상황에 동정한다”고 말했다고 한다.

카터는 베트남戰 반대운동, 펜타곤 페이퍼 폭로사건, 워터 게이트 사건을 일으키면서 미국 사회의 흐름을 주도하고 있던 反기성적 左派(좌파) 언론과 여론을 타고 대통령에 당선되었다. 그는 朴 대통령을 싫어하는 생각이 앞선 나머지 1976년 대통령 선거 때 駐韓미군 철수를 공약했다. 그는 인권탄압을 하는 국가를 응징한다는 명분만 보고, 미국의 국익에 타격을 준다는 생각은 하지 못할 정도로 편향된 시각의 포로가 되어 있었다.

카터는 대통령에 취임하자마자 駐韓미군 철수를 맨 먼저 주요정책으로 추진하기 시작했다. 그는 동맹국인 한국 정부와 한 번도 논의하지 않고 일방적인 결정을 내리고 밀고 나가려 했다.

1977년 3월 5일 카터는 브레진스키 안보보좌관과 사이러스 밴스 국무장관에게 메모를 내려 보냈다. 그 요지는 駐韓미군 중 지상군은 철수, 공군은 유지. 美 의회와 미국 언론이 결정하게 될 韓美관계는 최악상태.

朴이 정치범들과 관련하여 개방적 자세를 취하지 않으면 인권문제에 대한 나의 참을성과 군사원조는 유동적이 될 것임' 이었다.

1977년 3월 초순 워싱턴을 방문한 朴東鎭 외무장관은 카터 대통령을 만나 일방적 撤軍 통고를 들어야 했다. 카터는 "이것은 나의 大選 공약이다"는 점을 특히 강조했다. 카터는 미국 언론이 만든 反韓감정을 이용하기 위해 미국의 세계전략에 크나큰 영향을 줄 駐韓미군 철수 문제를 논리나 전략 없이 추진했기 때문에 행정부나 참모진 안에서조차 단 한 사람의 진정한 지지자도 확보하지 못했다.

요사이 盧 정권이 얼치기처럼 밀고 나가는 反美親北 노선과 매우 닮았다. 세계 어디서든 좌파적 인간형은 '위선'과 '무능'이란 공통점을 가졌다. 그들은 인기영합과 위선적 도덕론을 판단기준으로 삼기 때문에 국가이익을 도외시하기 쉽다.

撤軍정책을 책임지고 추진해야 할 밴스 국무장관과 해럴드 브라운 국방장관, 그리고 브레진스키 안보보좌관은 카터의 지시를 수행하는 척하면서 이 정책을 번복시키려는 노력을 계속했다. 브레진스키 보좌관은 撤軍 반대자들이 카터에게 반론을 제기하는 言路(언로)를 막지 않았다.

이들은 공식석상에서는 마음에도 없는 목소리로 카터의 撤軍정책을 지지하고 뒤로는 이 정책을 사보타주해야 하는 입장에 처했다. 일본은 물론이고 중국과 러시아조차도 駐韓미군 철수를 크게 환영하지 않았다. 金日成만 카터를 지지하고 있었다.

지금 뒤돌아보아도 철없는 짓을 많이 한 것이 카터였다. 카터는 선거기간 중 "한국엔 700개의 核폭탄이 있다. 나는 단 한 개라도 왜 거기에 있어야 하는지 알 수 없다"라고 했다. 실제로 그때 한국엔 683개의 核폭탄이 있었다. 그는 대통령이 되자 撤軍에 앞서 이 核폭탄을 먼저 철수하려고 했다. 核물리학자이기도 한 브라운 국방장관은 카터의 마음을 돌려놓는 데 진땀을 빼야 했다.

1977년 3월 15일 朴 대통령이 주재하는 정부여당 연석회의가 청와대에서 열렸다. 朴 대통령은 朴 외무장관이 워싱턴에서 갖고 온 撤軍 통보에 대해서 차분한 반응을 보였다. "비록 일방적 선언이라고 해도 동맹국 원수가 결정한 것이니 기정사실로 인정하고 대비하는 수밖에 없지 않는가"라는 태도였다. 지상군 철수의 順次와 撤軍에 따른 보완조치를 협의하기 위해 카터의 특사가 온다고 하니 그때까지 기다려 보자는 朴 대통령의 태도로 해서 이날 撤軍 문제는 진지하게 논의되지 않았다.

1977년 4월 20일 저녁 본관 식당에서 朴 대통령이 비서관들과 식사를 함께 했다. 朴 대통령은 비서관들과 둘러서서 칵테일을 한 잔씩 들면서 청와대 물맛을 자랑했다.

"우리 수출이 너무 확대되는 데 대해 미국이 별로 신통하게 생각하지 않습니다."

"경제가 늘고 수출이 확대되면 미국이 우리를 멀리하지 못해요. 이번 駐韓미군 철수 문제만 하더라도 우리가 撤軍을 만류하기를 미국이 은근히 기다린 흔적이 보이는데 우리 경제와 국방력이 이만한데 왜 그런 짓을 하겠소."

朴 대통령은 이 말을 하면서 파안대소했다. 고소하다는 뜻의 웃음이었다. 잠시 후 식탁으로 자리를 옮기고 나서도 朴 대통령의 카터 비판은 계속되었다. 朴 대통령은 뉴질랜드 총리의 말을 인용했다.

"뉴질랜드의 멀둔 총리도 기자회견에서 카터는 땅콩장사나 해서 그

런지 경륜이 없다. 카터 정책을 좋아할 사람은 크렘린밖에 없을 것이다'
라고 비꼬더군."

柳赫仁 정무1수석 비서관이 언론계 간부들의 전방 시찰 결과를 보고
하면서 화제가 바뀌었다.

"여기 있는 鮮于煉 비서관의 伯氏(백 씨) 鮮于 주필이 이번 토요일 전
방에 갔다 온 것을 주제로 時論(시론)을 쓰겠다고 했습니다."

"時論을 쓰겠다고? 가슴이 답답하다가도 鮮于 주필의 사설이나 時論
을 보면 시원하고 후련해져. 鮮于 주필이 때로 정부 시책을 공격해서 아
프기는 하지만, 지나고 보면 그 사람 얘기가 거의 다 맞아요."

朴 대통령은 최근 방위산업 특집 프로그램에서 MBC는 잘한 반면
KBS는 부족했다고 지적하면서, "사진기자들이 대통령만 찍고 전체를
찍지 않아요. 나는 두세 컷만 찍으면 되는 것이오"라고 했다.

"〈동아일보〉 사설도 미군 철수에 대해서 쓸 것을 썼더군. 어떤 때는
사설을 읽고 나서 '이것이 진짜 동아일보인가' 하고 표제를 다시 한 번
들여다볼 때가 있어요. 과거에는 같은 反共 사설을 써도 꼭 '그러나' 하
고 꼬리표를 달아서 정부를 비난하기에 나는 한때 '反共의 방법이 우리
와 다른가' 하고 생각한 적도 있었어. 하긴 지금 反共과 駐韓미군 철수
문제에 대해 우리 정부와 의견이 다른 언론기관이 있겠소?'

1977년 5월 20일, 朴 대통령은 朴槿惠 씨와 비서관, 기자단을 불러 점
심식사를 함께 했다. 이날도 朴 대통령은 駐韓미군 철수 문제를 장시간
거론했다.

"미국이 核 가져가면 우리가 개발할 것"

"동맹이란 것은 한 나라만의 이익을 위해서 맺는 것이 아니라, 당사국의 공동 이익을 위한 것입니다. 그리고 정세가 변화되면 서로 의논해서 일을 처리해야 하는데, 그 사람들(미국)은 그렇지 않더군요.

지난 1년 동안 駐韓미군 철수 문제가 라디오나 신문에 등장하지 않은 날이 없었어. 스나이더 대사를 만났을 때 食傷(식상)하다고 했지. 가든 안 가든 결정은 지어야겠어. 그런데 美 8軍 장성들은 모두 철수를 반대하더군. 골프를 초대받은 적이 있어서 경기 끝나고 이야기를 나누는데, 모두들 하나같이 반대야. 내가 '카터 대통령이 軍 출신이니까 잘할 것 아니냐'고 했더니 美軍 장성들이 '그 사람, 잠수함을 석 달 탔습니다. 그것도 軍 경력에 들겠지요'라고 대답하더군.

미국 대통령 선거 때 카터 참모들이 駐韓미군 철수를 주장해야 표가 많이 나온다고 건의를 했다는 겁니다. 그러나 선거가 끝나고 대통령이 되고 나면 국방성도 있고, CIA도 있고, 국무부도 있어서 이 사람들의 말을 잘 들어서 해야 하는데. 하긴 선거 공약이니 안 할 수도 없겠지. 그들끼리도 의견 대립이 있는 모양이야."

1977년 5월 22일, 朴 대통령은 비서진들과 함께 식사를 할 때는 마치 교사가 학생에게 훈시하듯 국정에 관계된 것뿐만 아니라 평소 느낀 점들을 자상하게 털어놓았다. 이날도 어김없이 화제는 카터 비판으로 옮겨 갔다.

"한국에 어떤 인권 문제가 있는가, 하고 미국 사람들에게 구체적으로 물으면 그들도 대답을 못 합니다. 인권 침해란 법에 의하지 않고 재판도

하지 않고 탄압하는 것을 말하는 것이지, 헌법에 따라 3심을 거치고 그 것도 공개리에 외국 기자들한테까지 방청을 시키면서 법으로 확정해서 처벌하는 것을 어떻게 인권 침해라고 할 수 있는가 말이오.

지난번 울프 의원도, 스나이더 대사도 '카터가 한 얘기이니까 미국의 체면을 봐서 제스처라도 해달라'고 내게 말했는데, 내가 제스처를 할 것이 있어야지. 지금 잠깐 들어가 있는 사람도 전에 민청학련 사건과 같이 개과천선하면 사면될 수도 있는 것이오.

反체제 사람들이 콧대를 높이는 것은 바로 미국 사람들 때문이야. 미국이 도움이 안 된다고 느낄 때라야 들어가 있는 사람들도 생각이 달라질 것이고, 그렇게 되면 놓아 줄 수 있지. 이 기회에 그 사람들의 사대근성을 뿌리 뽑아야 됩니다. 외세에 의존하는 근성을 버리지 않고는 진정한 자주독립 국민이라고 할 수 없어요.

그동안 미국에서 反정부 운동하던 사람들, 李龍雲 前 해군참모총장이나 文明子 씨 등이 한 근거 없는 말들을 미국은 그대로 언론에다 실었단 말이야. 駐韓미군이 東北亞(동북아) 평화를 위해 지대한 공헌을 한 것은 사실입니다. 아직 한반도에 평화가 정착된 것은 아닙니다.

한국에 평화가 정착되거나 적어도 북괴를 확실히 능가할 힘이 생길 때까지 駐韓미군이 있는 것이 좋지. 그러나 그들이 일방적으로 간다고 했소. 한반도의 안보는 한국만의 책임인가? 韓美 양국의 공동 책임입니다. 그들이 떠나가더라도 장비를 넘겨주고 공군력만 증강한다면, 유사시에 우리 힘으로도 능히 敵을 막을 수 있어요.

나는 월남사태 때 이미 駐韓미군 철수를 예상했어요. 모든 정세로 보아 북괴가 남침해도 중국·소련이 병력 지원을 안 할 것으로 봅니다. 우리의 힘이 강해지면 오히려 중국·소련이 북괴의 남침을 견제할 것입니다. 이것이 바로 공산당의 전술이지."

朴 대통령은 이날 각오한 듯 말을 이어갔다.

"내년에 프랑스에서 장갑차 150대를 도입하고, 가을에는 서해에서 미사일 시험 발사도 할 것입니다. 이번에 하비브 美 국무차관이 오면 核을 가져가겠다고 으름장을 놓을 텐데, 가져가겠다면 가져가라지. 그들이 철수하고 나면 우리는 核을 개발할 생각이오."

이 무렵 朴 대통령의 대화록을 분석해보면 駐韓미군 장성들과 교감하면서 카터의 撤軍을 비판하고 있다는 인상을 지울 수 없다. 駐韓미군 장성들이 주둔국 대통령 앞에서 자신들의 최고사령관을 비방했다는 것인데, 이로 미루어 朴 대통령과 이들은 撤軍 반대로 보조를 맞추고 있었다는 느낌을 받게 된다.

1977년 3월 17일 美 합참은 '1982년 9월까지 3만 2,000여 명의 駐韓 美 지상군 병력 중 우선 7,000명 정도를 철수시키자'는 내용의 건의서를 카터 대통령에게 제출했다. 철수시한을 차기 대통령 임기까지 미루는 지연작전이었다. 하지만 카터는 5월 5일 "4~5년 안에 全 駐韓 美 지상군을 철수한다"고 결정하고 이를 '대통령 지시각서' 12호에 담아 美 합참에 내려 보냈다.

1977년 5월 19일자 〈워싱턴 포스트〉紙는 駐韓 美 8軍 참모장 존 싱글러브 소장 인터뷰 기사를 실었다. 이 회견에서 존 싱글러브 소장은 "만약 (카터의) 撤軍 계획대로 4~5년 동안에 駐韓미군을 철수시킨다면 그 다음에는 반드시 전쟁이 일어날 것"이라고 말했다.

그는 "지난 12개월간의 정보수집 결과 북한 戰力(전력)은 계속 증강되고 있는 것으로 드러났다"면서 "(워싱턴의) 정책입안자들은 3년 전의 낡은 정보 속에 묻혀 있다"고 비난했다. 美 8軍 참모장의 이런 폭탄발언이 나오게 된 배경에는 撤軍을 반대하는 美 8軍사령관 베시 대장의 공작이 있었지 않나 의심할 만한 근거가 있다.

1977년 5월 17일, 〈워싱턴 포스트〉 기사가 나오기 이틀 전 金載圭 중앙정보부장 특별보좌관인 李東馥 씨는 오랫동안 가까이 알고 지내던 駐韓미군 사령관 특별보좌관인 짐 하우스먼으로부터 전화를 받았다. 긴급한 용무가 있으니 가급적 가까운 시간 안에 만나자는 것이었다.

李 보좌관과 짐 하우스먼은 다음날 서울시청 맞은편 프라자 호텔의 한 객실에서 마주 앉았다. 여기서 둘 사이에 오간 대화를 李 특보는 다음과 같이 정리해 金載圭 중앙정보부장에게 보고했다.

〈駐韓 유엔군사령관 특별보좌관 짐 하우스먼은 5월 18일 12:15~13:30 當部 부장 특별보좌관을 접촉하고 베시 유엔군 사령관의 지시에 의한 것이라는 전제하에 다음 사항을 부장에게 보고해 달라고 요청했음.

1. 5월 24일에 내한하는 하비브 국무차관과 브라운 합참의장을 맞이해 베시 사령관은 駐韓 美 지상군 철수문제에 관하여 현지 사령관으로서의 기본입장을 다음과 같이 보고할 계획임.

가. 베시 사령관은 1차적으로는 駐韓 美 지상군을 현재의 상태에서 동결, 어떠한 규모의 감축에도 반대한다는 입장을 명백히 할 것임. 사령관의 논거는 6·25 때 駐韓미군이 철수함으로써 전쟁이 발발한 반면 휴전 이후에는 전쟁이 없었는데 그 이유는 駐韓미군이라는 전쟁 억지력이 엄존했기 때문이라는 점을 지적할 것임.

나. 만약 하비브 차관과 브라운 의장을 통해 美 행정부의 駐韓 美 지

상군의 감축이 기정방침으로 확인될 경우 베시 사령관은 차선의 방안으로 다음 사항을 건의할 방침임.

1) 駐韓 美 지상군의 감축은 상징적인 규모로 국한할 것. 美 육군 제2 사단의 3개 여단 중 1개 여단에서 여단 建制(건제)는 그대로 둔 채 2개 대대만을 1979년 6월 이후에 철수하고 나머지 부대는 무기한(최소한 5년간) 한국에 잔류시키도록 결정할 것.

2) 철수하는 2개 대대의 각종 화기와 장비는 한국에 남겨두어 한국軍에게 인계할 것.

3) 현재 2개 대대 弱의 규모인 駐韓 美 공군은 완전규모의 3개 대대를 각기 거느리는 2개 비행단으로 증강시키되 증강되는 항공기는 태평양 공군으로부터가 아니라 본토의 공군으로부터 가져올 것(태평양 공군은 駐韓 美 공군의 후비로 이미 사실상 한반도에 들어와 있는 것과 마찬가지이므로 태평양 공군으로부터의 증강은 실질적으로는 증강이라고 볼 수 없음).

4) 한국軍 현대화를 위해 다음 조치들을 강구할 것(생략).

2. 베시 사령관은 앞으로 있을 韓美 협의 때 朴 대통령 각하께서는 물론 고도의 정치적 차원에서 말씀을 하셔야 하겠으나 관계장관 이하의 실무자는 이상 베시 사령관의 기본입장을 감안해 그보다 더 강경한 주장을 할지언정 더 온건한 주장을 하지는 말아 줄 것을 요망함.

3. 베시 사령관은 하비브와 브라운 來韓 이전에 극비리(駐韓 美 대사관에 대해서도 비밀로) 韓美 양 국군 간에 사전 의견조정을 가질 것을 희망함. 그 방식은 1단계로 합참의 孫章來 장군이나 柳炳賢 장군과 유엔군 사령부의 번스 副사령관, 싱글러브 참모장 또는 콜러 작전참모 간

에 협의를 갖고 2단계로 베시 사령관과 국방부 장관이 만나기를 희망함 (단, 이러한 접촉은 베시 사령관의 입장에서는 美 행정부에 대한 일종의 항명이 될 수 있는 것이므로 극도의 보안을 요망함).

4. 베시 사령관은 지난번 渡美, 카터 대통령을 만났을 때 "駐韓미군 철수 문제는 절대로 졸속한 결정을 회피할 것"을 건의했고, 이에 대해 카터 대통령도 "장군과 먼저 협의하지 않고는 駐韓미군 문제에 대한 어떠한 결정도 단독으로 내리지 않겠다"고 약속한 일이 있으므로 미국이 일방적으로 감축 결정을 내리지는 않을 것이라고 믿고 있고 만약 카터 대통령이 이러한 약속을 저버릴 때는 "군복을 벗을 각오가 되어 있다"고 하우스먼은 말하고 있었음〉

李 특보가 듣고 보니 실로 중대한 내용이 아닐 수 없었다. 문민통제의 원칙이 확립되어 있는 미국에서 육군의 한 최고지휘관이 참모들과 짜고 미국대사관을 따돌린 채 자기 나라의 대통령이 소신을 갖고 추진하는 정책을 저지하기 위하여 외국의 정보기관장과 내통하겠다고 나섰으니 말이다. 李 특보는 金載圭 부장에게 베시 사령관을 만나는 것이 좋겠다고 건의했다. 다음날인 5월 19일 오후 3시 15분부터 4시 30분까지 두 사람의 밀담이 美 8軍 영내 사령관 관사에서 이뤄졌다. 李 특보가 통역을 위해 배석했다.

李 특보의 기록에 의하면 이 자리에서, 베시 사령관은 그가 金 부장을 만나자고 한 진짜 이유를 털어놓았다. 그는 우선 撤軍 문제에 관한 카터 대통령의 옹고집에 분노를 터뜨렸다. 그리고, 카터의 撤軍 공약은 결국은 이행되지 않을 것이라고 전망했다. 왜냐하면 이 공약은 "너무나 현실과 괴리된 것이고 잘못하면 전쟁을 유발할 수도 있는 그릇된 정책이기

때문"이라는 것이었다.

그는 그럼에도 불구하고 카터의 撤軍 공약이 이행될 경우에 대비하는 것이 필요하다는 의견을 피력했다. 그는 "撤軍은 보완조치 없이는 진행될 수 없다"면서 韓美 양국 간에 즉각 '撤軍 보완조치'에 관한 협상이 시작되어야 한다고 강조했다.

'撤軍 보완조치'가 비용 면에서 駐韓미군을 계속 유지하는 것보다 비싼 것으로 만들어서 '비용 對 효과'의 차원에서 미국內, 특히 美 의회 안에서, 駐韓미군 철수에 대한 찬반 토론을 유도해야 한다는 것이 베시의 본심이었다.

그렇게 함으로써 '보완조치'로 인해 駐韓 美 지상군의 撤軍을 강행하는 것이 계속 유지하는 것보다 비용 면에서 비싼 것으로 드러나게 될 경우 틀림없이 의회가 나서서 撤軍 강행을 저지하게 되리라는 것이 그의 계산이었다.

한국 정부 안에서 그의 대화 상대는 徐鐘喆 국방장관과 柳炳賢 합참본부장이었다. 이 무렵 朴正熙 대통령은 카터 대통령에게 노발대발하고 있었다.

朴 대통령은 "그렇다면 하고 싶은 대로 해라. 우리는 구걸하지 않겠다. 우리는 우리 길을 간다"고 자주국방을 외치면서 오히려 '駐韓미군 철수 不反對'를 선언하고 나선 것이다. 카터의 오만에 맞서서 주권국가의 대통령으로 국민의 안위를 책임지고 있는 朴 대통령의 대응은 '과연 대통령다운 행동'이었다. 그러나 그것은 어디까지나 '대통령에게 해당되는 것'이었고 그를 보좌하는 주무장관이나 참모들의 경우는 그와는 다른 것이었다.

베시는 "대통령이 그렇게 할수록 정부 관계자들은 실무적 차원에서 가령 撤軍이 이루어지더라도 그로 인한 위험부담이 최소화되도록 미국을 물고 늘어져 최선의 보완조치를 만들어 내야 한다"고 했다.

特上보고

문제는 한국 정부의 주무장관 등 관계 참모들에게 있었다. 베시가 그들을 접촉해 보니 그들은 "朴 대통령보다 한술 더 떠서 더 격앙되어 있었고, 더 강경해서 도저히 말을 붙일 수 없을 정도"였다. 하우스먼은 "베시 사령관이 徐鐘喆 국방장관 등 한국군 고위층으로부터 '미군이 나가고 싶으면 나가라. 우리는 상관하지 않는다' 는 말을 듣고 아연 실색했다"고 전했다.

카터 대통령은 撤軍 문제와 인권 문제를 가지고 한국 정부와 협의하기 위해 1977년 5월 24일 필립 하비브 국무차관과 조지 브라운 합참의장을 서울에 보내기로 했다.

베시 사령관의 생각으로는 하비브와 브라운의 訪韓(방한)이야말로 이들 앞에 '撤軍 강행' 보다 훨씬 高價(고가)의 '보완조치' 보따리를 풀어놓아 이들을 깜짝 놀라게 할 수 있는 기회였다. 그러기 위해서는 한국 정부 국방 관계자들을 만나 자신의 생각을 귀띔해 줄 절대적 필요가 있었다.

그런데 길이 없었다. 베시는 金 부장에게 그의 충정을 朴 대통령에게 전달해, 朴 대통령으로 하여금 徐鐘喆 국방장관 등이 즉각 베시 사령관과 협의해 '撤軍 보완조치'를 마련하도록 지시해 줄 것을 희망했다. 그렇게 되면 하비브 차관 및 브라운 의장의 訪韓 때를 기점으로 韓美 간에 '撤軍 보완조치' 협상을 본격화시킬 수 있게 되는 것이다.

金 부장은 눈에 띄게 감동했다. 서울 중구 필동 중앙정보부 분실 6층의 부장실로 돌아온 金 부장은 李 특보에게 베시 사령관과 나눈 대화를 對談(대담) 형태로 정리해 부장이 대통령에게만 올리는 보고 형식인 '特上보고'(일명 '빨간 딱지 보고')로 작성해 달라고 주문했다.

金 부장은 다음날인 5월 20일 청와대로 올라가 朴 대통령 앞에서 이 보고서를 낭독했다고 한다.

필자가 대통령 면담일지를 구해서 대조해 보니 5월 20일 金載圭 정보부장은 오전 11시 27분부터 한 시간 동안 청와대 대통령 집무실에서 朴 대통령에게 보고한 것으로 적혀 있다. 朴 대통령은 보고를 받은 직후 출입기자들과 점심을 함께 하면서 미군 장성들이 카터를 업신여기는 발언을 한 것을 소개했던 것이다.

이날 朴 대통령은 駐韓 美 지상군 철수문제와 관련된 회의를 긴급히 소집했다. 오후 2시 14분부터 약 두 시간 동안 계속된 회의에서는 베시 사령관의 희망에 따라 미국 특사에게 撤軍 보완 조치와 관련된 협의를 요구하기로 결정했다. 이 회의에는 총리·국방장관·외무장관·청와대 주요참모·합참의장·합참본부장, 그리고 康仁德 정보부 북한국장 등이 참여했다.

이날 金載圭 부장이 올린 特上보고서엔 재미있는 대화내용이 있다.

〈金載圭: "장군은 하비브 차관이 이곳에 와서 인권 문제를 거론하리라고 보는가?"

베시: "카터는 분명히 한국을 돕고 싶어한다. 그런데 한국을 돕기 위

해서는 美 의회와 여론의 지지가 필요한데 美 의회와 여론사회에서는 한국의 인권 문제에 관해 카터에게 모종의 행동을 취하라는 강력한 압력을 가하고 있는 것이 현실이다.

카터로서는 이 같은 압력 때문에 비단 한국관계뿐 아니라 다른 분야의 정책에 관해서도 美 의회의 협조를 거부당할지 모른다는 위협에 직면하고 있다. 아마도 카터는 이번 訪韓하는 특사 편에 이 같은 정치적 고충을 朴 대통령께 말씀드리고 이에 대한 朴 대통령의 말씀을 들려 달라고 요청하게 될지도 모르겠다.

미국의 호사가들은 朴 대통령의 강력한 영도력 행사는 불안정한 국내 政情(정정)을 안정된 것으로 위장하기 위한 것이라고 악선전하고 있다. 2주일 전에 朴 대통령께서 美 8軍 골프장에서 골프를 치시고 본인의 숙소에 들르셔서 저녁식사를 함께 하신 일이 있다. 그때 朴 대통령께서 아주 편안한 기분으로 하루 저녁을 지내시는 것을 보고 본인도 무척 기뻤었다.

본인은 장기적으로는 한국도 미국과 같은 민주주의를 지향하고 있다고 믿는다. 朴 대통령은 이미 국내에서 강력한 정치적 지지기반을 쌓아 올리셨고 그렇기 때문에 선거를 지금 당장 실시한다고 해도 아마 80~90%의 지지를 얻어 다시 대통령에 당선되시리라고 생각한다.

다만 본인이 보기에 朴 대통령께서는 국민의 복지증진과 안보, 그리고 경제건설에 너무 열중한 나머지 무책임한 정치인들의 정치작태를 낭비적이고 非생산적인 것으로 보아 정치를 멸시하시는 것이 아닌가 싶다. 반면, 카터 대통령 같은 사람은 좀 시끄럽기는 하더라도 선거를 통해 다수의 지지를 얻어 국가를 이끄는 것이 좀더 좋은 방법이라고 보는 데서 차이점이 생기는 것 같다."

金載圭: "요즘은 신문이 횡포 정도가 아니라 독재라 해야 할 정도인 것 같다."

베시: "그렇다. 우리는 어떤 의미에서는 모두 신문 독재의 제물들이다."〉

위의 대화록을 읽어 보면 朴 대통령이 기자들에게 한 말의 수수께끼가 풀린다. 朴 대통령은 "미군 장성들에게 골프를 초대받은 적이 있어서 경기 끝나고 이야기를 나누는데, 모두들 하나같이 撤軍에 반대야. 내가 '카터 대통령이 軍 출신이니까 잘할 것 아니냐'고 했더니 미군 장성들이 '그 사람, 잠수함을 석 달 탔습니다. 그것도 軍 경력에 들겠지요'라고 대답하더군"이라고 했었다. 카터를 이렇게 평한 사람은 베시였다는 추정이 가능해진다.

베시 사령관이 金載圭를 통해서 朴 대통령과 내통하던 바로 그 시간대에 베시의 참모장 존 K 싱글러브 소령은 〈워싱턴 포스트〉 존 사르 기자를 만나고 있었다. 사르 기자는 이때 카터 특사 필립 하비브 국무차관과 조지 브라운 합참의장이 朴 대통령을 만나러 오는 것을 취재하러 서울에 와 있었다.

사르 기자가 싱글러브 참모장에게 "귀하는 카터 대통령의 撤軍계획이 전쟁을 부를 것으로 생각하느냐"고 물었을 때 "그렇다"고 대답했던 것이다. 싱글러브는 전역한 직후인 1978년 여름 白斗鎭 국회의장의 소개로 일본의 〈新視点〉이란 잡지 주간과 인터뷰를 했다. 이 녹취록을 구한 白 씨는 자신의 회고록에 그 全文을 실었다.

이 녹취록에 따르면 싱글러브는 자신이 "그렇다"고 대답한 것은 북한군의 戰力증강에 대한 최신정보를 입수했기 때문이라고 설명하고 있다. 북한군은 1970년대 전반기에 대포와 전투기를 倍增(배증)시켰고 장갑차는 세 배로 늘렸으며, 수륙양용차와 수송기를 4배로 증강시키면서 휴전선 가까이 공군기지를 만들고 병력을 전진배치하고 공격대형을 취했다. 이런 정보를 미군은 1976년 초까지도 모르고 있었다.

이런 사실을 알 리 없는 카터가 1975년부터 駐韓미군 철수를 주장한 것은 충분히 이해할 수 있다. 싱글러브는 카터가 대통령이 된 이후엔 군부로부터 보고를 받고 撤軍 주장을 취소할 것이라고 생각했다는 것이다.

그래서 〈워싱턴 포스트〉 기자에게 "나는 撤軍에 반대하지만 만약 대통령이 그렇게 결정한다면 우리는 직업의식과 열성을 다해 이를 수행할 것이다"고 덧붙였다는 것이다. 〈워싱턴 포스트〉는 인터뷰를 보도하면서 이 부분은 생략했다.

5월 19일 〈워싱턴 포스트〉 기사를 읽은 카터 대통령은 해럴드 브라운 국방장관에게 즉시 싱글러브 참모장을 불러들여 데리고 오라는 지시를 했다. 브라운 국방장관은 한국에 가 있던 조지 브라운 합참의장에게 이 지시를 전달했고, 브라운 의장은 베시 사령관에게 명령해 싱글러브 소장을 백악관으로 보내게 했다. 워싱턴으로 불려 온 싱글러브 소장에게 브라운 장관은 이런 충고를 했다고 한다.

"대통령을 만나면 모든 책임을 기자에게 전가하세요. '그런 말을 한 사실이 없고, 나는 撤軍을 지지합니다'라고 하란 말입니다."

싱글러브 소장은 단호히 거절했다고 한다.

"장관께선 잘 이해하시지 못하는 것 같은데, 그 기자는 본인의 발언을 정확하게 보도했습니다. 저는 제 생각을 모든 사람들이 이해해 주기를 바랄 뿐입니다."

"카터 대통령의 체면을 살려주시오"

브라운 장관은 싱글러브 소장을 데리고 카터 대통령 집무실로 갔다. 이상한 면담은 한 시간 반 동안 계속되었다. 카터 대통령은 경위를 물었고 싱글러브는 설명했다.

"저는 대통령의 권위에 도전하려 한 것이 아닙니다. 그 발언을 한 시기는 韓美 간의 撤軍 협의가 있기 전이었으므로 각하께서 정책을 결정하는 데 도움이 될 것이라고 보았습니다.

撤軍 결정이 내려지면 이를 열심히 수행할 것이지만 제가 알기로는 그런 결정은 아직 이뤄지지 않았습니다. 그래서 그런 말을 한 것입니다. 군인은 결정이 내려지기 전까지는 정확한 정보를 제공할 의무가 있습니다."

카터는 군대에 대한 민간통제의 전통에 대해서 강의하듯이 이야기했다. 녹취록에서 싱글러브는 "그런 것들은 다 알고 있는 내용이므로 필요 없는 것이었다"고 말하고 있다.

카터 대통령도 싱글러브를 달리 처벌할 근거가 없다는 판단을 했다. 다만, 그를 다른 부대로 전출시키라고 장관에게 지시했다. 美 하원 군사위원회의 소위원회는 싱글러브 소장에게 출두명령을 내렸다. 싱글러브는 소위원회에 나가서도 撤軍의 부당성을 주장했다. 이 소위원회는 그 뒤 한국을 방문하고 撤軍반대 의견을 냈다.

이렇게 되니 싱글러브 소장의 인터뷰 파문은 워싱턴의 가장 큰 뉴스로

부각되고 카터는 곤경에 처했다. 브라운 국방장관은 싱글러브에게 한국으로 歸任(귀임)하지 말고 바로 조지아州 육군사령부로 가라고 명령했다. 한국에 있는 가족과 짐은 잘 챙겨서 보내 주겠다고 설득했다.

강력하게 반대한 것은 베시 사령관이었다. 브라운 장관은 싱글러브 소장에 대한 성대한 환송파티나 훈장수여를 금지시키고, 朴 대통령에 대한 離任(이임) 인사차 방문도 허용하지 않는다는 조건을 달아 베시 사령관의 건의를 받아들였다.

싱글러브는 朴 대통령을 만나지 못했으나 朴 대통령은 사람을 보내 위로의 뜻을 전했다. 싱글러브 소장의 회고에 따르면 이임을 앞두고 일주일간 휴가를 얻어 한국을 여행했는데 가는 곳마다 보통시민들로부터 환영을 받았고, 식당에 들어가면 사람들이 일어나 박수를 치곤했다는 것이다.

싱글러브는 조지아州의 육군사령부 참모장으로 전속되어 근무하다가 1978년 4월에 또 공개석상에서 카터의 중성자탄 제조연기, B-1 폭격기 생산계획취소 조치를 비판했다고 해서 전역당했다.

이상의 경과를 살펴보면 베시 駐韓미군 사령관과 싱글러브 참모장은 카터의 撤軍특사가 朴 대통령을 만나러 오는 시점을 D데이로 삼고 작전하듯이 反카터-反撤軍 공작을 진행했음을 알 수 있다. 駐韓미군 사령부는 朴 대통령과 손잡고 카터를 물 먹인 셈이다.

이런 공작이 발각되었다면 군법회의에 넘겨졌을 만한 일을 감행해 가면서 베시와 싱글러브가 카터의 撤軍정책에 저항할 수 있었던 것은 撤軍의 논리와 전략이 너무나 허술하여 군부 전체의 웃음거리가 되어 있었기 때문일 것이다. 軍心이 완전히 떠난 상태에선 아무리 최고사령관의 의지가 강해도 먹히지 않는다는 교훈을 남긴 셈이다.

1977년 5월 25, 26일 양일 간 미국 카터 대통령의 특사 하비브 국무차관과 브라운 합참의장이 청와대를 방문하여 朴 대통령에게 카터의 撤軍 계획을 통보했다. 첫날은 오전 10시 30분부터 오후 1시 5분까지 소접견실에서 회의가 진행되었다. 한국 측에선 崔圭夏 국무총리를 비롯해 외무·국방장관, 대통령 비서실장, 의전수석(통역)이 배석했다. 미국 측에선 스나이더 駐韓 미국대사와 베시 駐韓미군사령관이 배석했다. 둘째날인 26일에도 오후 4시부터 1시간 15분 동안 회의가 이어졌다.

하비브와 브라운은 朴 대통령을 안심시키려 했다. 그들의 설명요지는 이러했다.

〈撤軍은 한반도의 군사력 균형을 파괴하거나 북한의 오판을 유발하지 않도록 진행될 것이다. 한국의 자주국방 능력 향상을 위한 한국 측 계획을 적극적으로 지원할 것이다. 對韓방위공약은 변함이 없다. 美 공군은 계속해서 주둔한다〉

朴 대통령은 2~3일 전부터 꼼꼼히 메모해 두었던 견해를 조목조목 털어놓았다.

〈미국 대통령이 자기 나라 군대를 빼겠다는데 다른 나라가 막을 수는 없다. 駐韓 美 지상군을 4~5년 내에 완전히 철수한다는 것은 韓美 양국을 위해서 대단히 현명하지 못하다고 생각한다. 美 지상군은 북한군의 再남침을 저지하는 관건이자, 일본과 東아시아의 방위를 위해서도 크나큰 기여를 하고 있다.

駐韓미군은 미국의 세계전략 차원에서 볼 때 NATO(북대서양조약기구)와 더불어 소련을 견제하는 2大 근간이다. 유엔군사령관을 겸하고 있는 駐韓미군사령관은 4만여의 駐韓미군과 세계 최강을 자랑하는 60만 한국군, 그리고 고도의 훈련을 쌓았으며 전투경험도 있는 250만 내지 300만 명의 예비군까지 지휘하고 있다.

소련은 그 병력의 3분의 2를 西歐에, 3분의 1을 극동에 배치하고 있다. 3분의 2에 대해서는 NATO軍이, 3분의 1에 대해서는 駐韓미군 사령관 휘하의 韓美연합군이 대처하고 있다. 이런 미국의 세계군사전략으로 볼 때 駐韓미군을 완전히 철수한다는 것은 이해할 수 없다〉

여기서 朴 대통령은 駐韓미군의 主力인 지상군이 철수하면 駐韓미군 사령관에게 위임해 놓은 한국군의 작전지휘권도 再검토해야 할 것이라는 암시를 주었다. 朴 대통령은 金載圭 정보부장과 베시 사령관 사이의 밀약에 따라 '先보완 後철군'을 요구했다. 하비브 차관과 브라운 합참의장은 "카터 대통령의 방침은 보완과 撤軍을 병행하는 것이다"고 설명했다. 두 사람은 이 이견을 해결하기 위한 韓美 간 실무자회담을 수용했다.

1977년 5월 26일 오후 撤軍관련 회담을 끝낸 朴 대통령은 鮮于煉 공보비서관에게 회담에서 논의된 인권문제와 관련하여 이렇게 구술했다.

〈먼저 하비브 美 국무차관이 조심스럽게 입을 열었다고 한다.

"대통령께 이제부터 말씀드리는 것은 카터 대통령의 지시를 받고 말씀드리는 것입니다. 카터 대통령의 국내 정치적 입장이 어렵다는 것을 각하께서 잘 좀 이해해 주십시오. 카터 대통령의 국내 정치적 입장이나 얼굴, 체면을 세워 주기 위해 간청합니다만 뭔가 제스처를 좀 써 주십시오."

朴 대통령은 이렇게 말했다.

"스나이더 대사에게는 이미 이야기했지만 한국에 소위 인권 문제는 존재하지 않습니다. 카터 대통령의 입장을 고려하고 이해해 달라는 이야기는 같은 정치인으로서 이해가 갑니다. 그러나 근본적인 문제는 한국 내에 소위 인권 문제는 존재하지 않는다는 겁니다.

물론 대통령에게 사면권은 있습니다. 나 자신 대통령으로서 사면권을 과거 몇 차례 행사했습니다. 그 대표적인 것이 민청학련 사건 때입니다. 그러나 대통령의 사면권 행사 여부는 본인들, 즉 복역자들의 자세에 달려 있습니다. 그 사람들이 개과천선하고 개전의 정을 보이고 또 복역 자세가 좋을 경우에는 내가 사면을 해왔고, 또 사면을 할 것입니다. 그런데 복역자들의 자세가 마치 영웅이나 된 것처럼 경거망동하고 있는 게 문제입니다.

특히 귀하들이 온다니까 구세주나 오는 것처럼 기대하고 있다는 이야기가 있습니다. 이런 상황에서 어떻게 사면을 하겠소? 사면은 못 합니다. 그들이 왜 그런 자세를 갖는지 생각해 보십시오. 미국에서 소위 한국의 인권 문제가 거론되고 제기될 때마다 미국 정부가 '관심을 표명한다' 는 식의 논평을 내니까 그들이 자세를 안 바꾸는 것 아닙니까?''〉

朴 대통령은, 1977년 5월 27일 오후 4시부터 두 시간 동안 신민당 당수 李哲承을 청와대로 초청해 韓美회담 결과를 설명했다. 李 총재는 나중에 이렇게 기억했다.

〈인권과 주한미군 철수를 흥정하는 미국의 압력에 그는 참으로 외로운 싸움을 벌이고 있었다. 나는 국가안보를 볼모로 하여 정권투쟁을 해선 안 된다는 신념을 갖고 있었다. 나는 중도통합의 철학에 따라 反정부와 反국가는 구별해야 한다고 믿었다. 그래서 사쿠라라는 욕을 먹으면서도 朴 대통령의 입장을 옹호했던 것이다〉

李 총재는 미국과 일본을 방문해 주한미군 철수를 반대한다는 견해를 要路(요로)에 전달하는, 야당외교를 벌이기도 했었다. 이 자리에서 朴 대통령은 "李兄, 撤軍에 반대하는 야당외교, 정말 감사합니다"라고 말했다고 한다. 朴 대통령은 1950년대 사단장, 1군 참모장, 6관구 사령관을 지낼 때부터 야당의 국방위원이던 李哲承과 친했다.

朴 장군을 '형님'이라 부르며 따랐던 韓雄震(특무부대장 출신)이 李哲承 의원과 동향으로 두 사람을 연결해 주었다. 그때도 不義(불의)를 보면 못 참는 성격의 朴 장군은 국정감사를 오면 꼬치꼬치 문제를 따지고 드는 李 의원을 좋아해 軍內의 문제점과 非理를 알려 주었다.

4·19 혁명 뒤 민주당 정권이 들어서자 李哲承 의원은 당내 소장파의 선두에 섰고 국회 국방위원장으로서 張勉 정권의 실력자였다. 그때 매그루더 駐韓미군사령관은 젊은 장교들의 下剋上(하극상)을 배후에서 조종하는 것이 朴正熙 소장(당시 육군본부 작전참모부장)이라고 보고 새삼 거의 좌익 前歷(전력)을 문제 삼아 전역시킬 것을 張勉 총리에게 요구했다. 張 총리는 이 문제로 李哲承과 의논했다.

李 의원은 朴 소장의 인품을 이야기하면서 감쌌다. 朴 소장도 李 의원을 찾아와 도와달라고 부탁했다. 朴 소장은 전역당하는 대신에 대구의 2군 부사령관으로 전출되었다. 閑職(한직)이었기 때문에 쿠데타 모의에는 좋은 자리였다.

가까운 영천엔 韓雄震 준장이 정보학교장으로 근무하고 있었다. 두 사람은 쿠데타 모의를 진전시켜 나갔다. 5·16 그날 밤 처음부터 끝까지 朴 소장을 동행했던 이가 韓 준장이었다.

5·16 군사혁명이 나자 李哲承은 외국에 있다가 귀국을 포기하고 해

외에서 反朴운동을 벌이게 된다. 그는 약 8년간 정치휴학생이 되는 바람에 金大中·金泳三 씨한테 밀리게 된다.

이런 인연을 가진 李哲承 신민당 당수는 朴정권을 상대로 '참여하의 개혁' 노선을 추구했다. 외교·국방 문제에선 超黨的(초당적) 협조를 하고 국내정치 문제에선 견제한다는 '중도통합노선'이 그것이다. 李哲承 씨는 1978년 12월 총선에서 야당인 신민당이 여당 공화당보다도 득표율에서 1.1%를 이긴 것은 선거법·국회법·정치자금법에서 야당이 유리하도록 고쳤기 때문이라고 말한다.

이런 개정이 가능했던 것은 안보부문에서 朴 정권에 협조해 주었으므로 朴 대통령이 공화당의 반대를 꺾고 야당 편을 들어 준 덕분이라고 한다.

현재 비상국민회의 의장으로서 애국운동을 계속하고 있는 李 씨는 "나는 대안 없는 兩金식 강경투쟁이 생리에 맞지 않았다"고 말했다.

金日成, 카터에 美·北 직접 협상 제의

《두 개의 한국》이란 책을 쓴 돈 오버도퍼 기자에 따르면 카터의 撤軍 특사 하비브와 브라운은 카터 대통령이 1977년 5월 초에 서명한 1급 비밀문서(撤軍 일정표)를 朴 대통령에게 설명했다고 한다. 그 내용은 1978년 말까지 1개 여단 6,000명을 빼내가고, 1980년 6월 말까지 또 1개 여단과 지원병력 최소 9,000명을 철수하며, 한국에 있는 핵무기는 줄여가다가 撤軍 완료와 함께 다 가지고 나간다는 것이었다.

문제는 韓美 간 합의에 따라 카터가 낸 撤軍보완 예산이었다. 이 해 7

월 브라운 국방장관이 19억 달러의 撤軍보완 예산을 의회 지도자에게 설명하자 한 사람도 撤軍을 찬성하지 않았고, 많은 의원들이 반대했다.

의원들이 撤軍보완 예산 통과에 부정적인 태도를 보인 것은 朴 대통령을 지지해서라기보다는 오히려 그를 싫어해서였다. 그들은 인권탄압, 對美 불법로비, 한국 진출 미국계 회사들에 대한 정치헌금 강요, 金大中 납치사건 등으로 미국 언론의 집중포화를 맞고 있는 朴 정권에 대해서 그런 지원을 승인해 줄 마음이 생기지 않았다.

미국은 한국 측에 撤軍에 따른 보완을 약속해 두었는데 이것이 지켜지지 않으면 撤軍을 할 수 없는 것이다. 물론 이것은 카터가 당면한 여러 장애물 중의 하나였다.

金日成은 카터가 駐韓미군 철수를 공약하자 이 기회를 활용하여 對南 적화통일의 주도권을 잡으려고 했다. 그는 1976년 11월 카터가 당선되자마자 파키스탄 대통령을 통해서 당선자에게 편지를 보내 직접 접촉을 제의했다.

1977년 2월 허담 북한 외무상은 파키스탄 주재 미국대사관을 통해서 사이러스 밴스 美 국무장관에게 편지를 보냈다. '한국을 제외하고 미국과 직접 대화하자'는 내용이었다. 미국 측은 한국 정부가 참여해야 대화할 수 있다는 입장을 견지했다.

1977년 7월 駐韓미군의 헬리콥터가 비행 실수로 북측 비무장지대 상공으로 들어갔다가 격추되어 미군 3명이 죽고 한 명은 억류되었다. 북한은 이례적으로 사흘 만에 유해와 생존 미군을 돌려주었다. 金日成은 가봉의 봉고 대통령, 유고슬라비아 티토 대통령, 루마니아의 차우셰스쿠 대통령을 통해서도 카터 대통령에게 편지를 보내 美北 직접 대화를 제의했으나 그때마다 미국은 '한국을 끼워야 한다'고 답변하여 성사되지 않았다.

金日成은 점점 카터에 대해 비판적으로 돌기 시작했다. 그는 카터가 撤軍 시기를 늦추면서 당초 계획을 변질시켜 가자 참지 못하고 그를 '사기꾼'이라고 부르기 시작했다.

1977년 12월 9일 오전 10시부터 평양에서 열렸던 에리히 호네커 東獨(동독) 공산당 서기장과 金日成 회담은 대화 기록이 통일 후 독일정부 손에 넘어가 공개되었다. 이 대화록은 朴 대통령이 韓美관계로 苦戰(고전)하던 시기 金日成이 어떤 생각을 하고 있었는지를 짐작하게 해주는 귀중한 자료이다.

金日成은 동갑내기인 호네커와 매우 친했다. 생일이 늦은 그를 '동생'이라 부르기도 했다. 이날 회담에서 金日成은 "美 제국주의자들이 남한을 30년 이상 지배하고 있지만 남한의 학생들은 우리를 지지하고 있습니다"라고 자랑했다.

"남한의 학생들은 오늘날까지 단 한 번도 우리를 반대하는 시위를 한 적이 없습니다. 반대로 남한의 학생들은 괴뢰정부를 반대하는 시위를 하고 있습니다."

"미국 사람들은 (우리와) 대화를 하려고 하지 않으며 우리와 평화협상도 안 하고 그들의 군대를 남한에서 철수시키려고 하지도 않습니다. 그래서 남한의 애국자들이 권력을 쥘 수 있도록 하기 위해서는 인내를 갖고 이 사업을 계속 추진하는 것이 필요합니다.

남한에서 朴正熙 같은 사람이 정권을 잡지 않고 정당한 민주인사가 정권을 잡는다면 그 사람이 반공주의자일 수도 있겠지만 어떻든 그런 사람이 권력을 잡는다면 통일의 문제는 풀릴 수 있을 것입니다.

우리는 朴正熙를 고립시키고 남한의 민주화 투쟁을 강화시키기 위하여 인내심을 갖고 투쟁해야 합니다. 남한에서 어쨌든 민주인사가 권력을 잡으면 조선의 평화통일은 이루어질 수 있습니다. 우리는 군사력을 감축시킬 수 있습니다. 우리는 남한을 공산주의로 만들고자 하지 않는다고 분명히 선언했기 때문에 그들도 우리의 사회주의 체제를 무너뜨리려고 노력해서는 안 됩니다. 외국 군대는 물러가야 합니다. 남한의 애국세력이 민주화 투쟁은 더 많이 펼칠 수 있게 하기 위하여 朴正熙 괴뢰정부를 완전히 고립시켜야 합니다.

며칠 전 정부의 억압에 반대하는 학생들의 시위가 있었습니다. 朴正熙가 무너졌을 때 민주주의를 위한 투쟁은 계속될 수 있습니다. 남한에서 민주적인 상황이 이루어진다면 노동자와 농민이 그들의 활동을 자유로이 할 수 있을 것입니다."

"朴正熙와 협상을 하는 것은 아무런 의미가 없습니다. 우리가 朴正熙와 함께 협상을 진행한다면 朴正熙에 반대하는 남한의 정치세력을 약화시킬 위험이 있습니다. 미국은 항상 朴正熙와 우리를 함께 앉히려고 합니다. 우리는 그와는 협상을 할 수 없다고 밝혔습니다."

위의 대화에서 金日成은 對南赤化 전략의 본질을 공개하고 있다.

① 군사독재정권보다 反共민간정부가 유리하다.

② 민간정부下에서는 노동자·농민의 활동이 자유로워질 것이다.

③ 그렇게 되면 남한 국민들은 사회주의를 선택하게 된다.

金日成이 朴正熙·全斗煥 정권을 반대한 것은, 남한內 민주화 세력을 지원한다는 명분을 내세웠지만 실은 군사정권의 철권통치로 남한에서 공산당 조직의 활동이 위축돼 있는 상황을 타개하기 위함인 것을 알 수 있다. 그는 '민주인사들이 집권하면 사회의 민주화 바람을 타고 공산세력을 뿌리 내리고 확산시킬 수 있다'는 자신감을 피력한 것이다.

1977년 8월 23일, 朴 대통령이 청와대 식당에서 비서실장과 수석비서관들에게 저녁을 냈다.

식사가 끝나고 칵테일이 시작되면서 朴 대통령은 화제를 바꾸었다.

"오늘 내가 국립박물관에 들렀더니 미국 CBS 기자들이 와 있더군. 의전수석이 소개를 해서 내가 '하우 두 유두' 하고 말하기는 했지만…. 그 친구들은 한국에 와서 취재며 사진촬영을 할 때는 좋은 것도 많이 찍어가면서, 돌아가서는 나쁜 장면만 보도한단 말이야.

근혜가 일본 TBS 텔레비전과 만난다고 하기에 내가 사전에 단단히 따지고 하라고 했어. 어떤 장면을 내고 안 낸다는 약속을 받은 다음에 만나라고 그랬지. 그 약속을 할 수 없다면 그만두라고 했어. 홍보라는 것은 잘해야지, 그렇지 않고 엉뚱한 장면만 내보내면 다음부터 누구와도 인터뷰를 안 할 생각이야."

이날 朴 대통령이 거명한 야당 정치인은 趙炳玉·柳珍山·李哲承·金泳三 등이었다. 朴 대통령은 金泳三 씨가 "어리고 까분다"고 아주 틀려먹었다는 평을 했다. 朴 대통령은 1975년에 자신이 金泳三 씨를 만났을 때 "金泳三 총재가 金大中은 사기꾼"이라고 하더라면서 金大中 씨에 대한 평을 대신했다.

제46장

가로림만(加露林灣)
프로젝트의 대야망

朴正熙

수출 100억 불!

1977년 12월 22일, 드디어 한국은 연간 100억 불(달러) 수출 목표를 달성했다. 목표연도는 1980년이었는데 3년을 앞당겼다. 朴正熙 대통령은 이날의 일기를 신문기사처럼 적었다.

〈백억 불 수출의 날. 백억 불 수출목표 달성 기념행사 거행. 오전 10시 장충체육관에서 각계 인사 7,000여 명이 참석, 성대한 행사를 거행하였다. 1962년 제1차 경제개발 계획을 추진하던 해 연간 수출액이 5,000여만 불이었다. 그 후 1964년 11월 말에 1억 불이 달성되었다고 거국적인 축제가 있었고, 11월 30일을 수출의 날로 정했다. 1970년에는 10억 불, 7년 후인 금년에 드디어 100억 불 목표를 달성했다. 서독은 1961년에, 일본과 프랑스는 1967년에, 네덜란드는 1970년에 100억 불을 돌파했다고 한다.

10억 불에서 100억 불이 되는 데 서독은 11년, 일본은 16년(1951~1967)이 걸렸다. 우리 한국은 불과 7년이 걸렸다. 1981년에 가면 200억 불이 훨씬 넘을 것이다. 1986년경에 가면 500억~600억 불이 될 것이다. 100억 불, 이제 우리에게 새로운 출발점으로 삼자. 새로운 각오와 의욕과 자신을 가지고 힘차게 새 전진을 다짐하자〉

朴 대통령은 이날 무엇보다도 100억 달러 수출전선에서 일한 한국 근로자들의 勞苦(노고)에 감사했다. 그는 이해 4월 13일 일기에서 창원공단을 시찰한 소감을 썼는데 이런 대목이 보인다.

〈모든 산업전사들이 땀 흘리며 일하고 있는 모습이 거룩하게만 보였다. 눈에서 사라지지를 않는다〉

1970년대 한국의 국가적 목표는 '10월 유신, 100억 불 수출, 1000불 소득'이란 구호로 표현되었다. 국민들의 개인적 목표는 '마이 카'와 '아파트 입주'로 상징되었다. 朴 대통령은 목표를 수치로 정해야 안심하는 사람이었다. 그는 관념적 말장난보다는 누구도 속일 수 없는 수치를 신봉했다. 100억 달러란 수치를 맨 먼저 꺼낸 것도 朴 대통령이었다.

1972년 5월 30일 중앙청 홀에서 무역진흥확대회의가 열렸다. 회의가 끝난 뒤 朴 대통령은 전시된 수출상품들을 둘러보았다. 이날 오후 朴 대통령은 청와대 집무실로 吳源哲 경제제2수석비서관을 불렀다. 朴 대통령은 집무용 의자에 앉아 있다가 "吳 수석, 차 한잔 들지" 하면서 방 한 가운데에 있는 소파 쪽으로 가서 앉았다. 보통은 회의용 탁자 쪽 의자에 가서 앉는데 소파에 앉는 일은 드물었다. 吳 수석은 긴장했다.

"임자, 100억 불 수출을 하자면 무슨 공업을 육성하지?"

吳 수석은 '지난 2월에 1980년도 수출목표를 50억 달러로 확정지었는데, 왜 갑자기 100억 불 이야기를 할까' 하고 의아해했다. 吳 수석은 이런 때를 대비한 복안은 갖고 있었다. 그는 벌떡 일어나 부동자세를 취한 뒤 외치듯 말했다.

"각하! 중화학공업을 발진시킬 때가 왔다고 봅니다. 일본 정부는 제2차 세계대전 후 폐허가 되다시피 한 경제를 소생시키기 위한 첫 단계로 경공업 위주의 수출산업에 치중했습니다. 현재의 우리나라와 사정이 같습니다.

그 후 일본의 수출액이 20억 달러에 달할 때 중화학공업 정책으로 전환했습니다. 이때가 1957년입니다. 그 후 10년이 지난 1967년에 일본은 100억 달러의 수출을 하게 되었습니다. 지금은 기계제품과 철강제품이 일본 수출의 主力(주력)상품이 되었습니다."

朴 대통령은 생각에 잠기더니 "자료를 갖고 와서 다시 설명해"라고 말했다.

吳 수석은 사무실로 돌아와 우선 朴 대통령의 국가운영에 대한 철학과 전략을 먼저 알아야겠다고 생각했다. 朴 대통령의 저서와 연설문을 다시 읽어 보고 그가 내린 결론은 이러했다.

〈朴 대통령은 우리의 역사적 과업을 민족의 중흥과 평화통일로 설정하고 있다. 이 목표를 달성하는 수단은 富國强兵, 즉 국력증강이다. 국력의 바로미터는 수출이다〉

"임시행정수도를 만들자"

吳 수석은 며칠 뒤 金正濂(김정렴) 비서실장과 함께 朴 대통령에게 100억 달러 수출을 위한 중화학공업화 정책을 보고했다.

"일본은 1957년 중화학공업 선언을 하고 10년 만에 100억 달러 수출을 달성했습니다. 1957년에 일본은 산업구조상 중화학공업 비율이 지금의 우리나라와 같은 43%였습니다만 10년 뒤엔 78%가 되었습니다. 수출품목에서 차지한 중화학공업 제품의 비중도 1955년엔 41%였는데, 1967년엔 67%로 늘었습니다.

중화학공업 유치에 시기를 놓쳐서는 안 됩니다. 우리나라와 경쟁관계에 있는 동남아 국가들보다 먼저 출발해야 성공할 수 있습니다. 현 시점이 중화학공업 진입의 마지막 버스를 탈 수 있는 기회입니다. 단순조립공업은 임금이 올라가면 경쟁력이 떨어집니다. 한국의 임금상승률은 대만을 앞지르고 있기 때문에 우리는 대만보다 더 빨리 중화학공업을 이룩해야 합니다."

옆에서 金正濂 실장은 "각하, 자금 문제는 제가 책임을 지겠습니다. 내자 동원은 별 문제가 없고, 외자는 수출이 증가하는 한 차관이 가능합니다"라고 말했다. 심각하게 듣고 있던 朴 대통령은 마침내 입을 열었다.

"吳 수석, 우선 중화학기획단 같은 것을 구성해서 계획을 짜도록 해보지"

朴 대통령은 金 실장에게 이렇게 지시했다.

"중화학기획단 구성에 대해서 내각에 지시하시오."

朴 대통령은 초인종을 누르더니 비로소 커피를 시켰다. 기분이 대단히 좋을 때 하는 행동이다. 吳 수석은 설명을 덧붙였다.

"중화학공업을 건설하게 되면 남성 기능공이 주역이 됩니다. 일자리가 많아지고, 급료도 여성 기능공보다 많아집니다. 그래서 국민생활이 윤택해지고 국민소득도 급상승합니다."

吳 수석의 이날 보고가 1970년대 한국의 가장 중요한 발전 테마가 되는 중화학공업 건설의 시작이었다. 이 大사업이 朴 대통령이 던진 '수출 100억 불'이라는 화두에서 시작되었다는 점이 흥미롭다.

1972년 상반기 朴 대통령은 남북회담을 준비하면서 동시에 방위산업 건설 계획, 100억 달러 수출 계획, 그리고 중화학공업 건설 계획을 준비했다. 이 일련의 사건들은 朴 대통령이 그해 10월 17일 유신조치를 통해서 헌법 기능을 정지시키고 국회를 해산한 뒤 유신체제를 발족시킨 배경을 이해하는 데 단서가 된다.

朴 대통령은 유신체제 수립의 당위성을 7·4 남북공동 성명을 만들어

낸 남북회담과 국제정세 변화에 대응한 체제정비에 두었으나, 유신체제의 실질적 목표는 중화학공업을 건설해 한국을 선진국 문턱으로 밀어 올린다는 것이었다.

吳 수석 같은 이는 "중화학공업 건설을 위해서 유신체제를 선포해 국력을 조직화하고 능률을 극대화했다"고 설명하기도 한다.

金鍾泌 前 총리도 "朴 대통령으로부터 '삼선개헌과 유신체제의 목적은 중화학공업 건설에 있다'는 취지의 말을 들었다"고 증언하고 있다. 즉 권력의 집중은 수단이고, 목표는 중화학공업 건설이었다는 이야기이다.

吳源哲 수석은 혁신적 발상을 잘 하는 엔지니어 출신으로서 독창적인 방법으로 중화학공업 건설을 밀고 나갔다. 그 핵심은 이러했다.

〈朴 대통령으로부터 지시받은 '방위산업 건설 계획', '100억 달러 수출 계획', '중화학공업 건설 계획'의 3개 과제를 한 시스템으로 통합한다. 즉 兵器(병기)를 생산하는 중화학공업, 수출을 하는 중화학공업을 건설한다는 뜻이다. 이렇게 함으로써 중복투자 방지, 건설비 감축, 작업량 확보와 가동량 증가, 평시 防産(방산)시설 활용과 戰時 병기 증산, 그리고 수출이 가능해진다〉(吳源哲, 《한국형경제건설》 제7권)

유신선포 직후인 1972년 12월 28일에 상공부는 수출진흥확대회의에서 100억 달러 수출계획을 보고했다. 1980년에 100억 달러를 수출한다는 계획이었다. 朴 대통령은 이 보고를 듣고는 "10월 유신에 대한 중간평가는 수출 100억 달러를 기한 내에 달성하느냐, 못 하느냐에 달려 있다"고 말하고, "그렇기 때문에 행정, 생산양식, 농민생활, 국민의 사고방식, 외교, 문교, 과학기술 등 정부의 모든 정책초점을 100억 달러 수출목표에 맞추어 총력을 집중해야 한다"고 강조했다.

'시스템 운영의 鬼才(귀재)'라고 불리는 朴 대통령은 국정운영의 가장 중요한 목표를 수치화하고, 이 목표를 달성하기 위한 각 부서의 역할을 명백히 한 다음에 適材適所(적재적소)의 인사를 통해서 각각의 역량을 이 방향으로 집중시켜 놓고는 그 집행과정을 제도적으로 확인하고 점검하며 수정과 독려를 되풀이했다.

朴 대통령은 100억 달러 수출목표를 3년이나 단축해 1977년에 달성함으로써 이제는 1980년대의 國政 목표를 생각할 수 있는 여유를 갖게 되었다. 이 무렵 朴 대통령은 1980년대의 비전으로서 國土改造(국토개조)를 구상하고 있었다.

그는 수도를 공주 부근으로 옮겨 북한군의 기습공격을 완충하면서 국토이용의 효율성, 특히 物流(물류)의 편의를 극대화하는 국토개조를 생각하다가 '가로림 프로젝트'(공식명칭 '중부종합공업기지 기본구상')라는 큰 그림을 그리게 된다.

1977년 2월 10일 朴 대통령은 서울 시청을 연두 순시해 市政(시정)을 보고받고 나서 몇 가지 지시한 뒤 약간 뜸을 들인 후 조용한 말투로 폭탄발언을 했다.

"서울의 근본문제는 인구가 느는 것을 어떻게 억제하느냐 하는 것입니다. 쓸데없는 잡음이 생길까 봐 이야기를 안 하고 있었는데, 우리가 통일이 될 때까지 임시행정수도를 만들어 옮겨야 되겠다고 생각합니다. 구체화된 것도 아니고, 위치가 결정된 것도 아닙니다.

서울에서 한 시간, 길어도 한 시간 반 정도면 오고 가고 할 수 있는 그러한 범위 내에서 인구 몇십만 명 되는 새로운 수도를 만들자는 것입니다. 인구 700만 명이 넘는 수도 서울이 휴전선과 너무 가깝게 있다는 것이 문제입니다. 장기적인 안목에서는 통일이 될 때까지 임시행정수도로서 독일의 본 같은 그런 수도를 만드는 것이 좋다는 구상을 한 것입니다.

수도 서울을 死守(사수)한다는 개념은 추호도 변함이 없습니다. 전쟁이 나면 대통령과 중요한 기관은 즉시 서울로 다시 올라와서 전쟁을 지도한다는 것만 국민들이 확실히 알면 심리적 동요는 없으리라고 믿습니다"

朴 대통령이 행정수도 건설을 이야기한 것은 그보다 2년 전으로 거슬러 오른다. 1975년 8월 2일 진해에서 휴가를 보내고 있던 朴 대통령은 기자들과 이야기하면서 보도금지를 전제로 말했다.

"수도권 인구분산 정책의 획기적인 방안은 수도를 옮기는 것밖에 없다. 정치·경제·문화는 서울에 두고 행정만 옮기는 것이다."

1975년 12월 朴 대통령은 李經植(이경식) 경제 제1수석에게 '수도권 인구억제 정책' 수립을 지시했다. 이 업무는 1976년 초 申炯植(신형식) 무임소 장관에게 넘어갔다. 申장관은 朴鳳煥(박봉환) 재무부 이재국장을 기획실장으로 영입해 이 업무를 맡겼다. 朴 실장은 그해 3월 金秉麟(김병린) 서울시 도시계획과장을 불러 의견을 들었다. 金 과장은 李經植 수석팀 밑에서 일한 경험을 살려 임시행정수도의 필요성을 역설했다. 소신 있는 경제엘리트 관료로 정평이 나 있던 朴실장은 그해 5월에 끝낸 '수도권 인구 재배치 기본구상'에 임시행정수도案을 집어넣었다.

한편 朴 대통령은 1976년 6월, 그 전해에 총리직을 그만두고 쉬고 있던 金鍾泌 씨를 불러 임시행정수도 계획을 세워 보도록 지시했다. 朴 대통령은 '서울에서 두 시간 이내로, 가급적 금강변이며, 인구가 50만 명 정도인 행정수도 건설 계획을 짜보라'고 지침을 주었다.

金 씨는 6월 2일 서울大의 최상철·주종원 교수를 청구동 자택으로 초대했다. 金 前 총리는 지도 한 장을 주면서 임시행정수도의 입지를 찾아달라고 부탁했다. 崔 교수팀은 서울 타워호텔에서 3주간 비밀작업을 해미니 차트를 만들어 金 前 총리를 통해서 6월 22일 朴 대통령에게 올렸다. 차트의 명칭은 'N.C(New Capital)' 였다.

"백지계획을 짜라"

1976년 7월 22일 申泂植 무임소 장관은 朴 실장과 함께 朴 대통령과 총리(崔圭夏) 이하 관계장관들이 참석한 가운데 '수도권 인구 재배치 구상'을 보고했다. 이 보고에 임시행정수도 건설안이 들어 있었다. 대전·청주·조치원 삼각지대 인근에 인구 50만 명 규모의 행정수도를 만들되 통일 후에는 서울로 복귀한다는 것이었다. 朴 대통령은 이 보고를 듣고 대단히 만족했다.

"이렇게 많은 대학과 대학생이 한 곳에 집중되어 있는 나라는 우리나라밖에 없다는 것 아닌가. 실은 나도 2, 3년 전부터 저 문제를 생각했어요. 6·25가 끝난 뒤 저 정도의 자리에 새로운 수도를 만들어야 했어. 서울로 되돌아와 이제는 이러지도 저러지도 못하고, 저 방법 외에 무슨 방법이 있어?"

그 한 달 뒤인 8월 18일 朴 대통령은 金載圭 건설부 장관과 김의원 국토계획국장을 불러 관련자료를 넘겨주고 입지기준을 제시하면서 행정수도건설계획을 수립하도록 지시했다. 朴 대통령이 직접 메모해 불러준 임시행정수도 입지기준은 이러했다.

〈휴전선을 고려할 것, 서울에서 두 시간 거리일 것, 경부선 주변 도로망이 좋은 곳일 것, 水源(수원) 확보가 용이할 것, 30분 내지 1시간 내에 기존 중심도시로 접근이 용이할 것, 優良(우량) 농지가 적을 것, 排水(배수)가 좋고 낮은 구릉 야산지대일 것, 20~30분 거리에 비행장 건설이 가능할 것, 50만 명 정도의 인구를 수용할 수 있을 것, 문화재 등 기존 특수시설이 철거되지 아니할 것〉

건설부는 보고서를 올리면서 朴 대통령에게 "범국가적인 사업이니만큼 새로운 임시기구를 만들어 추진하는 것이 좋겠다"고 건의했다.

이상이 朴 대통령의 연두 순시 공개 발언이 있기 전 진행상황이었다. 朴 대통령의 발언으로 행정수도 건설 계획이 공개된 직후인 1977년 3월 7일 朴鳳煥 실장은 朴 대통령에게 '수도권 인구 재배치 기본계획안'을 올려 결재를 받음으로써 임시행정수도 건설은 국가기본계획으로 확정되었다. 朴 대통령은 이 자리에서 행정수도 건설에 관한 지침을 구체적으로 내렸다.

〈첫째, 행정수도 건설은 아무리 빨라도 앞으로 10년, 혹은 그 이상이 걸릴 것이다. 국방력 증강 등 다른 중요사업 수행에 지장이 없도록 무리 없이 추진해 나가겠다.

둘째, 백지계획부터 수립한다. 작성기간은 2년 정도로 하되 청와대가 직접 담당한다.

셋째, 수도의 이전은 예산 범위 안에서 하나씩 하나씩 수행한다.

넷째, 백지계획 업무는 중화학공업기획단장 책임下에 추진토록 하며 오늘 수도권인구계획을 성안 보고한 朴 실장이 기획단으로 옮겨 吳 수석을 보좌하도록 한다〉

방위산업 건설, 중화학공업 건설을 책임진 吳源哲 경제제2수석은 또 일복이 터진 것이었다. 그는 朴鳳煥 씨를 중화학공업기획단 부단장으로 임명하고 그 밑에 10명의 실무기획팀을 구성했다.

백지계획이란 立地(입지)를 생각하지 않고 이상적인 도시계획을 한 뒤에 행정도시가 들어설 곳이 확정되면 거기에 맞게 수정해 확정계획을 세우는 방식이다. 기획팀에 참여했던 金秉麟 씨에 따르면 1977년 5월경에 吳源哲 수석이 충남 공주군 長崎面(장기면) 일대를 想定(상정)한 백지계획을 세우도록 지시했다고 한다. 장기면의 남쪽으로는 금강이 흐르고, 북쪽에서 남동쪽으로 이 지역을 가르는 대교천이 금강으로 들어간다. 북쪽엔 국사봉, 남쪽엔 장군산이 있다. 서울의 북한산·남산·한강축과 비슷한 지형이다.

吳 수석은 장기면의 동서 12km 구간을 행정도시 축으로 설정했는데, 이곳은 서울 청량리−신촌의 12km 축과 비슷했다. 언덕이 많고 농지는 적으며 低지대가 아니라서 適地(적지)란 것이었다. 金 씨는 "이 지역의 남북 간격이 좁고 구릉지가 완만하지 않아 공사비가 많이 들며, 북쪽이 낮고 남쪽이 높아 문제가 있다"고 반대했으나 吳수석은 "많은 곳을 조사했으나 그만한 지역이 없다"고 했다. 盧武鉉 정부가 확정한 행정복합도시 입지는 吳源哲 팀이 想定(상정)했던 장기면과 일부 겹치되 동쪽으로 약 5km 밀려난 곳이다.

吳 씨는 "풍수지리적으로도 우리가 정했던 곳이 낫다. 이번에 정한 곳은 低지대이고 지하로 들어가는 기분이 들어 걱정이다"고 했다. 吳 씨는 "朴 대통령이 임시행정수도 건설이라고 했지만 청와대도 옮기는 사실상의 遷都(천도)였다"고 했다. 청와대가 들어갈 자리에는 경회루와 똑같은

연못도 마련했다고 한다.

—전쟁이 났을 때 먼 곳에서 지휘를 할 수 있습니까.

"전쟁 지휘소는 일선에서 떨어진 곳에 있어야 합니다. 서울이나 사령부가 일선 가까이에 있으면 敵을 유혹합니다. 서울을 기습해 포위한 다음 停戰(정전)하자고 제안하면 큰일 아닙니까. 땅굴도 서울이 가까우니까 뚫는 것이고. 수도가 대전이라면 뚫겠습니까."

吳 수석에 따르면, 朴 대통령은 백지계획이 거의 마무리될 때쯤인 1996년에 올림픽을 유치하기로 하고, 경기장을 계획도면에 집어넣도록 지시했었다고 한다. 吳源哲 씨는 통일 이후에도 新행정수도가 통일한국의 수도가 되어야 한다는 생각을 갖고 계획을 짰다고 말했다.

"북한이 적화통일하면 평양이 수도가 되는 것이고, 자유통일을 하면 그대로 가는 거지요. 이유는 간단해요. 북한은 생각할 필요가 없는 게 그쪽은 동해안도 서해안도 좋은 항구 자리가 없어요. 동해안은 수심이 너무 갑자기 깊어져서, 서해안은 얕아서 그렇죠. 북한은 통일이 되어도 좋은 항구가 있는 남한에 의존할 수밖에 없습니다. 그쪽은 물건을 만들고 남한을 통해서 수출해야 할 운명이지요.

한국은 해양국가라는 원칙이 지리적으로 이미 나와 있습니다. 한반도는 어디까지나 남한이 중심입니다. 장기면이 내륙이라도 가로림만이 서울에 대한 인천 역할을 하는 거지요."

吳 씨는 新행정수도 건설은 국민투표로 결정할 문제라 생각하고 그 준비도 했다고 한다. 그런데 朴 대통령이 결정을 미루는 것이었다. 장기면을 朴 대통령이 시찰하면 바로 그 자리에서 입지를 공식적으로 결정하려 했는데 朴 대통령은 움직이지 않았다. 朴 대통령은 헬기로 국토개

발 현장을 시찰하고 와선 "꼭 내가 그린 그림을 보는 것 같다"는 말을 할 만큼 건설과 토목에 취미가 있었다.

吳 수석은 朴 대통령이 유신체제와 1970년대의 宿願(숙원)이던 중화학 공업 건설을 궤도에 올려놓은 다음엔 국토개조와 그 핵심인 遷都에 착수할 것이라고 예상했다. 吳 씨는 '대통령을 했다는 것과 遷都를 했다는 것은 역사에 어느 쪽이 더 높게 평가되겠느냐'고 반문하면서 '그래서 朴 대통령이 결정을 못 내리고 있다가 10·26 사건을 맞았다'고 보고 있다.

하나 흥미로운 것은 吳源哲 前 수석을 비롯해 행정수도 백지계획에 참여했던 사람들일수록 盧武鉉 정부의 遷都 계획과 그 뒤의 이른바 수도분할式 행정복합도시 건설에 부정적이란 점이다. 吳 씨는 이렇게 말했다.

"행정기능을 분할해 일부만 옮긴다는 건 말이 안 돼요. 연방국가인 미국이 만약 행정부처를 각 州(주)에 나눠 버리면 어떻게 되겠습니까. 행정기능 분할은 효율성을 결정적으로 약화시킵니다.

행정이란 것은 지휘소가 분명해야 카리스마가 생기고 명령에 따라 딱딱 움직입니다. 나눠 놓고 싸움만 한다면 일이 됩니까."

임시행정수도 실무팀에 근무했던 유원규(現 우정건설 부회장) 씨는 이렇게 썼다.

〈혹자는 행정수도는 충청권으로 옮기고 경제중심지로 계속 키워 나간다고 주장하지만, 미국과 같은 나라는 연방형 국가 운영이 이루어지고 있기 때문에 州정부가 자치권을 명실공히 행사하고 있어 政經(정경)분리가 잘 기능하고 있는 반면 우리나라는 연방제도 아니고 地自體(지자체)의 分權(분권)도 여의치 못하기 때문에 政經일치로 움직이고 있어 행정수도가 건설되면 경제도 옮겨 가게 될 것이다.

그렇게 되면 수도 서울은 최악의 상태로 되어 버릴 것이고, 신행정수도에 정부기능과 민간기능이 이전하면서 政經일치로 체계를 갖추는 상당기간은 혼돈상태에 빠질 수밖에 없으니 이 기간 우리나라는 국제경쟁 대열에서 뒤처지리라 예상된다〉(《임시행정수도 백지계획은 살아 있다》 해토 출판)

朴正熙 대통령의 경제개발 정책은 독점과 경쟁을 적절하게 배합했기 때문에 성공했다. 모든 성공조직과 인간은 상반되는 요소와 성격을 균형 있게 통합·활용·조정해 시너지 효과를 올리는 능력을 가져야 한다. 朴 대통령의 인간됨 자체가 수줍음과 강인함, 엄정과 관용, 理(이)와 氣(기)의 양면성을 균형 있게 통합한 모습이었다. 그는 전략과 정책에서도 그러했다.

1970년대 朴 대통령의 중화학공업 건설과 방위산업 건설을 실무적으로 보좌하면서 이 사업들을 실질적으로 지휘했던 吳源哲 경제제2수석 비서관은 朴正熙식 '독점과 경쟁의 배합 전략'을 이렇게 정리했다.

〈1960~1970년대에는 수요가 부족해서, 국제규모의 공장을 건설하는 데 큰 어려움을 겪었다. 국제규모에 미달하는 공장이라는 것은, 단적으로 말해서 국제경쟁력이 없는 공장이라는 뜻이다. 당연히 생산 제품은 국제 가격보다 비쌀 수밖에 없고, 따라서 수출한다는 것은 불가능하다. 이럴 때는 하루 속히 국제 규모의 공장으로 키워 나가는 것이 우선적 과제였다. 즉 독점은 국제경쟁력이 생기고 난 후의 문제라는 뜻이다.

이 독점 공장이 일단 국제규모화가 된 후에는 즉시 또 하나의 회사를 설립해서, 경쟁체제로 가야 한다는 것이 朴 대통령의 방침이었다. 그래야만 善意의 경쟁이 일어나서, 품질향상과 가격引下가 이뤄지고, 국제경쟁력 강화가 계속된다는 이론이었다. 여기에 해당하는 것이 '석유화학과 종합제철'이었다〉

1973년 1월 12일 朴 대통령이 연두기자회견에서 중화학공업 선언을 할 때 '제2의 석유화학과 제2의 종합제철'을 건설한다고 했다. 朴 대통령은 중화학공업 건설에서 석유화학과 종합제철을 2대 기본공장으로 설정했다. 여기서 생산된 제품이 한국 공업구조 전체의 기본 소재로 제공되기 때문이었다.

제2석유화학 단지는 麗川(여천)에 건설되어 민간업체 간 경쟁체제로 들어갔다. 종합제철만큼은 포항종합제철 하나만 존속되어, 독점체제로 남게 되었다. 포항 제철소가 확장을 계속하다 보니 입지여건상, 포항에서는 증설이 어렵게 되었다. 종합제철을 건설할 만한 다른 입지를 선정하는 데는 어려움이 많았다.

석탄과 철광석을 호주나 캐나다에서 수입하려면 20만 톤급의 화물선을 이용해야 수송비가 낮아져서 생산원가가 내려간다. 20만 톤급 화물선이 출입할 수 있는 항구를 찾는다는 것은 쉬운 일이 아니다. 連關團地(연관단지)까지를 생각하면 1,000만 평의 공장용지가 필요하다.

"싱가포르를 능가합니다"

제2종합제철 입지선정 작업을 하고 있을 때, 吳源哲 수석은 국토개편 계획에도 관여하고 있었다. 1976년부터 그는 '행정수도건설 계획과 이에 따른 국토개편 계획'을 수립 중이었다. 이때 전국 인구의 再배치 문제가 큰 과제로 등장했다. 농촌으로부터는 계속 인구가 빠져 나오는데, 2000년대 초까지 1,500만 명이 될 것이란 계산이 나왔다.

이 중 기존 공업 基地(기지), 즉 포항·울산·창원·巨濟·구미·여천·溫山의 7대 基地에서 한 基地당 50만 명의 인구를 흡수한다고 계산하더라도 흡수 가능 인구는 350만 명 정도밖에 되지 않는다. 그렇다면 나머지 약 1,000만 명에게는 새로운 공업지구를 건설해서 일자리를 마련해 줘야 한다. 그렇지 않으면 농촌에서 빠져나오는 인구는 서울 등 대도시로 모여들 것이다.

吳源哲 수석은 국토개편 작업을 하면서 획기적 개념의 공업지구를 구상하게 된다. 그 전에 吳 수석이 산파 역할을 한 것은 한국 기계공업의 메카로 불리는 창원공업기지였다. 吳 수석은 창원공업기지만 한 공업기지를 10개 이상, 한 지구內에 건설하는 거대한 구상을 하기 시작했다. 이 지구엔 초기 400만 명, 최종적으론 800만 명 정도의 인구가 살아야 할 것이고 그러자면 약 3억 평이라는 토지가 필요하게 된다. 물론 20만 톤급 대형선박이 정박할 수 있는 항구를 끼고 있어야 한다.

1978년 어느 날 吳 수석은 그런 조건의 땅이 있으리라고는 크게 기대도 하지 않은 채, 행운만 바라며 작업에 착수했다. 우선 大항만을 건설할 자리를 알아보려고 海圖(해도)를 구해서 전국의 해안지대를 살피기 시작했다.

〈그런데 나도 모르게 환성이 터져 나왔다. 이상적인 장소를 발견한 것이다. 黃海(황해·서해)에는 큰 항구가 없다는 것이 정설이었는데, 이렇게 이상적인 장소가 있다니, 이런 것을 天運(천운)이라고 하나 보다. 20만 톤급 배 여러 척이 정박하는 데 문제가 없고, 배후에는 넓은 野山지대가 있었다.

나는 金엔지니어링의 鄭鎭行(정진행) 씨로 하여금 곧 현지답사를 하라고 지시했다. 鄭 씨는 창원공업기지, 구미공업기지의 토지계획안을 수립했고, 그땐 행정수도 계획안을 작성 중이었다〉(吳源哲 씨의 최근 메모)

현지답사 후 확신을 갖게 된 吳 수석은 朴 대통령에게 보고했다.

"각하! 오늘은 참으로 좋은 소식을 보고 올리겠습니다. 서해안에서 20만 톤급 배를 정박시킬 수 있는 항만 자리를 발견했습니다"

朴 대통령은 금세 그 중요성을 알아차리고 "어디야?"라고 되물었다.

"可露林灣(가로림만)입니다. 가로림만은 그 넓이가 바다와 같습니다. 오랜 세월 동안 그 灣 안으로 막대한 양의 潮水(조수)가 매일 드나들다 보니, 입구가 파여 水深(수심)이 20m가 넘습니다. 20m의 수심이라면, 20만 톤급 화물선이 출입 가능합니다. 방파제도 필요 없습니다. 부두 岸壁(안벽)만 건설하면 되는데, 안벽을 만들 수 있는 길이도 9,000m나 됩니다. 실로 보기 드문 이상적인 항만 자리입니다. 그 외에 10만 톤급 선박이 정박 가능한 항만을 건설할 수 있는 장소도 그 주위에 있는데, 이곳의 안벽 길이가 2,000m나 됩니다. 이것만 해도 대단히 큰 항만이 됩니다."

吳 수석은 도면들을 펼쳤다. 도면에는 5개의 항만 자리가 표시돼 있었다. 朴 대통령은 이 도면들을 한참 보고 있었다.

"각하! 이만하면 동양 최대의 항구를 건설할 수 있습니다. 황해에서 가장 큰 항구가 上海(상해)인데 그 수심은 10m에도 못 미칩니다. 대대적인 준설 공사를 하더라도 5만 톤급 화물선 정도가 겨우 출입 가능하니다. 그 외에 황해에 있는 靑島나 天津이나 大連, 북한의 남포항 등은 2만~3만 톤급 항만에 불과합니다."

더욱이 가로림만 주변에는 아직 개발되지 않은 야산지대가 많습니다. 3억 평 정도는 됩니다. 이곳을 정리하면 공장대지 또는 주택용지로 사용할 수 있는데, 400만~800만 명을 수용할 수 있는 규모가 됩니다."

설명의 내용이 중대해지자, 朴 대통령은 얼굴을 들고 그를 직시했다. 吳 수석은 보고를 계속했다.

"각하, 싱가포르도 이만한 항구조건은 되지 못합니다. 싱가포르의 국토 면적은 685.4km²로서, 2억 평 정도입니다. 이 안에서 300만~400만 명 정도의 인구가 경제 번영을 누리면서 살고 있습니다.

가로림만을 개발한다는 것은 모든 면에서 싱가포르의 1.5~2배가 되는 공업지대를 국토 안에 새로 건설한다는 결론이 됩니다. 환언하면 싱가포르의 두 배가 되는 항만과 공업지구가 우리나라에 예속된다는 말과 같습니다.

마지막으로 국토종합개발 계획상의 효과에 대해서 말씀드리겠습니다. 현재까지 우리나라의 산업지구는 浦項·蔚山·釜山·창원·여수灣 등 동남해안에 집중되어 있습니다. 그 결과 이들 산업 벨트에서 생산되는 鐵鋼材(철강재), 석유화학제품 등의 소재나 원료 등은 긴 거리를 수송해서 서울이나 수도권 및 기타 전국에 산재하는 공장에서 가공한 후 또다시 부산港 등으로 수송해서 수출하고 있습니다.

특히 철강재는 重量物(중량물)이라서 수송비가 많이 듭니다. 이에 반해 앞으로 건설될 중부공업기지는 수도권이라는 대규모 消費地(소비지)와 인접해 있으므로, 공업의 효율화를 가일층 촉진시킬 수 있는 위치에 있습니다. 현재 서울이나 수도권으로 집중되는 가장 큰 규모의 노동력 공급원은 호남권과 중부지방입니다. 중부공업기지는 이들 지방의 遊休(유휴) 노동력을 흡수하는 데도 크게 작용할 것이며, 아울러 호남권과 충청권의 공업발전 및 지역개발에 크게 이바지할 것입니다.

결론적으로 중부공업기지를 중심으로 해서 북쪽은 수도권까지, 남쪽은 호남지방까지의 거대한 서부공업지대가 새로 구축되는 것입니다. 더욱이 가로림 港灣을 중심으로 해서, 仁川항·아산만·비인만·長項항·群山항·木浦항·麗水항 등을 연결하는 경제적이고 편리한 해상교통망이 짜임새 있게 구성될 것입니다. 장차 우리나라의 공업지구는 서부공업벨트와 동남공업벨트로 양분된다는 뜻이 되겠습니다. 이로써 호남이나 충청도의 소외감도 완전히 소멸될 것입니다."

朴 대통령은 이 보고를 다 듣고도, 아무 질문이나 의견을 달지 않았다. "한번 가보도록 하지"라고 딱 한마디 했다.

가로림만 시찰

며칠 후 朴 대통령 일행은 헬기를 탔다. 일행 중에는 현대의 鄭周永 회장도 끼어 있었다. 도착지는 충남 서산군(당시) 가로림만 북쪽 입구 모래둑. 허허벌판에 집 한 채 없고 사람의 발길조차 뜸한 곳인데 바람이 셌다. 가로림만의 물은 푸르다 못해 검정빛이 돌고 있었는데, 물결치는 파도가 요란해서 넓은 바다 그대로였다. 넓다는 것 외에는 아무것도 보이지 않는데, 가로림만 입구의 남쪽에 돌산이 우뚝 서 있는 것이 보였다.

朴 대통령은 빙 둘러보고는 "과연 넓긴 넓구먼"이라고 했다. 동쪽 멀리

끝자락에 높게 보이는 산이 있었는데, 산꼭대기에는 공군 레이더 기지의 둥근 안테나가 보였다. 일행은 바람을 피해, 모래 언덕 밑으로 내려갔다. 여기에서는 몇 사람의 일꾼들이 메주 덩어리만 한 돌들을 파내고 있었다. 朴 대통령이 "무엇에 쓰려고 하오?"라고 묻자, 이들은 하도 깡 시골에 사는지라 朴 대통령을 알아보지 못한 듯 일을 계속하면서 "硅石(규석)입니다. 품질이 세계 최상이지요. 몽땅 수출합니다"라고 대답했다.

朴 대통령은 다시 헬기를 타고 가로림만 주위를 한 바퀴 돌고는, 공군 레이더 기지에 착륙했다. 거기서 가로림만을 바라보니, 얕은 야산들이 해변까지 계속 이어 나갔는데, 가로림만의 윤곽은 너무 멀고 커서 알아보기 힘들었다. 朴 대통령은 "꼭 조선시대의 烽燧臺(봉수대)에 올라온 것 같구먼"이라고 했다. 그리고는 기지內를 돌아보고 장병들을 위로했다. 朴 대통령은 돌아오는 헬기 안에서 金正濂 비서실장에게 지시했다.

"건설부에 지시해서 우선 산업도로부터 건설토록 하지."

이것이 이날의 시찰 결과였다.

며칠 지나서 현대의 鄭周永 회장이 吳源哲 수석을 찾아와서 빙그레 웃으며 한마디 했다.

"내 나이 칠십인데 이제부터 큰일을 또 한번 시작해 봐?"

吳 수석이 "무슨 뜻이오?"라고 하니 鄭 회장은 "종합제철을 내가 해볼까 해"라고 했다. 吳 수석이 "朴 대통령의 내락은 얻은 것이오?" 하니 鄭 회장은 빙그레 웃고 답은 하지 않았다.

아마도 '검토는 해보지'라는 정도의 뜻은 받은 것 같았다. 당시 현대그룹에서는 각종 대형 토목 공사, 많은 아파트 공사, 플랜트 건설, 선박건조, 자동차 생산 등으로 철강재 수요가 많았다. 현대그룹은 자금력도 있었다. 이런 이유로 현대는 종합제철을 원했고, 그 뜻을 대통령에게 비쳤을지도 모른다. 吳 수석은 그래서 朴 대통령이 가로림만을 시찰할 때 鄭 회장을 동행시켰던 것이 아닐까 하는 추측도 해보았다. 여하간 鄭 회장은 가로림만에 대해서 그 가치를 직감적으로 파악한 것만은 틀림이 없었다.

吳 수석이 나중에 들으니 鄭 회장은 지난번 시찰에서 돌아오자마자, "가로림만 입구에 있는 돌산(石山)을 구매하라"는 지시를 했다고 한다. 가로림만을 개발하자면 앞으로 많은 암석이 필요하게 될 터인데, 암석을 구하는 길은 그 돌산에서 얻을 수밖에 없다고 판단했던 것 같다. 1978년 12월 吳 수석은 중화학공업기획단을 시켜 '중부종합공업기지 기본구상'이란 125페이지짜리 보고서를 만들어 朴 대통령에게 보고했다.

산업도로는 곧 착수돼서 완공을 보았다. 중부공업기지에 공업용수를 공급하게 될, 삽교천의 담수호도 완공했다. 바로 그날 朴 대통령은 세상을 떠난다. 그 후, 제2종합제철은 현대에게 돌아가지 않았다. 포항제철 소속의 제2期 제철소는 중부공업기지에 입주하지 않았다.

포항제철의 제2공장은 '중화학공업육성계획'에서 여천 석유화학공업 基地의 확장 예정지로 잡아 놓았던 光陽에 건설되었다. 그 대신 加露林灣에는 현대정유와 현대석유화학, 그리고 삼성석유화학이 들어섰다. 종합제철과 석유화학의 입지가 서로 바뀐 것이다.

2004년 9월, 吳源哲 前 수석은 加露林灣으로 가서, 朴 대통령이 시찰했던 바로 그 장소를 다시 찾아가 보았다. 그곳 바닷가, 종합제철소 예정지였던 곳에는 현대와 삼성의 석유화학 공장들이 널찍하게 자리를 차지하고 있었고, 작은 항만 하나가 건설되어 있었다. 그리고 항만 입구에는 해안 경비용 탱크 한 대가 加露林灣을 혼자서 지키듯, 포신을 높이 들고 버티고 있었는데, 光化門 앞 해태像을 보는 느낌이 들었다.

2004년 11월 호주에서 개최된 '朴 대통령 서거 25주년을 기념하는 포럼' 때의 일이다. 회의는 朴 대통령이 벌였던 30~40년 전의 일에 대해 贊否가 엇갈리는 논쟁을 계속했다. 吳源哲 씨는 "미래에 대한 朴 대통령의 이야기도 나와야 되지 않겠는가?"라는 생각이 들었다. 그래서 주최 측에 부탁을 해서 회의종료 전 30분의 시간을 얻어 즉석 강연을 했다. 제목은 '가로림만 프로젝트' 였다.

吳 前 수석이 새삼 加露林灣 프로젝트에 대해서 애착을 갖게 된 것은 최근 발생한 새로운 국면 때문이다. 盧 정권이 공주-연기 지방에 행정복합도시 건설을 추진하고 있는 일과 중국 상해항의 개발로 부산항의 경쟁력이 약해지고 있다는 점이 그것이다. 吳源哲 씨는 가로림만 프로젝트가 이 두 가지 요소를 한꺼번에 해결하고 보완해 줄 수 있다고 믿는다.

중화학공업기획단에서 만든 '중부종합공업기지 기본구상' 보고서도 그때 朴 대통령이 추진했던 행정수도 건설과 이 계획을 연결시키고 있다.

〈대전 부근에 위치하게 될 2000년대 신행정수도의 형성에 따라 本종합공업기지는 新수도와 강력한 張力(장력)을 유지할 것이다. 본 계획지에서 新수도에 이르는 간선 도로망이 구축되어 도시 간 소통이 원활하게 될 것이며, 본 계획지는 경제적 측면에서 新수도로, 新수도는 문화적 측면에서 계획지로 상호 상승효과를 부여함으로써 중부권은 국토의 중심적 기능을 발휘하며, 이에 따라 본 계획지는 바람직한 국가기간산업의 中核(중핵)기지가 될 것이다〉

이 논리를 진행 중인 공주–연기 행정복합도시 건설에 적용한다면 가로림만 기지는 이 도시를 경제적으로 뒷받침할 공업특구가 된다는 이야기이다.

이 보고서에 따르면, 가로림만에 대규모 공업특구가 들어설 경우 몇가지 점에서 결정적 優位(우위)를 차지하게 된다.

첫째, 이 공업특구에서 생산되는 물건의 상당량은 수도권에 공급되거나 수출될 것인데, 서울과 가깝고 항만이 좋아 물류비가 아주 적게 먹힌다.

둘째, 노동력도 호남권과 충청권에서 확보할 수 있다.

셋째, 깊은 바다에 면하면서 넓은 평야지대를 갖고 있어 400만 명이 수용될 수 있다(지금은 800만 명 가능). 개발지역을 표고 80m 이하, 경사도 30% 이하로 한정해도 공업지 약 5,800만 평, 주거지 약 6,360만 평, 상업 업무용지 약 610만 평, 공원녹지 약 4,030만 평, 기반시설 약 2,100만 평이 나오고, 자연녹지 등으로 약 1억 1,000만 평이 남는다.

吳 前 수석은 "현재 한국에서 남아 있는 마지막 要地(요지)이기 때문에 이를 소중하게 써야 한다"고 강조했다.

1978년 吳 수석 팀이 만든 보고서에는 이 산업기지에 유치할 업종을 이렇게 설명했다.

▲자원을 많이 필요로 하는 공업

▲해외 원료 의존도가 높은 공업

▲원자재 및 제품수송에 항만시설을 요하는 공업

▲단위면적당 생산성이 높은 공업

▲대규모 공업용수를 필요로 하되 회수율이 높은 공업

이런 기준에 따라 이 산업기지에 유치하기로 한 공장은 세계적인 규모로서 '이슬숲'이란 뜻을 가진 加露林灣이 세계에서 가장 큰 중화학 산업기지가 되도록 계획했다. 종합제철소는 연간 2,000만 톤 생산 능력을 가진 부지 500만 평, 철강 관련산업 부지는 360만 평, 기계공업은 국내 총수요의 37%를 공급할 수 있는 규모로 하고 부지는 820만 평, 자동차 공장은 年産 50만 대로서 부지는 120만 평, 非鐵금속 공장 부지는 240만 평, 석유정제 업종의 부지는 300만 평, 석유화학공업 시설은 에틸렌 기준 年産 200만 톤 규모로 하여 부지가 300만 평, 전기전자 공업은 전국 수요의 15%를 감당할 것으로 계산하여 300만 평, 기타 화학공업은 전국 수요의 10%로 잡고 부지가 210만 평이었다.

이 보고서는 '개발전략' 항목에서 가로림만 일대를 '새로운 지역사회를 창조한다'는 개념으로 개발해야 한다고 강조했다. '사회계층, 연령별 주민 대다수가 지역의 산업구조에 유기적인 결합을 갖고 적극적인 형태로서 관여할 수 있는 새로운 지역사회를 건설토록 한다'는 것이었다.

이 가로림만 기지의 핵심은 항만이다. 이 거대한 기지에서 연간 발생하는 물동량은 5,408만 톤으로 예상되었다. 이를 처리할 항만은 다섯 개 만든다. 가장 큰 것은 안벽의 길이가 9,000m이고, 20만 톤 선박이 접안할 수 있는 수심 20m 항만이다.

이 기지가 필요한 電力은 400만~500만kW로 추정되었다. 현재 한국 전체 전력 생산량의 약 10%에 해당한다.

독립국 수준의 자유지역으로

지금 가로림만 일대는 어떻게 되어 있는가. 1978년 이후 상황은 吳源哲 수석이 예상했던 방향으로 크게 변했다. 중국의 경제성장, 韓·中무역의 급증, 서해안 고속도로 완공, 공주-연기 지역의 행정중심 복합도시 추진 등으로 충남 서산시를 중심으로 하는 가로림만 일대로 공장들이 몰리고 항만이 확장되고 있다.

28년 전 吳源哲 수석 팀이 가로림 지역의 중요성을 정확하게 예측했음을 보여준다. 문제는 현재 가로림 지역 개발이 道와 市, 그리고 기업 단위에서 단편적으로 이뤄지고 있을 뿐이란 점이다.

吳 씨가 안타까워하는 것도 이 부분이다. 한국에서 마지막 남은 要地인데 이곳을 귀하게 써야 한다. 국가적 차원에서 국내의 停滯性(정체성)을 돌파해 21세기의 선진화 비전을 담는 기념비적 프로젝트로 만들어야 할 아까운 공간을 너무 작게, 잘게 낭비하고 있다는 것이다.

서산시는 2004년 행정도시특별법이 통과되자 서산 일대를 '임해관문도시'로 만든다는 계획을 발표했다. 가로림만권·아산만권·평택 지역에 경제자유지역을 만들고, 건설 중인 대산항(완공되면 23만 평, 8선 석, 연간 약 590만 톤 처리)에 이어 가로림만에 25선 석 규모의 항구를 만든다는 것이다.

가로림만권의 대산항은 1991년에 무역항으로 지정되어 현대석유화학 등 油化 3社가 民資(민자)로 개발해 유류전용 부두로 쓰고 있다. 가까운 곳에 자동차 산업지대가 들어서고 서해안 고속도로가 뚫리면서 정부는 2002년부터 4,374억원을 들여 2011년에 완공할 목표로 컨테이너 처리

능력을 가진 항구를 만들고 있는 것이다.

2005년 들어 한화그룹이 瑞山市와 함께 100만 평 규모의 서산 테크노폴리스를 조성해 550개 자동차 산업관련 첨단기술기업을 유치함으로써 2만 5,000명분의 일자리를 만들고 연간 2조 8,000억 원의 매출을 올린다는 내용의 협약을 맺었다. 여기엔 3조 2,000억 원이 들어간다. 서산시에 따르면 앞으로 5년 동안 기존공장의 증설과 새로운 공장의 입주 등으로 10조원이 이곳에 투자될 것이라고 한다.

吳源哲 씨는 최근에 '중부종합공업기지기본구상'을 자주 펼쳐 보면서 朴 대통령이 10·26 사건을 맞지 않고 이 거창한 계획을 밀어붙였다면 어떤 모습일까 상상해 본다고 한다. 그는 지금 이 프로젝트를 실천에 옮긴다면 1978년에 계획했던 '산업기지' 개념을 더 발전시켜 거의 독립국 수준의 '자유경제특구'를 만들어야 한다고 생각한다.

"加露林灣 개발에서 가장 중요한 것은 20만 톤 선박이 출입할 수 있는 항만이 있다는 것입니다. 20만 톤급 선박으로 외국에서 원자재를 들여올 수 있는 산업은 여기서 하라는 겁니다. 이곳은 세계에서 가장 경쟁력이 있는 원료 공급지가 됩니다. 그 다음에는 그것으로 소재를 만들고, 그것을 다른 곳으로 옮기지 말고 여기서 또 다음 단계 소재를 만들고 하자는 것입니다.

거의 독립국 수준의 자유경제지역으로 만들어 놓고 생필품은 수입 자유화해 생활비·교육비를 싸게 해줍니다. 외국노동자들을 데려다 써 노임을 싸게 만들면 경쟁력이 최고가 됩니다. 이렇게 잘 돌아가면 자연히 국제금융이 들어와 싱가포르처럼 센터가 되고요. 정부는 데모만 막아주면 됩니다.

이렇게 해주면 여기에 800만 명이 입주하고 1인당 국민소득이 본토보다도 높아집니다. 3만 달러는 되어야지요. 한국 전체의 GDP 중 30%를 全국토 면적의 1%가 만들어 내는 거지요."

吳源哲 씨는 지금 이 계획이 실천에 옮겨질 경우 25년 뒤의 모습이 어떻게 될지를 상상한 시나리오를 만들어 실감을 갖도록 하고 있다.

〈우선 다음과 같은 가정을 한다. 중부공업기지가 완성되어, 가로림 自由經濟特區, 즉 가로림 FTS(Free Trade State)라는 행정구역이 신설되었다. 여기에는 州정부가 있어 국방과 외교는 本國 정부에서 맡고 나머지 행정은 州정부 장관이 통괄하는 체제가 수립되었다.

2030년 가로림 FTS 장관은 현황 브리핑을 이렇게 시작한다.

"가로림 FTS의 기획은 1978년에 작성된 '중부종합공업기지 기본구상'이라는 것에서 비롯되었습니다. 朴正熙 대통령 시대에 작성된 것인데 당시 행정수도 계획과 맞물려 거대한 공업지구의 필요성이 대두되었습니다. 그러던 것이 朴 대통령 서거 후 25년간 방치돼 오다가, 행정수도 문제가 되살아남으로써 이 문제가 각광받기 시작했습니다.

그 첫째 이유는 1990년대부터 鄧小平이 집권하고 개방정책을 개시한 후 중국의 경제는 놀라운 속도로 발전해 나갔습니다. 황해연안, 즉 大連 · 天津 · 靑島, 특히 上海를 중심으로 한 양자강 연안은 日進月步(일진월보), 즉 하루가 다르게 공업화되어 갔습니다. 그 결과 막대한 수출 · 수입 물량이 발생해서 머지 않은 장래에 황해는 세계 굴지의 물량 集散地(집산지)가 될 것이라는 것은 불을 보듯 확실해졌습니다. 그리고 그 중심지는 上海港으로 변해 갔습니다. 특히 중국이 10만 톤급 컨테이너선이 정박 가능한 上海 洋山港을 건설하고 난 후로부터, 그 양상은 뚜

렷해졌습니다.

우리나라에서는 이를 만회하고자 부산항 확장 등을 시도했지만, 황해 연안의 중국 항구와는 거리가 멀어서 중국에서 발생하는 물량을 처리하는 데서 차차 上海港에 밀리기 시작했습니다. 이때가 2005년입니다.

원유값이 배럴당 60달러 선으로 급등했습니다. 원유값이 올라가면 갈수록 수송비가 올라가는 것은 당연합니다. 여기에 대한 해결책은 수송 선박을 대형화하는 것뿐입니다. 당시 우리 정부는 上海港보다 규모가 한 단계 더 큰, 20만 톤급 대형 선박이 정박 가능한 대규모 항만을 개발해야겠다는 결정을 내리게 됩니다. 그리고 '그 항만 근처에 대규모 공업지구도 설치해야 되겠다' 는 데로 의견이 접근해 갔습니다.

세계는 계속 국제화가 이뤄지고 있는데, 당시 우리나라는 여러 가지 어려운 여건이 발생했는 데도, 적절한 대응을 못 하는 상태가 계속돼 나갔습니다. 그 결과 경제사정이 악화돼서, 국민생활이 어려워지고 국민들은 장래에 대해 불안해지기 시작했습니다. 정부는 하루라도 빨리 새로운 국가발전 방안을 찾아야 했습니다.

한 방안으로서 '싱가포르와 똑같은 성격의 자유경제특구를 시범적으로 만들어 실시해 보자' 라는 案이 나왔던 것입니다. 그리고 정부는 가로림 FTS 건설에 총력을 경주했습니다.

그리고 25년이 지나가고 현재는 2003년이 됐습니다. 現 단계는 가로림 FTS의 건설 공사는 모두 끝내고, 그 여건을 싱가포르化하는 작업이 진행 중입니다. FTS에서는 금융·무역·상거래·제조업·병원·학교·종교, 심지어 토지취득, 이주, 출입국 모든 분야가 싱가포르와 똑같이 자유입니다. 사업도 하고 싶으면 하고, 그만두고 싶으면 그만두면 됩니다.

그 결과 세계 각국에서 가장 우수한 학교·병원·은행·기업 등이 속속 입주해 오고 있습니다.

이 가로림 FTS에서는 공용어로 영어가 사용되고 있습니다. 공무원은 완전히 국제화된 선진국 수준이며, 능률 면에서나 서비스 면에서 세계 최상급입니다. 경험이 많거나 기술을 갖고 있는 고급 인력도 세계 각지로부터 여기에 와서 일하고 있는데, 단순기능밖에 능력이 없는 노무자도 여기에서 일하고 있습니다.

이들 노무자의 노임은 각자의 出身國(출신국)에서 보다 많이 받으면 더는 바라지 않기 때문에, 가로림 FTS에서는 비교적 값싸고 능력 있는 외국 노무자를 필요한 만큼 고용할 수 있습니다. 여기서는 노사문제도 없습니다. 불법행위와 질서유지는 州정부가 책임지고 엄격하게 다루고 있습니다. 싱가포르와 똑같습니다〉

한 사람이 "가로림 FTS가 上海港과 비교해서 유리한 점이 무엇이라고 봅니까?"라고 질문하자, 장관은 다음과 같이 답했다.

"가로림 FTS에서는 本土(본토: 대한민국 전체)로부터 전기를 공급받고 있는데, 우리나라의 전기는 석유에 거의 의존하지 않기 때문에, 전기값은 아주 저렴하고 안정적으로 공급받고 있습니다. 그 외에 LNG나 석탄 등 각종 에너지나 용수도 싱가포르나 上海·홍콩보다 싸게 공급됩니다. 특기할 사항은 그간 수에즈 運河가 확장돼서, 이제는 20만 톤급 컨테이너선도 수에즈 운하를 사용할 수 있게 됐습니다.

그런데 上海港은 10만 톤급이 상한선입니다. 가로림 FTS의 경쟁港인 上海의 洋山부두에는 방파제가 없습니다. 풍랑에 대처하기가 어렵다는 뜻입니다. 더욱이 上海는 태풍이 자주 통과하는 곳에 위치합니다. 태풍이 오는 계절이 되면 항상 비상조치를 취해야 합니다."

장관은 항만 쪽을 손으로 가리키면서 설명을 계속했다.

"저기 컨테이너港의 작업광경을 보십시오. 처리능력이 몇 배로 빨라졌습니다. 이 일이 끝나면 20만 톤 배는 떠나고, 다음에는 2만~3만 톤의 소형선박 여러 척이 들어옵니다. 그러면 크레인이 알아서, 야적장에 내려 놓은 컨테이너를 행선지 별로 실어 줍니다. 소형 선박들은 제각기 목적지를 향해 운항을 시작하게 되는 것입니다.

2만~3만 톤 배들은 주로 중국 선박인데, 중국의 각 지방에서 컨테이너를 모아 싣고 가로림만으로 들어옵니다. 컨테이너를 내려 놓고는, (20만 톤의 대형 컨테이너선이 세계 각국에서 운반해 온) 컨테이너를 바꿔 싣고 중국으로 다시 돌아갑니다. 20만 톤 컨테이너선은 母船(모선)격이고, 2만~3만 톤 선박은 子船(자선) 역할을 하는 것입니다. 가로림 항구는 이러한 중계작업으로써 허브(Hub) 역할을 하는 母港인 것입니다. 이것이 東北亞 허브의 진면목입니다."

장관은 말을 이어 갔다.

"가로림 FTS에서는 원스톱 생산, 즉 OSP(One Stop Production)라는 개념의 체제를 갖춰 놓고 있는 곳입니다. 우선 천연원료는 20만 톤이라는 초대형 화물선에 의해 가장 싼 금액으로 수송되어 옵니다. 거대한 면적의 야적장이 있으며, 원료나 소재나 부품 등을 저장하는 거대한 창고群도 마련되어 있습니다. 모두 세계 최대급이며 FTS의 자랑입니다.

先物去來(선물거래)도 여기에서 이루어집니다. 이러한 원료를 가공하는 공장들도 가로림 FTS內에 위치합니다. 필요하다면 컨베이어 벨트로 수송이 가능합니다. 수송비가 거의 들지 않는다는 뜻입니다. 여기서 생산되는 소재나 半제품을 가지고, 다음 단계의 작업을 하는 공장도 바로 근처에 위치하게 됩니다.

가로림 FTS는 23개의 공업단지가 있고, 18개의 주민주거용 도시가 있는 공업지구입니다. 모든 작업과 주민들의 생활이 가로림 FTS內에서 이뤄지게 됩니다. 그렇기 때문에 수송비가 적게 들고 작업기간이 단축되어 생산비를 가장 싸게 할 수 있습니다. 더욱이 전기 등 동력비나 노동력의 임금이 다른 곳보다 저렴하다는 것이, 가로림 FTS의 큰 장점이라고는 이미 설명을 한 바 있습니다."

장관의 설명은 계속되었다.

"가로림 FTS가 본토에 주는 영향도 막대합니다. 본토 공장들은 천연 원료로부터 기초소재·중간소재·중간부품·부속품 그리고 최종제품까지 필요한 물건을 가장 싼 값으로 가로림 FTS에서 구입할 수 있습니다.

우리나라의 工業들은 과거에는 주로 東南海 지방에 편중돼 있었는데, 가로림 FTS가 가동하고 난 뒤부터는 경기지방(首都圈)부터 호남지방까지, FTS를 母港으로 해서 海上으로 연계되어 서해안 일대의 공업화와 지방발전에 큰 활력을 불어넣고 있습니다.

특히 FTS에 새로운 종합제철회사가 설립됨으로써, 제철사업도 경쟁체제로 들어갔으며, 이에 따라 重量物(중량물)인 각종 철강재를 浦項이나 光陽보다 가까운 거리에서 공급받을 수 있게 돼 수송비가 인하되고, 철재 값도 싸졌습니다.

다음 순서로는 가로림 FTS의 면적을 점차로 확대해 나갈 것이며, 종국에 가서는 본토 전부에 적용시켜 나가야 할 것입니다. 換言(환언)하면 대한민국 전체가 FTS 國家가 된다는 뜻입니다. 그리고 난 후, 북한 땅에도 작용하는 것이 '21세기에 사는 우리 민족이 꼭 이룩해야 할 사명'이라고 생각합니다.")

1978년부터 吳源哲 수석은 행정수도 건설 백지계획과 가로림만의 중부공업기지 계획을 세우면서 자연스럽게 1980년대 朴正熙 대통령이 중점적으로 추진할 국토개조 사업의 청사진을 그리기 시작했다. 이 국토개조 계획은 '2000년대의 국토구상'이라는 보고서로 만들어져 朴 대통령이 죽기 직전에 보고되었다.

朴 대통령 국장을 마친 다음 날인 1979년 11월 4일 吳源哲을 비롯한 수석 비서관들이 대통령의 유품 정리를 하려고 집무실에 들어갔을 때 전에 없던 간이책상이 눈에 띄었다. 그 책상 위엔 두툼한 보고서 두 권이 놓여 있었다. 표지엔 각각 '행정수도 건설을 위한 백지계획', '2000년대의 국토구상'이라고 쓰여 있었다. 보고서 옆엔 전기 스탠드가 있었고, 보고서 위엔 돋보기가 놓여 있었다.

朴 대통령은 10·26 사건 전날에도 이 보고서를 들여다본 듯했다. 朴 대통령이 서거하고 吳源哲 수석이 물러남으로써 국토개조를 위한 세 개의 계획('행정수도 건설', '가로림만 계획', '2000년대의 국토구상')도 잊혀졌다.

朴 대통령이 피살되지 않았더라면 1980년 연두기자 회견에서 발표했을 가능성이 높은 '2000년대의 국토구상'은 행정수도 건설을 계기로 하여 한국의 국토이용 체계를 再편성하려는 야심 찬 계획이었다. 이 보고서는 '고도산업사회를 구축하고 국민총생산의 확대를 위해서는 유한한 국토공간, 국토자원을 합리적으로 효과적으로 활용하여야 한다'고 전제하고 '임시행정수도 건설과 병행해 국토 再편성 작업을 추진함이

요구된다'고 했다.

이 구상의 핵심은, 서울이 남한의 서북단에 치우쳐 있어 생긴 교통망의 편중 현상을 새 행정수도 중심으로 재편함으로써 物流와 교통의 효율성을 높이고, 가로림만 일대를 행정수도의 관문항과 산업기지로 육성함으로써 수도권·부산권에 맞먹는 제3의 경제중심지를 건설한다는 것이다.

〈기본방향〉

첫째, 국토활용의 극대화를 이룩해 국토 공간질서의 체계화를 기한다.

둘째, 新행정수도 형성에 따라 국토권역을 再편성한다.

셋째, 물동량의 신속한 처리를 기해 국토의 교통상 동맥경화증을 사전에 예방함과 아울러 수송에너지 절약을 도모한다.

넷째, 생산 및 항만기지를 개발해 산업의 확대에 대비한다.

다섯째, 국토 動線(동선)을 구상해 국토 간선체계를 형성한다.

여섯째, 자연환경의 보존을 이룩해 맑은 물, 푸른 하늘, 살기 좋은 나라를 만든다〉

이 보고서는 국토의 한가운데로 옮긴 新행정수도를 중심으로 도로망과 산업기지를 再편성하면 효율적인 국토이용이 가능하다고 주장했다. 즉, 서울을 중심으로 한 전국 350km 반경권이 新행정수도 중심 150km 반경권으로 좁혀지고, 이에 따라 수도와 전국의 통달 소요시간이 3분의 2로 단축된다.

이 단축 시간을 생산에 활용하면 산업활동이 활발해지고 소득증대에 기여하게 된다. 이 보고서는 또 국토공간을 5대권으로 나눴다. 영남권·호남권·영동권·경기권(서울)에다 수도권(충청권)을 추가한 것이다.

이 보고서는 新행정수도의 관문인 가로림만 일대에 중부종합기지라고 불리는 최대의 산업기지를 만들어야 한다고 했다. 그 규모는 창원 기계공단의 8배이다.

朴 대통령의 遺作(유작)이 된 '임시행정수도 건설 계획', '가로림만 프로젝트', '2000년대의 국토구상' 중 이 시점에서 살려 낼 수 있는 것은 加露林灣 프로젝트일 것이다. 인구 800만 명이 입주해 國富(국부)의 약 30%를 창출하는 선진 자유경제지구를 準(준)독립국 개념으로 만들 수 있는 지리적 조건과 국제적 조건이 무르익은 정도가 아니라 그 길밖에 없다고 우리를 압박하고 있다.

문제는 그 방향으로 국가적 의지를 결집시킬 수 있는 정치적 결단의 有無일 것이다. '우선 이슬숲에서나마 선진국을 만들어 보자'는 방향으로 국민들의 뜻을 모아 3억 평을 자율적인 행정조직에 떼주는 결단을 내릴 국가 지도자 待望論(대망론)이다.

대통령 후보들은 이런 야망을 차기 大選 공약으로 내걸고 국민의 심판을 받아볼 만하지 않는가? 朴 대통령이 남긴 꿈을 21세기에 이루는 지도자가 나타나면 한국은 자유통일의 관문을 지나 선진국이 될 것이다.

삼국통일의 元勳(원훈) 金庾信(김유신)의 여동생 文姬(문희)는 언니 寶姬(보희)로부터 꿈을 사서 金春秋(김춘추·태종무열왕)와 결혼하고 통일대왕 金法敏(김법민·문무왕)을 낳았다. 文姬가 산 꿈이 삼국통일의 꿈이었듯이 朴正熙로부터 이슬숲의 꿈을 산 사람은 조국 선진화의 꿈을 이루게 될지 누가 아는가?

제47장

金桂元·鄭昇和·
全斗煥의 등장

朴正熙

破局 예감 속의 過信과 안일

1977년을 보내면서 朴 대통령은 일기를 썼다.

〈1977년 12월 31일 맑음. 달력에는 마지막 한 장이 남았다. 이제 몇 시간만 지나면 1977년 丁巳年(정사년)은 영원한 역사 속에 흘러가 버린다. 그리고 또 이 밤이 지나면 1978년 戊午年(무오년)이 밝아올 것이다. 지나간 정사년은 우리 민족사에 길이 특기할 雄飛跳躍(웅비도약)의 해였다. 民族中興(민족중흥)의 새 역사 창조의 이정표가 되리라.

종로 보신각에서 除夜(제야)의 종소리가 들려온다. 금명, 묵은 해는 떠나간다. 그리고 새해가 밝아온다. 종소리를 들으며 천지신명에게 두 손을 합장하고 경건히 기구하였다. 새해에도 조국 대한민국에 평화와 번영과 영광을 베풀어 주시고 우리 모두 總和團結(총화단결)하여 민족중흥의 새 역사를 위하여 보람 있고 위대한 성공이 있는 해가 되도록 하여 주옵소서〉

돌이켜 보면 1979년의 대파국은 1978년에 시작되었다는 느낌이 든다. 이 해는 朴 대통령이 집권한 지 18년, 유신체제가 출범한 지 7년째 되는 해였다. 월남 赤化(적화) 직후 일체의 反정권적 행위를 금지시킨 긴급조치 9호가 발효된 지도 4년째로 접어들자 민주화 운동 세력도 공포에서 벗어나 저항을 본격화하기 시작했다. 한국기독교학생회총연맹의 통계에 따르면 反정부 학생사건은 1975년엔 10건, 1976년엔 13건, 1977년엔 23건으로 늘더니 1978년엔 31건으로 급증했다.

1978년의 학생사건 중 3분의 2는 그해 5월 18일에 있었던 통일주체국민회의 대의원 선거와 그해 7월 6일에 있었던 통일주체국민회의에 의한 제9代 대통령 선거를 전후하여 일어났다. 서울 장충체육관에서 있었던 통일주체국민회의 제1차 회의는 2,578명의 대의원이 참석해 2,577명이, 단독출마한 朴正熙 후보를 임기 6년의 차기 대통령으로 찍음으로써 99.9%의 찬성률을 기록했다.

1978년은 또 3大 스캔들의 해였다. 기업부정(한국사회 실세들에 대한 현대아파트 부정분양 사건), 공무원 부정(경북교육위원회의 가짜 교사 사건), 정치인의 타락(成樂鉉 스캔들)으로 이어진 3大 사건은 유달리 더웠던 이 해 여름에 몰려 터졌다.

'국력의 조직화, 능률의 극대화'를 구호로 내건 朴 정권은 전해 수출 100억 달러를 돌파하고, 중화학공업 건설, 새마을운동, 中東건설 시장 진출을 성공적으로 이끌고 있었지만 장기집권에 대한 국민들의 싫증과 성장의 그늘 속 불만은 소리 없이 퍼져 가고 있었다. 朴 대통령은 韓美 갈등이 해소국면으로 돌아서고, 카터의 주한미군 철수 계획도 내부 반발로 어렵게 되어 가고 있다는 사실에 안도했음인지 사회의 바닥에서 일어나고 있었던 큰 변화를 感知(감지)하지 못하고 自己成就(자기성취)에 대한 過信(과신)과 人事(인사)에서의 온정주의로 기울고 있었다.

1978년 1월 11일, 朴 대통령은 청와대 출입 기자단을 초청해서 오찬을 함께 했다.

"서울에 있는 버스 안내양들에게 방한복을 한 벌씩 선물로 주었더니, 그것을 안 지방 버스 안내양들이 자기네들도 해달라고 해서 인원을 알아보라고 했어요. 그랬더니 1만 5,000명이나 됩디다. 그것을 내 활동비로 다 해 줘서 이 달에는 내 호주머니가 벌써 바닥이 났어."

朴 대통령은 그 뒤 안내양들의 방한복을 만들어 준 회사 사장에게 친

필로 감사편지를 보냈다.

〈태흥무역회사 權泰興 사장 귀하.

어린 나이에 가정 형편이 불허하여 상급학교에 진학도 못 하고 직업전선에 나와서 고된 일을 하면서 국민들에게 봉사하고 있는 소녀들에게 조그마한 선물 하나씩을 보내어 그들의 노고를 위로하고 격려할까 하는 뜻에서 귀사에게 부탁을 하였던 것인데, 귀하께서 그 취지를 忖度(촌탁)하시고 성심껏 협조하여 주신 데 대하여 진심으로 감사를 드리는 바입니다. 이 물품을 받은 안내양들도 이것을 알게 되면 진심으로 고맙게 생각하고 더욱 성실한 마음가짐으로 자기들이 맡은 일에 성심성의 열심히 일을 하리라고 믿습니다〉

한 기자가 벌써부터 사전 선거 운동이 과열기미를 보인다는 말을 꺼냈다.

"빨리 해서 끝내 버릴까? 일부 정치인들이 정치 不在(부재)라고 하다가도 국회를 열면 별별 소리를 다 하더군. 國政감사가 있을 때 같으면 더 시끄러웠을 겁니다. 마치 어사 출두한 기분으로 선거에 임하는 것 같아요."

朴 대통령은 국회를 전혀 생산적인 것으로 보지 않았다.

"우리가 지금 할 일은 국가기강을 세우는 것입니다. 정신문화를 부흥시켜야 해요. 경제와 정신문화는 같이 발전을 시켜야지 先後를 따지면 안 되는 겁니다. 선거 때가 되면 우선 이기고 봐야겠다는 생각에 유권자를 계속 풀어놓다가 보니까 일본이 오늘과 같은 반성을 하는 것 아닙니까. 국민들의 욕구를 한없이 들어주다가는 그 고삐를 잡기가 어려워요. 어느 정도 억제하다가 경제 성장에 맞추어서 슬슬 풀어 주는 것이 바람

직합니다. 그렇게 해서 정치와 정신문화가 조화를 이루도록 하는 것이 정치의 正道(정도)라는 것을 알아야 해요."

화제가 外貨(외화) 문제로 넘어갔다.

"美貨(미화)는 만일에 있을지도 모를 전쟁에 대비해서라도 축적해야 합니다. 통일이 힘겨루기라고 할 경우, 金日成과 내가 씨름 경기를 가질 수 있는 자리만 마련된다면 나는 자신 있어."

1978년 1월 18일 연두기자회견을 가진 날 朴 대통령은 일기를 썼다.

〈기자회견을 오전 10시 정각 중앙청 회의실에서 가졌다. 목감기가 아직 완전 회복되지 않아서 음성이 약간 탁하고 맑지 못하였으나 강행을 하다. 2시간 50분이 걸렸다.

희망과 자신과 의욕에 가득 찬 새해다. 조국 근대화와 민족중흥의 그 날이 눈앞에 다가선 것 같다. 국제정치의 激浪(격랑) 속에서 北傀(북괴)가 호시탐탐 남침의 기회를 노리고 있는 이 긴박한 한반도의 정세. 나날이 각박해 가는 세계경제의 추세, 외교에는 영원한 우방도 영원한 적도 없다고 하는 속담처럼 제각기 自國(자국)의 국가이익을 위해서는 의리도 신의도 없는 냉혹한 昨今(작금)의 국제정세.

오직 우리의 운명을 결정하는 것은 우리의 힘뿐이다. 힘, 힘이 없고 힘을 기르는 데 힘쓰지 않는 민족은 살아남을 땅이 없다. 이것은 진리다. 진리는 먼 곳에 있는 것이 아니다. 바로 내 곁에 있다.

이제 우리에게도 어두운, 지루한 밤은 가고 새날이 밝아오기 시작했다. 우리는 그 밝아온 새 아침에 지금 살고 있다. 이 밝은 새날은 우리가 역사상 처음으로 大雄飛(대웅비)를 기약받은 새 역사의 출발점이다. 금년은 그중의 한 해다.

물질문명의 풍요와 발맞추어서 정신문화에도 꽃을 피우기 위하여, 전통문화에도 꽃을 피우기 위하여 조상들의 얼과 슬기가 맥박 치는 문화적인 자주성도 정립해 나가야 하겠다. 풍요하면서도 균형을 유지하고, 모든 혜택이 균점되게끔 정책방향을 지향해 나가야 하겠고, 道義(도의)와 인정이 충만한 사회를 건설해 나가야 하겠다. 이것이 우리가 지향하는 복지사회다〉

朴 대통령은 경제발전에 주력한 것같이 보이지만 의외로 정신력을 重視(중시)했다. 그는 민주주의가 主權在民(주권재민)의 원칙에 입각하고 있으나 권력을 만들어 내는 그 국민들이 성숙되지 않으면 선거 때마다 선동꾼들에게 넘어가 위선자나 사기꾼들을 뽑아 나라를 망친다고 생각했다.

1978년 1월 30일 朴正熙의 일기에는 아들 이야기가 등장한다.

〈작년 오늘 志晩(지만)이를 데리고 육군사관학교에 갔었다. 志晩이는 입교(가입교)차 머리를 바싹 깎고 오늘부터 육사생도가 되기 위해 아침 일찍부터 출발 채비를 하고 있었다. 아침 식사를 가족이 모여서 들고 있었으나 志晩이는 집을 떠나는 것이 섭섭해서인지 묵묵히 식사를 하고 있었다. 이제까지 한집에서 같이 살면서 한 번도 떨어져 산 적이 없었다.

3년 전 제 어머니가 세상을 떠나고 나서부터는 부모형제 한가족이 얼마나 그립고 소중한 것인지 더욱 절감하게 되었다. 단 삼남매, 그중에서 하나가 또 육사에 입교하게 되니 집안이 더욱 호젓한 감을 느끼게 되었다.

1학기만 지나면 매주 외출로 집에 올 줄 알면서도 먼 길을 떠나는 것처럼, 모두가 큰 이별이나 하는 것처럼, 입학을 축하하면서도 또 한쪽으로는 심각한 표정들이었다. 朝飯(조반) 후 내 차에 志晚이를 태우고 같이 육사로 갔다. 날씨가 몹시도 한랭했다.

이제까지 어린애 취급하던 志晚이를 육사, 군 학교에 입교시키려고 하니 부모의 마음은 무엇인지 불안하게만 느껴졌었다. 육사 현관까지 가서 "몸조심하고 열심히 잘해라"하고 격려를 하고 혼자 집으로 돌아오는 심정은 퍽이나 허전하기만 했다.

그때로부터 1년이 지났다. 이제 늠름한 사관생도가 되었다. 그저께 외출 나와서 의기양양하다. 지난 1년을 통해서 자식을 군에 보낸 부모의 심정이 어떤 것이란 것을 처음으로 맛보게 되었다. 자식에 대한 부모의 정이란 다 마찬가지리라〉

1978년 2월 3일 朴 대통령은 특별한 계기도 없이 비서실장에서부터 청와대의 말단 직원에 이르기까지 생활에 보태 쓰라고 일률적으로 100만 원씩을 주었다.

1978년 3월 31일 朴 대통령은 기자들과 점심 식사를 했다. 기자들은 朴 대통령에게 외유를 하시라고 권유했다. 朴 대통령이 외유를 자주 하지 않아서 청와대 출입기자들도 수행하여 나갈 기회가 거의 없었다.

"오라는 데는 많으나 가고 싶지가 않아요. 中東에는 한 번쯤 가보고 싶지만, 지난번 공화당 吉典植(길전식) 사무총장이 中東에 다녀와서 하는 말이, 내가 아니면 근혜라도 보내 달라고 했다고 하더군.

하긴 아프리카에서 가봉 대통령이 두 번씩 왔다 갔고, 그 후에 몇 나라에서 국가원수가 다녀간 일이 있기는 하지. 기자단은 매년 밖에 나가 보지 그래요. 내년에는 내가 남미 지역을 주선해 줄 생각이 있는데, 어떻소? 참, 총리가 금년에 어디 간다고 하는 것 같던데, 청와대 나오는 기자는 정치부죠. 어느 부 기자들이 외국에 많이 나가나?"

"경제부와 국회 출입기자가 많이 나갑니다."

"외국에 많이 나가 봐야 합니다."

朴 대통령은 외국을 방문할 때 弱小(약소)국가의 대통령으로 대접받기가 싫다는 생각이었다. 나라가 부강해진 뒤 당당한 방문을 희망하고 있었던 것이다.

기자들이 주부클럽에서 부녀자들에게 운전을 가르쳐 주고 있다는 보고를 하자, 朴 대통령은 다시 한국인들의 억척스런 생활력을 언급했다.

"여기 천장 도배도 여자들이 했어요. 이런 도배 일도 하고, 자녀들도 봐 주면서 힘들게 사는 사람들도 많은 모양입니다. 한국 사람들은 돈만 번다면 무슨 일이든 다 하지. 월남전 때도 베트콩의 총격이 무서워서 메콩강에서 탄약을 실어 나르는 배는 어느 누구도 타지 않으려 했는데, 한국 사람들이 타고 운반했다는 얘길 들었습니다."

朴 대통령은 또 아르헨티나 기자를 만났던 얘기를 전해 주며 자랑했다.

"얼마 전에 한국을 다녀간 아르헨티나 기자가 서구 문명의 공해를 입지 않은 곳은 한국뿐이라고 말했다고 하던데, 정신적인 면에 있어서는 앞으로 우리가 가장 나은 나라가 될 겁니다. 구라파 정치인들은 보디가드를 데리고 다녀야 한다지 않아? 이탈리아에서는 작년에 2000건 이상의 테러가 있었다고 하던데, 우리는 그런 일이 없지 않아요"

이야기가 박동선 사건으로 악화된 韓美 관계에 이르자, 朴 대통령은 미국에 대한 불편한 심기를 노골적으로 드러냈다.

"金東祚(김동조) 대사에 대한 미국 의회의 증언 요구(편집자 注: 미국 측은 코리아게이트 사건과 관련하여 前 駐美 대사 金東祚 씨에 대한 조사를 우리 정부에 요청해 놓고 있었다)는 그들이 암만 애써도 안 되는 문제야. 외무장관을 시켜서 스나이더 대사에게도 안 된다고 전했어요. 미국이 약속한 무기 지원을 안 해 줘도 좋아요."

朴 대통령은 유고슬라비아의 티토 대통령이 제의한, 남북한과 미국의 3者 회담에 대한 생각을 피력했다.

"티토가 작년에 金日成을 만난 뒤에 카터에게 미국과 북괴의 협상 주선을 제의했다가 미국이 이에 불응하니까 다시 남북한과 미국의 3者 협상을 제의한 모양인데, 우리에게는 필요 없는 일입니다. 그때 미국은 약간 흐뭇했던 모양이지만, 그렇게 되면 월남과 같은 꼴이 되고 말아. 월남처럼 우리가 미국의 뒤만 따라다니게 된다면 무슨 창피겠소.

미국은 아시아에서 철군하는 마당에 정치적으로 이를 이용하기 위해 흥미를 보이는 모양인데, 북괴와 미국의 협상이 성과가 없으리라는 것은 그들이 더 잘 알고 있어요. 키신저가 이야기한 4者 회담이라면 또 모르겠지만.

金日成이 일본 사람들에게 말했다는 정보를 들었는데, 북괴는 미국과 협상을 하게 되면 중도에 한국 정부의 참석에 찬성하는 대신 한국 대통령을 바꿀 것을 조건으로 요구할 심산이라는 거야. 金日成이 월남 패망 때 월남의 혼란해진 政情(정정)을 잊지 못하고 한반도에 그것을 적용해 보려는 심산이지. 미국과 북괴, 둘이서 협상한다고 해도 우리가 찬성하지 않으면 그만이야."

"카터 보기 싫어 訪美 안 한다"

1978년 4월 10일, 朴 대통령은 또 죽은 부인의 추억을 일기에 담았다.

〈화창한 봄날이다. 後庭(후정)의 목련이 활짝 피었다. 봄이 오면 어김없이 찾아오는 저 청초한 꽃 한 송이, 그윽한 향기도 예와 다름없다. 저 꽃이 피면 "어쩌면 저렇게도 희고 깨끗하고 아름다울까?"하고 좋아하던 아내의 활짝 웃는 얼굴이 불현듯 떠오른다〉

대한항공 여객기가 항로를 잘못 들어 소련 영공으로 들어갔다가 소련 전투기로부터 미사일 공격을 받고 무르만스크의 얼어붙은 호수에 불시착한 사건이 발생했다. 朴 대통령은 일기에 이렇게 썼다.

〈1978년 4월 21일(금) 맑음. 서울-파리 간을 취항하는 대한항공기(707호기)가 21일 파리 오를리 공항을 떠나 서울로 운항하던 중 소련領 무르만스크 부근에서 야간 凍土(동토) 호수 위에 불시착했다는 소식이 미국 방공망 레이더에 포착되어 통보되어 왔다. 아직까지는 사고의 원인도 알 수 없고 승무원과 승객들의 안부도 알 수 없다. 소련과는 국교가 없는 관계로 미국 등 우방국을 통하여 간접적으로밖에는 정보를 입수하는 방법이 없어 초조한 마음으로 外信(외신) 등 그 밖의 정보를 기다리고 있다.

1978년 4월 24일(월) 맑음. 18시경 KAL기가 사고기의 승객·승무원을 태우고 김포에 착륙했다. 사망자 1명의 유해가 먼저 내리고 부상자와 일반 승객들이 가족·친지, 기타 모든 국민들의 영접을 받으며 귀국하다.

위급한 상황에서 취한 우리 승무원들의 침착하고도 여유 있는 긴급조치와 한국인 승객들이 질서 있는 행동을 한 데 대한 칭찬의 소리가 대단하다. 그동안 소리 없이 심어진 한국인이라는 높은 긍지와 總和(총화)의 힘으로 다져진 단결심이, 시시각각 생명의 위험이 다가오는 절망적인 상황 속에서도 각자 행동을 어떻게 해야 한다는 교양과 훈련이 쌓인 데서 우러난 결과가 아니겠는가 생각된다. 특히 그 비행기는 태극기가 붙어 있는 우리 대한민국의 여객기이고, 그 비행기 조종사와 승무원들이 전원 우리나라 사람이라는 데서 더욱 더 자제심과 책임감이 생긴 것이 아닌가도 생각된다.

영국인 승객 한 사람은 호수 위에 불시착을 하는데 활주로에 내리는 것 같았다고 한다. 뒤에 동체로써 착륙했다는 것을 알고 神技(신기)에 가까운 조종 기술에 감탄했다고 술회하고 있었다.

1978년 4월 25일(화) 맑음. 불시착을 했던 대한항공기가 돌아와서 어젯밤부터 승무원과 승객들의 체험담을 종합해 본 결과 사고의 원인은 역시 계기의 고장이 틀림없는 듯하다.

원인이야 여하튼 100여 명의 승객이 타고 있는 비무장한 여객기에 대한 소련 공군의 총격행위는 결코 정당화될 수 없다. 인도적인 견지에서 마땅히 규탄을 받아야 할 것이다. 천수백 년 전 신라시대에 우리의 조상들은 인명존중을 최대의 가치로 규정하고, 殺生(살생)은 필히 有擇(유택)하라고 가르쳤다. 이것이 문명사회의 가치관이다. 人命(인명)을 경시하는 문명은 진정한 문명이라고 할 수 없으며 반드시 멸망할 것이다〉

1978년 5월 10일, 오후 4시경 朴槿惠 씨는 기자들과 테니스를 친 뒤 라커에 앉아서 환담을 나누었다. 기자들은 朴 대통령의 鼻炎(비염) 수술이 성공적으로 끝난 것을 축하한다면서 큰슈愛(영애)에게 朴 대통령과 자리를 함께할 수 있도록 주선해 달라고 요청했다. 그런데 우연히 朴 대통령이 운동복 차림으로 라커로 왔다. 朴 대통령은 기자들이 수술 성공을 축하하자 "작은 일에도 신경을 써 주어 고맙다"고 했다.

朴 대통령은 자신부터 예법에 철저했다. 한 비서관이 朴 대통령에게 보고를 하고 돌아서 나가는데 와이셔츠 뒷자락이 바지 밖으로 삐져나와 있었다. 그 뒤 朴 대통령은 비서실장을 불러서 그 비서관에게 옷을 단정히 입도록 주의를 주라고 지시했다.

金正濂(김정렴) 비서실장은 새로 임명되는 직원에겐 늘 당부했다.

"각하는 단정한 것을 좋아하시니 머리에 기름을 바르고, 바지도 항상 줄을 세워서 입고, 그리고 구두도 항상 닦고 다니시오."

당시 청와대는 직원이 아니면 출입을 못 했으나 예외적으로 특별히 지정한 구두닦이 두 사람만은 출입할 수 있었다.

1978년 여름 어느 날, 朴 대통령은 전·현직 육·해·공 참모총장들과 전·현직 장관들을 초청해 다과회를 가졌다. 이 자리에는 金信(김신) 前 교통부 장관과 沈興善(심흥선) 前 총무처 장관도 참석했는데, 두 사람 다 喪妻(상처)해 혼자 살고 있었다. 우연히 두 사람은 구석 자리에서 이야기를 나누고 있었는데, 朴 대통령이 다가갔다. 金信 장관이 대통령에게 말을 건넸다.

"각하, 딴생각하지 마시고 재혼하시죠."

"재혼은 무슨 재혼…. 여기 홀아비 세 명만 같이 모였는데, 우리 '홀아비會' 나 하나 만들까?"

朴 대통령은 유신헌법 제정 때부터 체육관에서 추대받는 식의 대통령 선출방법에 대해서 불만이 많았다. 1978년 7월 6일 그런 식으로 99.9%의 지지를 받아 6년 임기의 제9代 대통령에 당선된 직후 朴 대통령은

유신헌법 개정과 후계자 문제를 놓고 고민한다. 그는 金正濂 비서실장과 柳赫仁 정무1수석 비서관을 불러 헌법 개정 검토를 지시했다. 金正濂 실장은 정보부장을 그만두고 쉬고 있던 申稙秀 씨에게 그 연구를 부탁했다.

朴 대통령이 내린 지침은 경쟁이 가능한 대통령 선출방식으로 개헌하고, 자신의 임기가 끝나기 1년 전에 대통령직을 사임하고 국무총리에게 대통령 권한대행을 시키되 국무총리엔 미리 金鍾泌 씨를 임명해 둔다는 것이었다.

金正濂 씨는 "朴 대통령이 JP를 후계자로 생각하고 있었음이 확실하다. 다만 나를 포함해서 아무도 그 이야기를 JP에게 하지 않았다"고 말하고 있다.

金正濂 실장은 또 朴 대통령이 퇴임 후에 살 집 자리도 보고 다녔다고 한다. 金 씨의 증언이 사실이라 하더라도 과연 朴 대통령이 임기 중 사임을 진지하게 생각했을까에 대해서는 의문시하는 측근들도 있다. 이즈음 朴 대통령이 2000년을 내다보면서 구상하고 있었던 국토개조사업 같은 것들을 보면 계속적인 집권을 전제로 하고 있었기 때문이다.

1978년 9월 26일, 朴 대통령은 서산에서 고대하던 국산 유도탄(미사일) 발사를 참관했다. 朴 대통령의 致辭(치사)가 있었다.

"'하면 된다'는 결의가 여기서 성공했습니다. 유도탄 제작에 참가했던 학자들 대부분이 가망이 없다고 떠나갔는데, 여기 남아 있는 소수의 과학자들이 유도탄 제작을 성공시킨 것입니다. 여러분의 기술과 인내가 이번 일을 해냈습니다. 정말 여러분께 감사드립니다."

그 자리에 참석한 과학자들은 유도탄이 목표물을 맞히는 모습을 보고는 서로 부둥켜안고 눈물바다를 이루었다. 朴 대통령은 일기에 이날의 감동을 담았다.

〈1978년 9월 26일(화) 맑음. 금일 오후 충남 서산군 안흥에서는 우리나라에서 처음으로 유도탄 시험발사가 있었다. 1974년 5월 유도무기 개발에 관한 방침이 수립되어 불과 4년 동안에 로켓 유도탄 등 무기개발을 성공적으로 완성하여 금일 관계관들 참관下에 역사적인 시험발사가 있었다.

　① 對전차 로켓(3.5인치 로켓을 더 발전시킨 것)

　② 다연발 로켓(28연발, 사거리 20km)

　③ 중거리 로켓, 가칭 황룡(사거리 50km, 어네스트 존과 유사)

　④ 장거리 유도탄, 가칭 백곰(사거리 150km, 유효반경 350m, 나이키와 유사함)

　네 종목 다 성공적이었다. 그동안 우리 과학자들과 기술진의 노고를 높이 치하하다. 歸路(귀로)에 삽교천 방조제 공사장에 잠깐 내려서 공사현장을 시찰하고 현장에서 수고하는 농업진흥공사 직원들을 격려하다. 進度(진도) 74%, 1979년 말 완공예정이라고 한다〉

　1978년 9월 30일. 오후에 테니스가 끝난 후에 청와대 식당에서 朴 대통령이 기자들과 식사를 함께 했다. 미사일 발사 성공이 화제가 되었다.

　"그때까지 내가 있을지 그만둘지는 몰라도 앞으로 10년이면 강국이 될 자신이 있습니다. (미사일 개발을 성공시킨) 吳源哲(오원철) 수석은 국보적 존재입니다."

　이때 기자들이 李厚洛(이후락), 朴鐘圭(박종규) 씨의 공천에 대해 질문을 했다.

"李厚洛은 공화당 공천을 안 줄 생각이오. 나도 몰랐던 金大中 사건에 대해서 아직도 외국에서는 나와 관련을 지어 말하는 사람들이 있는데, 공천을 주면 이를 시인하는 격이 되지 않겠소. 무소속으로 나가는 것은 자유이고. 李 실장이 이해하겠지"

기자들은 또 訪美 가능성에 대해 질문을 했다.

"카터가 보기 싫어서 안 갑니다. 카터가 오면 몰라도. 내년 봄에 일본에는 갈 것 같아요. 작년에 카터의 법률 고문인 조지아州에 거주하는 제임스 커버 씨가 조지아 대학의 안낙영 교수를 통해 '金大中 등 反정부 인사를 석방하면 카터가 만나겠다고 한다'고 나에게 제의를 해왔으나 거절했소. 금년에도 安 교수가 나를 만나고자 했으나 비서관을 시켜서 만나게 하고, 나는 만나 주지 않았어요.

윤보선 씨와는 두 번 싸웠지만, 그때 그 사람이 당선되고 나서 나라가 잘될 거라는 판단만 서면 양보할 생각까지 가진 일이 있었는데, 아무리 생각해 봐도 잘할 것 같지가 않더군. 우리나라는 이대로 가면 10년 후에는 틀림없이 강국이 될 겁니다."

朴 대통령은 '강국이 된다'라는 마지막 말은 못 박듯 두 번 강조했다.

1978년 10월 14일 오후에 朴 대통령과 청와대 직원 전원이 청와대 뒷산에 올라가서 쓰레기를 주우며 자연보호 운동을 했다. 작업이 시작되고 나서 잠시 뒤 직원들 바로 뒤에서 끝이 뾰족한 T자형 지팡이와 봉지를 들고 朴 대통령이 다가오며 쓰레기를 주웠다. 朴 대통령은 앞서 가던 鮮于煉 비서관에게 말했다.

"비서실장이 먼저 인솔하고 올라간 모양이지. 그래도 이렇게 많이 나오지 않아서야… 실장에게 기합을 좀 넣어야겠군."

"오늘 작업은 팀을 나누어서 하고 있습니다. 실장님 팀은 먼저 올라가셔서 이리로 내려오고 계시고, 우리 팀은 올라가다가 중간 지점에서 합류하게 되어 있습니다."

"그럼 여기 책임자는 누군가?"

"접니다."

"저 엉터리 좀 봐. 그래서 이렇게 제대로 줍지 못했구먼."

대통령은 직원들이 놓친, 바위틈이나 구석구석에 박혀 있는 쓰레기를 주울 때마다 "정화 작업을 하려면 제대로 해야지. 엉터리로 하면 쓰나" 하고 웃으면서 계속 鮮于煉 씨를 '엉터리'라고 놀렸다. 이렇게 쓰레기 줍는 행사는 한 달에 한 번 정도는 꼭 있었다.

1978년 12월 12일로 예정된 제10代 국회의원 선거에 대해서 朴 대통령은 예전처럼 신경을 쓰지 않았다. 지금은 고인이 된 柳赫仁 당시 정무1수석에 따르면 朴 대통령은 국회의석의 3분의 1을 차지하는 유정회 의원들을 대통령이 지명할 수 있는데 무리하게 공화당을 밀어줄 필요가 없다는 인식을 갖고 있었다고 한다. 선거 책임자인 金載圭 정보부장과 金致烈 내무장관도 官權(관권) 선거 배격을 건의했다. 이렇게 하여 12·12 선거는 가장 깨끗하게 치러진 선거가 되었지만 그 결과는 朴 정권에 이롭지 못했다.

당선자는 공화당 68명, 李哲承 총재가 이끌던 신민당 61명, 통일당 3명, 무소속 22명이었다. 총득표수에서는 신민당 후보들이 공화당보다 1.1% 포인트를 더 얻었다. 물론 신민당은 여러 지역구에서 복수공천을 했으므로 '사실상의 야당 승리'란 주장이 수학적으로는 맞지 않았지만 정서적으로는 먹혀 들었다.

朴 대통령은 깨끗한 선거를 했다는 자부심을 믿고 공화당의 패배를 인정하지 않으려 했다. 12월 14일 대통령은 "공명선거로써 또 한 번의 혁명을 성취했다"는 소감을 밝혔다. 15일에는 "국회의석의 3분의 1을 차지하는 유정회를 의식하고서도 국민들이 공화당에 그 정도의 표를 준 것은 평가할 만하다"고 말했다. 그는 또 "親與 무소속의 표를 합치면 공화당이 더 많아질 것이다"고 하여 득표율에 신경을 쓰고 있음을 내비쳤다.

金桂元 비서실장 임명

朴 대통령의 소신과는 달리 與圈(여권) 내에서는 선거 결과를 스스로 패배라고 인식하고 책임소재를 가리는 작업이 시작되었다. 개인이나 조직이 외부의 도전에 직면할 때 자신의 논리를 지키지 못하고 외부의 논리를 받아들이면 반드시 패배의식을 갖게 되고 이는 내부 분열이나 붕괴로 이어진다. 청와대 민정수석실에서 이 무렵 작성하여 여권內 주요 인사들에게 나눠 준 '선거분석자료'가 그런 문서이다.

〈선거 결과 도시 서민층이 거의 여당을 외면한 듯한 결과를 빚게 한 것은, 그간 정부의 중간관리층이 경제가 성장되고 생활에 여유를 갖게 될수록 이에 파생하는 국민의 불평불만도 그만큼 다양화되고 비례한다는 民心(민심) 추세를 깨닫지 못하고 성과만 올리면 국민은 무조건 따라오게 마련이라는 행정부의 일방적이고 관료적인 풍조가 조성되었기 때문임.

목표 달성을 위해서는 국민의 희생쯤은 감수해도 무방하다는 자만심이 부지불식간에 공무원 사회에 쌓이게 됨으로써 시행착오를 저질러도

국민에게 미안하다는 사과 한마디 없는 것이 예사가 되었음〉

朴 정권 안에선 어느 새 '선거敗因(패인)'이란 말이 굳어지고 그 책임을 내각과 청와대 비서실에 묻는 쪽으로 가닥이 잡혀 갔다. 12월 22일 朴 대통령은 내각과 비서실을 개편했다. 金正濂 대통령 비서실장이 駐日 대사로 내정되면서 물러나고 짧게 중앙정보부장을 지냈던 金桂元 前 駐대만 대사가 새 실장으로 임명되었다. 朴 대통령은, 崔圭夏 총리를 유임시켰으나 南惠祐 부총리 겸 경제기획원 장관 등 11개 부처 장관을 바꾸었다.

음악을 좋아하고 유순한 성격의 金桂元 씨는 朴 대통령과 같은 포병 출신으로서 軍 시절부터 가까웠다. 5·16 주체세력은 아니었지만 朴 대통령에 의해 육군참모총장·정보부장까지 올랐고, 金載圭와는 특별한 인연을 갖고 있었다. 金載圭가 교통사고를 당해 중태에 빠졌을 때 그를 업고 병원으로 옮겨 살려 준 사람이 그였다.

金載圭는 대만 대사를 오래 하고 있던 金桂元 씨를 귀국시켜 공화당 국회의원 후보로 출마시키려 했다가 뜻대로 되지 않자 朴 대통령에게 비서실장으로 추천했고, 車智澈 경호실장도 편을 들었다고 한다. 車 실장은 外柔內剛(외유내강)하면서도 깐깐하여 자신의 업무영역을 침범당하지 않았던 金正濂 실장이 거북했을 것이다.

金桂元 씨는 朴 대통령에게 자신이 비서실장에 부적격이라고 사양했으나 朴 대통령은 "행정은 몰라도 돼. 나하고 말동무만 하면 돼"라고 말했다는 것이다.

金桂元 씨는 거의 7년간 한국을 떠나 있었기 때문에 국내사정, 특히 정치상황에 대해서는 어두웠다. 상황을 개척하고 돌파하는 성격도 아니

었다. 朴 대통령이 그런 金 씨를 곁에 두려고 했던 것은, 정권유지 및 국정운영에 대한 자신감과 나태함을 동시에 보여 준다. 외부 상황은 급변 사태로 몰려가는데 朴 대통령은 장기집권의 타성과 안일에 빠져 태풍 속의 눈처럼 한가한 모습이었다. 항상 긴장하여 역사의 흐름, 민심 동향과 맞물려 있어야 하는 대통령이 헛돌기 시작했다는 증거가 비서실장 인사였다.

金桂元 씨가 비서실장이 되면서부터 車智澈 실장의 영향력이 커지고 金載圭 정보부장은 약화된다. 金 실장마저 車 실장의 越權(월권)을 통제할 수 없게 된다. 권위주의 정권하에서는 권력자를 누가 자주 만나느냐가 파워 게임의 승부처이다. 金桂元 씨에 따르면 車 실장이 金 부장의 대통령 면담을 통제하는 바람에 자신이 그를 불러 데리고 들어가 보고 시키곤 했다는 것이다. 朴 대통령은 車 실장을 편애하고 그런 車 실장을 軍 선배들인 비서실장과 정보부장이 증오하는 감정적 균열이 대통령 주변에서 소리 없이 진행되기 시작한 것이다.

1979년 新正 연휴 기간에 朴 대통령은 가족들과 함께 부산 해운대와 경주를 돌았다. 이 순간 이란에선 팔레비 왕조가 붕괴되고 있었다. 팔레비의 서구식 근대화 정책에 도전한 호메이니의 이슬람 원리주의 혁명이 비밀경찰과 군대를 무력화시키고 있는 가운데 팔레비 왕의 출국이 임박했다는 보도가 잇따르고 있었다.

이때는 朴 대통령도 이란 사태가 자신의 운명에 큰 영향을 끼치리라곤 예상하지 못했을 것이다. 그 뒤의 사태전개는 예상 밖의 결과를 만들어 낸다. 이란의 석유생산량이 줄어들자 제2차 오일 쇼크가 일어나 기름값이 배럴당 30달러까지 두 배로 치솟는다. 유신정권이 好況期(호황기)

에 벌여 놓았던 중화학공업 사업이 큰 타격을 받고, 물가高·해고사태·租稅(조세)저항이 일어난다. 여기에 金泳三 의원 제명과 같은 정치적 사건이 기름을 붓고 드디어 학생시위에 중산층이 가담하는 釜馬(부마)사태가 터진다.

朴 대통령은 1979년 2월 1일자로 1군사령관 鄭昇和 대장을 육군참모총장으로 임명했다. 그는 盧載鉉 국방장관이 공식적으로 통보해 주기 5분 전 金載圭 정보부장으로부터 축하 전화를 받았다. 약 30분 뒤엔 車智澈 경호실장이 마침 1군사령부를 방문 중이던 李在田 경호실 차장(육군중장)을 통해서 鄭 장군에게 축하의 뜻을 전했다. 李 중장은 "車 실장이 이 점을 꼭 전해 달라고 당부했습니다"라고 말하면서 들은 이야기를 전했다.

"어느 모로 보나 후임총장은 鄭 장군이 되어야 하는데, 盧 국방이 鄭 장군을 빼고 朴○○ 장군을 추천했답니다. 그런데, 각하께서 친히 인사기록 카드를 뽑아 鄭 장군을 지명했습니다. 車 실장은 '장관이 그럴 수 있느냐'고 흥분하고 있습니다"

鄭 장군은 '車 실장이 나와 盧 국방장관을 이간질시키려는구나'라고 생각했다. '국방장관과 육군참모총장의 사이가 나빠지면 나라가 망할 수도 있는데 경호실장이란 자가 이런 짓을 하는구나'라고 걱정했는데, 며칠 뒤 만난 金載圭 부장은 자신이 대통령에게 鄭 장군의 충성심을 강조했다고 생색을 냈다.

朴 대통령의 이 인사는 10·26 사건과 12·12 사건의 현장에 鄭昇和란 인물을 등장시키는 계기가 된 역사적 의미가 있으므로 더 자세히 알아본다. 金桂元 당시 대통령 비서실장의 증언을 소개한다.

"어느 날 대통령 집무실에 내가 앉아 있는데 盧 국방장관이 들어왔어요. '육군총장 인사의 건'을 보고한다고 하기에 저는 일어서 나오려고 했습니다. 朴 대통령이 '金 실장, 어딜 가? 그냥 앉아 있어'라고 하십디다.

盧 장관은 한 사람에 대해서만 열심히 설명하면서 육군총장으로 추천하는데 대통령께서는 마음에 들지 않는 모양이었어요. 제가 포병 후배이기도 한 盧 장관에게 '각하께 복수로 추천해 선택받도록 해야지 왜 그래요?'라고 했습니다.

그제야 盧 장관은 다른 서류를 한 장 꺼냈어요. 아마도 그는 복수추천을 하려고 왔다가 車智澈 실장을 만나 이야기를 듣고는 한 사람만 민 것 같았습니다. 朴 대통령은 나중에 내놓은 서류를 훑어보더니 '이 사람이 좋겠군'이라고 찍었는데, 그 사람이 鄭昇和 장군이었습니다"

그해 3월 盧 장관과 鄭 총장은 2군 사령관으로 옮겨가는 陳鍾埰(진종채) 국군보안사령관의 후임으로 全斗煥(전두환) 1사단장을 추천하기로 합의했다고 한다. 물론 朴 대통령은 全 소장을 임명했다. 이 직책의 무게로 보아 형식이야 어떻든 朴 대통령이 직접 5·16 군사혁명 때부터 측근에 두고 아꼈던 全斗煥 장군을 지명한 것으로 보아야 할 것이다.

全斗煥 증언: '나와 朴 대통령'

1987년 4월에 全斗煥 당시 대통령이 술회한 내용을 당시 통치사료 담당 공보비서관 金聲翊(김성익) 씨가 기록했다.

"옛날에 朴正熙 대통령이 최고회의 의장을 할 때 나에게 국회의원 선거에 나가라고 하는 걸 안 나갔어요. 張都暎 사건이 끝나고 얼마 안 됐을 때였는데 사무실에 오라고 해서 갔었어요.

나를 보고 '孫 대위, 국회의원 출마 안 하겠냐' 고 그래. 내가 깜짝 놀라 '제가 어떻게 국회의원을 합니까' 하니, '하면 하는 거지 왜 못 해' 라고 해. '아닙니다. 저는 군대에 있는 게 좋습니다' 라고 했어. '군인 하려고 사관학교에 갔지, 국회의원 하려고 간 게 아닙니다' 라고 했어. 朴 대통령이, '자네가 필요하다' 고 해. 시간을 달라고, 의논도 해 봐야겠다고 했더니 '남자가 하는 일에 상의는 무슨…' 하더니 이틀 후에 오라고 해.

내가 尹必鏞 비서실장과 의논했어요. 잘 말씀드려 달라고 했는데 朴 의장이 또 불러. 생각해 봤냐고. '나는 돈도 없고 군대에도 충성스러운 사람이 있어야 하지 않습니까' 라고 했는데, 그때부터 朴 대통령이 나를 특별한 사람으로 보는 거야. 내가 어디 가 있어도 골치 아픈 일이 있으면 나를 불렀어요. 군대 얘기도 물어 보고 그랬어. 나는 항상 그 양반한테 희망적인 얘기를 많이 했어요. 1년에 한두 번씩은 부르셨어요. 이 식당, 여기에서 陸 여사도 함께, 분식 권장할 때인데 분식으로 식사도 했어. 陸 여사가 만든 거라고 했는데 별로 맛은 없었지만 나는 食性(식성)이 좋으니 두 그릇 정도 먹었어요.

내가 끝까지 국회의원 출마를 거절한 게 인상적이었던 것 같고 참신한 육사 출신으로 본 것 같아.

경호실 작전 차장보로 있을 때 내가 계속 나가겠다고 했어요. 車智澈 경호실장과 내가 사이가 나빴어. 車智澈이 원래 내 밑에 있었어. 그 사람이 육사 12기 시험에 떨어지고 그 다음에 포병 학교를 가서 포병장교가 된 사람이지. 자존심이 강해. 나와 함께 미국에 갔는데 그 사람이 미국 사람과 싸움을 해서 퇴교를 당하게 돼 있었어. 한국 학생장인 나한테 그 사람을 위해서 변호할 시간이 주어졌어요. 내가 대위 때였는데 못 하는 영어지만 열변을 토했어요.

이 사람이 훈련을 하다가 미국 장교는 10분 만에 교대를 시키고 외국 장교는 40분씩이나 교대를 안 시키는 데에 화가 나서 미국 군인을 때린 거야. 폭행을 하면 그 사람들은 큰 잘못으로 쳐요. 그때 일행이 張基梧·崔世昌 장군 등이었는데 내가 제일 선임자였어.

그때 외국 장교에 대한 차별 대우가 있었어요. 언어 장벽 때문에 모두 고생했어. 車 대위가 외국인의 불만을 대표해서 때린 것이라고 내가 변호를 해서 결국 용서를 받았어. 그 사람이 육사 12기 시험에 떨어진 것을 스스로 비밀에 부쳤는데 그 때문인지 陸士 출신을 매우 싫어했어. 그런 관계였는데 그 사람이 경호실장이 되고 내가 그 밑에 왔어. 내가 사단장으로 나가야 할 때인데, 朴 대통령이 직접 사인을 해서 경호실에 오게 된 거야.

내가 화가 나서 예편해 버리려 했어. 朴世直이 국방장관 보좌관이었는데 徐鐘喆 장관한테 면담 신청을 해서 저를 예편시키는 겁니까 물으니 朴 대통령이 사인한 메모지를 꺼내면서 보라고 해.

車智澈이가 여러 가지 일을 삐뚤어지게 해. 중령으로 예편하고 국회의원을 한 사람인데, 경호실장하면서 꼭 국회의원을 상대하고 높은 장군을 경호실에다 데려다 놓아. 車智澈이가 나한테 경호실장 뺏길까 봐 굉장히 신경 쓰는 것 같았어. 내가 내보내 달라고 했어. 내가 소장이 되고 나서였어. 朴 대통령과 金載圭, 車智澈, 나 이렇게 골프장에서 저녁을 먹는데 朴 대통령이 '사단장을 꼭 해보고 싶은가' 라고 물어서 '軍의 희망이 사단장 아닙니까' 하니 '그래, 사단장 해 봐야 될 거야' 라고 해. 그래서 사단장으로 나갔어요. 사단장으로 나갔으니 보안사령관으로 갈

수 있었던 거지.

朴 대통령도 내가 군대를 좋아하고 순수하게 나가니 마음에 드는가 봐.

사실은 그분이 10월 26일에 돌아가셨지만 10월 27일에 내가 보안사령관으로서 보고를 하도록 돼 있었어. 金載圭·車智澈, 그리고 정당 관계 암투가 있어 朴 대통령이 상당히 위험할 것 같았어. 두툼한 보고서를 만들었어. 朴 대통령은 보고서를 올리면 상대방한테 주어 버리는 성격이 있어요. 직접 그 사람을 불러서 주의를 줄 용기가 없는 거야. 정치 자금도 車智澈을 통해서 받고 신세를 너무 많이 지니 정면으로 말은 못 하고 보고서를 주어 버리는 거지. 보고서를 낸 사람만 죽게 돼.

보안사에서도 陳鍾埰 전임 사령관이 나가면서 나한테 보고서를 내지 말라고 했어요. 보고서를 내면 죽는다고 하면서. 그러면 누가 朴 대통령을 깨우쳐 주느냐, 내가 盧載鉉 국방장관에게도 얘기했어. 비서실 내부도 엉망이고 友軍(우군) 싸움이 金日成이와의 싸움보다 더 심했어. 망하려니 그런가 봐. 그래서 내가 10월 27일쯤 朴 대통령에게 보고할 수 있게 해 달라고 했어. 몇 번이나 읽어 보고 연습도 하고 보고 준비를 다 했었는데 朴 대통령이 돌아가셨다는 것을 알게 된 순간, 결국은 이렇게 오는구나 하고 생각했어."

全斗煥 장군이 10·26 사건이 났을 때 국군 보안사령관 자리에 있지 않았더라면 비록 그가 정규육사 장교단 출신의 자연스러운 리더였다고 하더라도 격동기의 주도권을 잡지 못했을 것이다. 결과적으로 朴 대통령은 軍內의 지휘부로 올라서고 있던 정규육사 장교단 출신의 지도적 인물에게 보안사령관이란 날개를 달아 주는 인사를 함으로써 자신의 死後를 관리하도록 한 셈이다.

全 장군은 10 · 26 사건 뒤의 혼란기에 朴 대통령 시해에 가담했던 金載圭 세력뿐 아니라 자신의 눈에 기회주의적으로 보였던 鄭昇和 세력까지 제거하고 집권한 뒤엔 朴 대통령 격하 움직임을 차단하였을 뿐 아니라 朴 대통령 시절의 경제개발 유산을 이어받아 1980년대 세계 제1위의 고속성장을 이끌었다. 성공적 死後 관리였다. '全斗煥 없는 朴正熙는 없다' 는 생각도 든다. 그런 점에서 '全斗煥 보안사령관 인사' 는 결정적 의미를 갖는다.

최근 全斗煥 前 대통령은 측근들에게 자신이 朴 대통령의 총애를 받게 된 계기가 된 사건을 소개했다. 1968년 1월 21일 金日成이 보낸 124 軍 특공대가 청와대를 습격한 직후의 일이다. 청와대 외곽 경비부대장이던 全斗煥 중령은 金日成의 숙소를 습격하여 그의 목을 따오는 작전계획을 세우고 훈련까지 한 뒤 이를 대통령에게 보고했다고 한다. 울화가 차 있던 朴 대통령은 충성스러운 부하의 용감한 보복계획을 허가하지는 않았으나 감동을 받았다는 것이다.

全斗煥 장군은 당시 '車智澈 사람' 으로 알려졌으나 보안사령관이 된 뒤에는 車실장의 영향권 안으로 들어가지 않았다. 당시 영관장교들은 軍 수뇌부가 車 실장한테 굴종한다고 보아 경멸하는 사람들도 많았는데 全 사령관은 당당히 맞서고 있었다.

북한 戰略 꿰뚫어본 메모

1979년 1월 29일 朴正熙 대통령은 남북조절委 회담에 나가는 통일원 간부에게 이런 메모를 써주었다.

〈北傀의 陷穽

1. 南韓 政府 不認: 北傀外廓團體와 同一格下

2. 調節委 技能無力化

3. '大民族會義'로써 統一戰線戰略試圖: 外軍撤收論議, 聯邦制 지지
논의

4. 我側戰力增强計劃中斷, 現狀凍結, 裝備導入禁止

5. DMZ內 工事中止: 南侵땅굴防害 없이 工事해 내려오자는 것

6. 平和攻勢로 美軍撤收 促進

7. 앞으로 中斷時 責任轉稼〉

이 메모를 읽어 보면 朴 대통령은 북한 金日成의 노림수를 정확히 읽
고 있었고 이를 한 장의 메모지에 더도 덜도 없이 깔끔하게 요약했음을
알 수 있다.

이 메모를 해설하면 이런 이야기가 된다.

〈북한은 이번 회담에 이런 함정을 파놓고 이런 전략으로 나올 것이다.

첫째, 그들은 한국 정부를 인정하지 않는다. 한국 정부를 그들 외곽단
체의 하나쯤으로 취급하려고 한다. 둘째, 그들은 조절위원회의 기능을
無力化시키려고 획책할 것이다. 셋째, 그들은 남북 간의 모든 단체가 참
여하는 대민족회의를 열자고 주장하여 통일전선전략을 밀고 나올 것이
다. 그렇게 함으로써 이 회의에서 외군 철수 및 연방제 지지를 논의하자
고 덤빌 것이다. 넷째, 그들은 한국군의 戰力증강 계획을 중단하고 현상
태로 동결하도록 요구하고 장비 도입도 하지 말라고 억지를 부릴 것이
다. 다섯째, 비무장지대 안에서 공사를 하지 말도록 요구함으로써 그 안
에서 자신들이 남침용 땅굴을 파는 것을 방해받지 않으려 할 것이다. 여

섯째, 평화공세로 주한미군 철수 분위기를 띄울 것이다. 일곱째, 회담이 중단될 때 그 책임을 우리 쪽에 전가하기 위한 함정을 팔 것이다〉

1979년 3월 21일 청와대 경내 常春齋(상춘재) 건물에서는 청와대 출입기자를 위한 만찬이 있었다. 청와대를 출입하다가 내근으로 돌아간 기자들도 초대되었다. 오후 5시 30분쯤 朴槿惠 씨와 함께 들어온 朴 대통령은 기자들과 일일이 악수를 한 뒤 앉았다. 이날 식탁 위엔 김포 막걸리에 맥주를 섞은 술병이 놓여 있었다. 한두 사발만 들이켜도 금방 醉氣(취기)가 오르는 술이었다. 기자들이 피운 담배로 연기가 자욱했다. 朴 대통령은 "하루 서너 갑을 피우던 담배를 최근 끊어 가고 있다. 어제는 두 대를 피웠다"고 했다.

"나는 담배를 많이 피울 때에도 집에 오면 피우지 않았어요. 금연을 시작한 뒤 텔레비전 연속극에서 탤런트들이 담배를 멋있게 피우고 있는 장면을 보면 또 유혹이 생긴단 말이야."

기자들은 하루 전 상춘재에서 車智澈 경호실장이 신임 여당 간부들과 국회 상임위원장들을 초청한 만찬을 주최한 사실을 알고 있었다. 車실장이 대통령 代役(대역)을 한 셈이었다. 朴 대통령이 자연스럽게 의문을 풀어 주었다.

"이 별채를 지은 뒤 집들이를 해야 되지 않겠느냐는 이야기가 많았는데, 마침 며칠 전 국회간부들이 새로 뽑혔으니 여당 신임간부들까지 합쳐서 (車실장에게) '네가 한잔 내라'고 얘기해서 어젯밤에 축하만찬이 있었지."

기자들은 朴 대통령이 車 실장을 '네'라고 부르는 데 놀랐다. 朴 대통령이 車智澈을 아들처럼 생각한다는 인상을 주었다. 朴 대통령은 신민당 총재 선거에 출마를 이날 선언한 金泳三 의원을 의식하는 발언을 많이 했다. 화제가 두 달 전 무너진 이란의 팔레비 정권에 미치자 朴 대통령은 목소리를 높였다.

"金泳三이가 호메이니처럼 될 것으로 보는 모양인데, 천만의 말씀이야. 얼마 전 다녀간 홀브룩(美 국무차관보)도 한국의 정치는 한국이 알아서 할 일이고 자기로서는 말할 입장이 아니라고 했어. 그 사람은 심지어 '공산정권만 아니면 다 좋습니다' 라고 말하더군."

朴 대통령은 金泳三 의원이 국회의장으로 지명된 白斗鎭에 대한 취임 반대 운동을 주도한 데 대해서 역정을 냈다.

"白 의장이 유정회이기 때문에 반대한다면 유정회 의원을 뽑은 통일주체국민회의에서 대통령도 선출하는 만큼 나에 대해서도 반대한다는 뜻이 아닌가. 金泳三이가 유신체제를 뒤엎겠다고 나선다면 우리는 '예, 예' 하고 손 놓고 있겠는가. 金泳三이가 지금까지 법을 위반한 것이 일곱 건이나 되는데 신민당 전당대회 전엔 절대로 안 잡아 넣을 거야. 金泳三이가 신민당 총재로 당선되는 일은 없을 거야. 내가 물러난 뒤 金泳三이든 누구든 집권해서 국민이 행복하게 된다면 그때는 언론이 밀어 주어도 좋아요. 언론이 국가와 민족을 위하는 충정에서라면 얼마든지 나를 비판해도 좋아요."

당시 白斗鎭 파동에서 야당 편을 가장 강하게 들었던 〈동아일보〉 청와대 출입 강성재 기자는 불안했다. 그는 다른 사람을 방패삼아 朴 대통령의 눈길을 피하고 있었는데 드디어 朴 대통령이 소리쳤다.

"〈동아일보〉 강 기자! 강 기자 어딨어?"

"예, 여기 있습니다."

"내가 물러가고 金泳三이가 잡으면 〈동아일보〉가 행복하게 될 것 같아! 〈동아일보〉가 그러면 안 돼!"

강성재 기자는 가만있다가는 朴 대통령의 힐난을 수긍하는 것처럼 될 것 같았다.

"언론자유가 있어야 국민들의 가려운 곳을 긁어 줄 수 있고, 아픈 곳도 치유할 수 있습니다. 그것이 정권에도 도움이 되는 것 아닙니까. 동아일보가 야당 얘기를 많이 쓴 것도, 정부에 대해서 비판적인 기사를 쓴 것도 사실이지만, 모두가 나라가 잘 되라는 뜻에서 한 만큼, 이 점 각하께서 오해가 없으셨으면 합니다."

40代 초반 기자의 대통령에 대한 말대꾸에 분위기가 딱딱해졌다. 다른 기자가 화제를 재빨리 돌렸다.

"각하, 이제 치안도 정착되었으니 야간 통행금지를 해제하실 용의는 없으십니까."

朴 대통령은 조금 전의 화제를 잊은 듯 금방 대답했다.

"통행금지를 해제해 달라고? 좋아요. 내일부터 밤 10시로 앞당기지 뭐."

웃음이 터졌다. 朴 대통령은 醉氣(취기)가 올라서 자신이 말을 너무 헤프게 했다는 생각을 했다.

"이건 모두 오프 더 레코드야. (옆자리에 있던 근혜 씨를 향해서) 아버지가 다 털어놓기 전에 사인을 보내!"

만찬은 저녁 7시 30분쯤 끝났다. 朴 대통령이 정원으로 나가 배웅할 자세를 잡자 기자들이 일렬로 서서 차례를 기다렸다. 평소 朴 대통령은 취해 있다가도 일어날 때는 금방 당당한 자세로 돌아가곤 했었는데 이날은 좀 흔들렸다.

朴 대통령과 악수할 차례가 강성재 기자에게 오자 林芳鉉 대변인이 "〈동아일보〉 강성재 기잡니다"라고 새삼 소개했다. 그 순간 다소 흔들리던 朴 대통령은 중심을 잡고서 "뭐, 강 기자라고?" 하더니 자신의 머리로 姜 기자의 이마를 들이받았다. 姜 기자가 어리둥절하게 서 있고 朴 대통령은 머리를 만지면서 "얼얼한데"라고 했다. 대변인과 딸이 朴 대통령을 양쪽에서 부축하여 청와대 본관 쪽으로 모셨다.

姜 기자는 흐트러진 대통령의 뒷모습을 바라보면서 뭔가 불길한 느낌을 지울 수 없었다고 한다. 그 10여 일 후 청와대 기자단은 무슨 일로 상춘재 아래 잔디밭에서 朴 대통령을 다시 만날 기회가 있었다. 21명의 출입기자들이 여기 저기 흩어져 앉자 朴 대통령이 정색을 하고 엄숙하게 말했다.

"듣자 하니 지난번에 내가 〈동아일보〉 姜 기자에게 실수를 한 모양인데 이 자리를 빌려 姜 기자에게 정식으로 사과합니다."

姜 기자는 '그 정도 가지고 공개 사과까지 하다니' 하는 생각으로 坐不安席(좌불안석)이 되었다. 朴 대통령은 아랫사람들에게 예의를 지키는 것에 철저했다. 이발 시간을 잡아두었다가 회의가 길어져 늦어지면 직접 이발소로 와서 이발사에게 미안한 표정을 지으면서 "한 10분만 기다려 주게"라고 말하고 갔다. 만취 상태에서 돌아와 아들 志晚 군의 침대에서 자고 일어나선 아들을 부른 뒤 "어제 밤에는 미안했다"고 사과하는 정도였다.

두 표 차이로 달라진 역사의 흐름

朴 대통령이 1979년 5월 30일로 예정된 신민당 전당대회에서 金泳三 의원이 총재가 되지 않도록 하겠다는 의지를 기자들 앞에서 공개적으로 표명할 정도였으니 車智澈과 金載圭의 落選(낙선) 공작도 집요했다. 전당대회 며칠 전 金載圭 부장은 롯데호텔의 한 방에서 金泳三과 만났다. 두 金 씨는 같은 金寧金氏였는데 이 만남을 주선한 사람도 문중 사람이 었다. 이 자리에서 金 부장은 "피는 물보다 진합니다"라면서 金泳三 의원에게 총재후보를 사퇴하도록 설득했다고 한다.

"대통령 각하의 생각이 확고합니다. 그분이 정권에 도전하는 사람을 가만두겠습니까."

金泳三은 이를 거절했지만 金載圭에 대해서는 인간적으로 호감을 가졌다고 한다.

신민당 전당대회 하루 전 연금 중이던 金大中 씨가 중국집 아서원에서 열리는 金泳三 지지자들 단합대회에 참석하려 한다는 첩보가 정보부에 입수되었다. 참모들은 金大中 씨의 외출을 강제저지할 것을 건의했다. 金載圭는 이 건의를 묵살했다.

金大中 씨는 이런 증언을 한 적이 있다.

"당시 나는 가택연금 상태에 있었다. 신민당 총재선거 기간 중엔 연금이 강화되었다. 나는 金泳三 씨를 밀기로 하고 趙尹衡 씨 등 총재경선 후보 세 명을 사퇴시켰다. 그런데 그날 저녁에 집을 나섰는 데도 이상하게 경찰이 나를 막지 않았다."

金大中 씨는 그 길로 아서원에 갔다. 약 800명의 대의원들이 모여 있

었다. 金 씨는 한 시간 동안 열변을 토했다. 그 요지는 "이번 총재 경선은 親유신파와 反유신파의 대결이다. 金泳三 후보를 전폭적으로 밀어야 한다"는 것이었다. 그는 택시 합승을 예로 들면서 李哲承 총재의 중도통합론을 비판했다.

"독재는 북쪽이고, 反독재투쟁은 남쪽인데, 정반대로 가는 사람들끼리 어떻게 중도통합을 한다는 것인가."

그가 1973년 8월에 도쿄에서 납치되어 온 후 처음 한 이 공개 연설은 다음날의 투표 결과에 큰 영향을 끼쳤다.

1979년 10·26 사건이 일어나기 며칠 전 당시 상공부 차관보 金東圭 씨는 金寧金氏 같은 문중사람이기도 한 金載圭 정보부장을 관사로 찾아 갔다. 이 자리에서 金 부장은 "내가 공작을 해보니 金泳三 씨를 밀어주어야겠다는 생각이 들었어. 그래서 金大中 씨의 연금을 하루만 풀어준 것이야. 누군가가 후세에 이 사실을 증언할 수 있어야 할 것 같아 말해 두는 거야"라고 하더란 것이다.

이런 증언들로 미뤄 金載圭가 정의감에서든, 車智澈에 대한 反感에서든, 또는 같은 문중 사람에 대한 애정에서든 일종의 사보타주를 하여 金泳三의 총재 당선을 도왔다는 가능성이 제기된다.

신민당은 1979년 5월 30일 마포의 새 黨舍(당사)에서 전당대회를 열고 2차 결선 투표에서 金泳三 후보를 새 총재로 선출했다. 金 씨는 재석 과반수보다 두 표가 많은 376표를 얻었고, 1차 투표 때 1위였던 李哲承 총재는 367표를 얻었다. 1차 투표 때 92표를 얻어 3등을 했던 李基澤 후보가, 마포 당사 앞에 모여 金泳三 지지 聲援(성원)을 보내고 있었던 대학생들과 청년당원들의 영향을 받아 결선 투표 때 金泳三 지지를 선언한 것이 결정적이었다.

한 作家의 방청기는 이 全黨대회의 역사적 의미를 이렇게 전했다.

〈나는 예상 밖의 대역전 드라마를 감격으로 수용할 수밖에 없었다. 정의는 반드시 승리한다는, 민주회복의 새 시대가 마침내 열렸음을 믿자고 그는 선언했다. 너무 격앙하여 기표소에 들어가 주먹을 치며 우는 대의원이 있었다. 그러다간 뛰어나와 손바닥이 깨지도록 박수를 치는 대의원이 있었던 것이다. 그만큼 이번 신민당 전당대회는 한마디로 희망이었다. 뭔지는 모른다고 나는 우선 말해 두겠다. 그러나 李哲承 씨가 아니고 金泳三 씨가 黨首(당수)가 된 것이 왜 이렇게 느낌이 다른 것일까〉

필자는 이때 金泳三 의원의 지역구인 부산 서구 지역 경찰서를 출입하는 사회부 기자였다. 金泳三 총재가 등장한 다음날 아침 경찰서로 나갔더니 정보과 형사 한 사람이 즐거운 듯 말했다.

"간밤에 우리 관내에서 소주가 많이 팔렸대요."

역사의 흐름이 두 표 차이로 크게 선회하기 시작한 것이다.

증강된 북한 군사력에 경악

1975년 7월 미국 메릴랜드州 포트미드의 국가안전보장국(NSA) 사무실에서 정보분석관 존 암스트롱은 북한군 탱크들을 항공촬영한 사진들을 살펴보다가 이상한 느낌을 받았다. 기존자료와 비교해 보니 탱크수가 엄청나게 늘어난 것이다. 비무장지대 북쪽 계곡에 전에는 없었던 戰車사단이 등장했고, 그 규모는 전차 270대, 장갑차량 100대 규모였다.

암스트롱은 북한군의 戰車가 기존 정보판단보다도 약 80%가 증강되었다는 결론을 내리고 이를 상부에 보고했다. 놀란 국방부는 35명의 분석팀을 새로 만들어 북한군 戰力에 대한 종합적인 再평가 작업에 들어갔다. 1978년 이 분석팀이 미군 고위층에 보고한 내용은 충격적이었다.

〈북한은 약 700개의 대대를 보유하고 있는데 이는 10년 전에 비교해 두 배 이상 증강된 규모이다. 전차와 야포는 한국군의 두 배이다. 지상군의 규모는 기존의 48만 5,000명에서 68만 명으로 늘었다. 이들 병력의 상당수는 휴전선에 근접 배치되어 있다〉

1979년 1월 초 이 분석내용이 육군에서 발간하는 〈아미 타임스〉에 누출되어 보도되었고, 미국의 언론은 이를 크게 인용하여 보도했다. 주한미군 철수를 강행하려던 카터 대통령의 논리적 근거를 허무는 보고서였다. 그 전에 이미 이 보고를 받았던 카터 대통령은 1978년에 1개 전투여단 병력을 철수하려던 당초의 계획 규모를 축소하여 1개 대대 800명과 非전투요원 2,600명만을 철수하도록 했던 것이다.

1979년에 들어서 카터의 주한미군 철수 계획은 더 이상의 추진력을 상실한 상태가 되었다. 카터는 2월 9일 상원의 요청을 받아들이는 형식으로 '새로 평가된 북한 군사력의 영향을 검증하는 동안 추가 철군을 보류한다'는 결정을 발표했다.

미국 백악관의 국가안보위원회에서 東아시아 문제를 담당하면서 주한미군 철수 반대 입장에 섰던 윌리엄 글라이스틴 씨는 1978년 여름 주한미국대사로 부임했다. 그는 7년 전에 쓴 회고록에서 "아무리 생각해 봐도 카터의 철군 추진 의도가 무엇이었는지 알 수 없다"고 혹평했다.

〈다행히 미국 정치제도의 안전밸브는 그 성능을 유감 없이 발휘했다.

대통령의 보좌관들은 효과적으로 그를 설득했고, 의회는 대통령을 공론의 場으로 끌어내 언론과 함께 공정한 검증을 했다. 카터 대통령은 자신의 고집을 꺾고 국가적 판단을 수용했다〉

글라이스틴 前 대사가 묘사한 카터의 인권정책은 요사이 盧武鉉 정권이 벌이는 소동과 흡사하다. 그는 회고록에서 "카터는 인권문제에 병적으로 집착했다"고 썼다.

〈그는 인권문제 기구를 신설했다. 인권운동에 가담했던 친구들을 끌어들여 인권문제 전도사 역할을 하도록 했다. 카터는 그들에게 의회內의 동조자들과 협조하도록 지시하고, 행정부內 인사들에게는 인권문제에 대한 관심이 업무평가의 주요 척도가 될 것임을 강조했다.

정부인사들과 인권운동가들의 과거사 논쟁과 긴장관계가 밖에서 안으로 옮겨지는 결과를 빚었다. 인권문제로 특채된 사람들은 한국 정부와 관련된 거의 모든 사항에 인권문제를 최우선적으로 고려하기를 바랐다. 거의 매일 그들은 한국 정부를 맹렬히 비난하는 성명을 냈다〉

글라이스틴 前 대사는 자신이 이들 인권그룹과 맞서 한국을 변호하는 입장에서 일했다고 주장했다. 그는 인권문제 담당이던 국무부 차관 워렌 크리스토퍼(클린턴 시절의 국무장관) 그룹 회의에 참가할 때마다 피고가 된 기분이 들었다고 회고했다.

〈대부분의 회의 참석자들이 아시아에 대해서는 무지했다. 아시아 국가들이 다른 분야에서 이룩한 성과를 염두에 두어야 한다는 내 주장을 받아들이지 않았다. 한국의 경우 안보를 공고히 하고 경제발전을 이룩했으며 富와 교육기회의 공정분배, 국민들의 사회적 力動性(역동성)을 무시해선 안 될 일이었다. 한국의 농민들과 노동자들에게는 이런 업적이 중산층이 추구하던 개인의 정치권리보다 더욱 중요했다〉(중앙M&B 刊, 글라이스틴 회고록-《알려지지 않은 역사》에서 인용).

글라이스틴이 개탄한 것은 카터의 인권전도사들이 朴 대통령 개인에 대한 공개적 비난을 통해서 인권을 개선해 보려고 하는 시도였다. 그는 '우리가 朴 대통령에게서 합법적 지도자의 망토를 벗기는 것으로 보이면 또 다른 쿠데타를 불러와 다른 군부 지도자가 그 자리를 채울 뿐이며 그런 사람이 朴正熙보다 더 민주적일 것이라는 보장도 없을 것이었다. 그들은 세상물정을 모르는 소리만 했고, 반대로 그들은 나를 아시아 독재정권의 옹호자로 여겼다'고 기록했다.

민주화운동 在野 세력의 공세가 거세지고 선명투쟁 노선의 金泳三 총재가 등장하던 1978년에서 1979년 상반기 미국과 한국은 인권문제, 주한미군 철수 문제, 코리아게이트 사건 등으로 불편했던 관계를 해소하려는 노력을 시작한다.

1978년 중반에 이르면 코리아게이트 사건 조사도 종결단계로 접어들었다. 11월 중간선거가 끝나면 신문지면에서 사라질 것이라고 판단한 글라이스틴 대사는 1979년에 韓美 頂上회담을 개최해 韓美관계를 정상화시키려는 계획을 홀브룩 차관과 밴스 국무장관에게 보고해 허락을 받았다. 워싱턴에선 朴 대통령이 인권개선 노력을 보여야 頂上회담이 가능하다는 입장을 보였다.

글라이스틴 대사는 1978년 10월 25일 朴 대통령을 만나 頂上회담에 관한 미국 측 의사를 전했다. 朴 대통령도 頂上회담에는 긍정적이었으나 인권개선을 조건으로 거는 데 대해서는 거부반응을 보였다. 글라이스틴 대사는 北京(북경)에서 미국 선교사 아버지로부터 태어나 중국에서 자란 사람이었다. 예일 대학교를 졸업한 이후 직업외교관이 되었고, 東아시아를 전공으로 하였다. 그는 아시아 사람들을 다루는 방법을 알고 있었다.

글라이스틴 대사는 인권개선의 필요성을 朴 대통령에게 건의할 수 있는 인물들과 자주 접촉을 했다. 그와 CIA 지부장은 朴東鎭 외무장관과 金載圭 중앙정보부장을 만나 솔직한 이야기를 나눴다. 당시 美 CIA 한국 지부장은 로버트 브루스터였다.

朴 대통령은 1978년 12월 한국 인권문제의 상징적 인물인 金大中 씨 등 정치범 상당수를 석방하였다. 홀브룩 차관보는 1979년 3월 朴 대통령을 면담하고 頂上회담의 성공을 위해서 긴급조치 9호를 해제하고 구금자를 석방하면 주한미군 철수 문제에서 호의적 성과가 있을 것임을 암시했다. 즉, 주한미군 철수 포기와 인권개선을 맞바꾸고자 한 것이다.

頂上회담 준비과정에서 카터는 세상물정을 모르는 지도자로서의 면모를 또 다시 드러냈다. 그가 한국을 방문하는 동안 朴 대통령과의 회담에 金日成을 동참시키고 싶다는 뜻을 글라이스틴 대사에게 전하고 한국 측과 협의하라고 지시한 것이다. 글라이스틴 대사는 韓美관계가 정상화되었음을 과시하려고 마련한 회담장에서 朴 대통령의 敵을 돋보이게 하려는 이런 짓을 강요하면 사임하겠다고 워싱턴에 통보했다.

美 국무부에선 카터의 체면을 세워 주기 위해서 頂上회담 때 북한 측에 韓·美·北 3者회담을 제의하는 방향으로 한국 측과 협의하도록 수정지시했다. 1979년 6월 4일 글라이스틴 대사가 朴 대통령을 만나 조심스럽게 이 제안을 설명하니, 朴 대통령은 '북한이 그런 제안을 받아들일지는 의심스럽다면서 한번 해보자'는 정도의 반응을 보였다. 朴 대통령

은 이날 핵심적인 질문을 던졌다.

"나는 카터 대통령이 우리 편인지, 아니면 이집트와 이스라엘 간의 캠프 데이비드 회담에서처럼 남북한 사이에서 중재자로서 중간위치를 고수할 것인지 궁금하다."

카터 대통령은 金大中 씨를 만나고 싶어했다. 글라이스틴 대사는 이 발상에 강력히 반대하는 電文을 보냈다.

〈만약 金大中 씨와의 만남을 고집한다면 訪韓의 긍정적 성과 가능성은 사라지고 분위기는 즉시 냉각될 것이며 朴 대통령은 이를 개인적 모욕으로 받아들여 우리의 모든 노력을 수포로 돌리고 말 것이다〉

카터는 밴스 국무장관에게 朴 대통령과의 회담을 취소하더라도 金 씨를 만나겠다고 화를 냈으나 결국 고집을 꺾었다.

朴 대통령, 카터에게 '안보강의'

1979년 6월 29일 카터는 도쿄에서 7개국 경제 頂上회담을 마치고 김포로 들어오게 되어 있었다. 김포 지역의 안개로 착륙이 늦어져 영접 나간 朴 대통령은 거의 두 시간을 기다려야 했다. 보도진에 둘러싸인 채 朴 대통령과 악수만 나눈 카터 대통령은 시동을 걸고 대기 중이던 美 해병대 헬기를 타고 회오리바람만 남긴 채 동두천 미군부대로 떠났다.

朴東鎭 외무장관이 곁에서 지켜보니 '양 대통령은 非사교적인 성향이 있을 뿐 아니라 초면인 관계로 악수는 했지만 주변 사람들에게 다소 서먹서먹한 인상을 주었다' (朴東鎭 회고록 《길은 멀어도 뜻은 하나》, 동아출판사 刊)고 한다.

6월 30일 여의도 광장에서 환영행사를 같이 하고 청와대로 들어온 두 대통령은 제1차 頂上회담에 들어갔다. 미국 측에서는 밴스 국무장관, 브라운 국방장관, 브레진스키 안보보좌관, 글라이스틴 대사, 배시 주한미군 사령관이 배석했다. 한국 측에선 崔圭夏 총리, 朴東鎭 외무장관, 盧載鉉 국방장관, 徐鐘喆 안보특보, 金溶植 주미대사, 金桂元 비서실장, 그리고 통역을 맡은 崔侊洙 의전수석 비서관이 배석했다.

朴 외무장관은 韓美 간에 사전에 협의한 회담진행 방식을 미리 朴 대통령에게 보고해 두었는데, 회담은 처음부터 이상하게 흘러갔다. 朴 대통령은 회담을 어떻게 진행하겠다는 것을 설명하여 상대방의 양해를 구하는 관례를 무시하고, 곧 바로 주한미군 철수 문제를 꺼냈다. 회담을 준비하면서 미국 측이 가장 신경을 썼던 것이 이 부분이었다. 美 국무부 홀브룩 차관보는, 이미 주한미군 철수 계획은 사실상 포기된 마당에 朴 대통령이 새삼 이 문제를 거론해서 카터의 자존심을 상하게 해선 안 된다고 金溶植 대사에게 신신당부를 해놓았을 뿐 아니라 여러 경로를 통해서 재삼 다짐을 받아 놓았던 것이다.

朴 대통령은 자신이 메모해 둔 종이를 꺼내 놓고 일방통행식이고 강의조의 발언을 시작했는데, 이것이 통역시간을 포함해 45분간 진행되었다. 배석했던 글라이스틴 대사는 이를 '장황하고 딱딱한 연설조의 주장'이었다고 표현했다. 朴 외무장관은 "일방통행식 발언이었을 뿐만 아니라 통역을 통해 하는 말이었으므로 매우 지루한 시간"이었다고 했다. 朴 대통령이 강조한 것은 주한미군이 한국의 방위뿐 아니라 東아시아와 자유세계의 방어를 위해서 얼마나 중요한 것인가 하는 점이었다. 金溶植 대사가 보니 카터 대통령은 펜을 들고 메모지에 무엇인가 쓰는 자세를

취했는데 경청하는 것 같지 않았다.

朴 대통령은 자신의 발언에 열중하여 카터의 불쾌감을 느끼지 못하는 듯했다. 느꼈다고 하더라도 약 3년간 카터의 인권정책과 철군계획으로 속이 상할 대로 상해 있었던 그로서는 하고 싶은 이야기를 쏟아 놓아야 할 판이었다. 朴 대통령은 손가락으로 탁자를 '탁탁' 치면서 '안보강의'를 계속했는데 이는 스트레스를 받으면 나오는 행동이었다.

카터의 턱 근육이 조용히 씰룩거렸다. 해럴드 브라운 국방장관은 옆자리의 글라이스틴 대사에게 "카터 대통령의 표정을 보니 매우 화가 나 있는 것 같다"고 귀띔했다. 카터는 메모를 써서 브라운 장관과 밴스 장관에게 슬쩍 넘겼다. 거기엔 '만약 朴正熙가 이런 식으로 나온다면 주한미군 전원을 철수시키고 말겠소'라고 적혀 있었다.

朴 대통령의 연설조 발언이 끝나자 카터도 반격을 시작했다. "인구도 많고 경제력도 우세한 한국은 왜 북한이 군사력의 優位(우위)를 점하도록 허용했는가"라고 공박했다. 韓美관계의 정상화를 목표로 했던 회담이 바야흐로 舌戰場(설전장)이 될 판이었다.

글라이스틴 대사는 "과거 여러 번 頂上회담에 배석했지만 그날의 두 사람처럼 회담 자체를 엉망으로 만든 지도자들은 본 적이 없다"고 회고록에서 고백했다. 그는 "韓美관계 개선을 위한 우리의 노력이 물거품이 될지도 모른다는 우려 외에도 한국에 주재하는 미국의 고위 외교관으로서 개인적 실패감을 억누를 수 없었다"고 한다.

회담 중 휴식이 있었다. 미국인들은 그들끼리, 한국인들은 따로 모였다. 두 頂上의 험악한 언쟁으로 분위기가 무거워져 서로 대화조차 나누려 하지 않았다. 휴식이 끝나자 두 대통령은 기록자만 데리고 단독 회담에 들어갔다. 글라이스틴 대사는 별실에서 기다리는 것이 '정말로 고통스러웠다'고 했다.

단독회담은 본격적인 공방전이 되었다. 카터는 "朴 대통령이 요구한 철군계획의 완전한 동결을 거부하고 아무런 약속도 할 수 없다"고 말했다. 그는 또 "한국 정부가 방위비를 더 지출해 남북한 戰力 불균형을 감소시켜야 할 것이 아니냐"고 들이댔다. 朴 대통령은 "방위비 지출을 늘리는 데는 시간이 걸린다"면서 "한국은 북한과 여러 가지 여건이 다르다"고 지적했다. 드디어 카터가 인권문제를 들고 나와 긴급조치 9호의 해제를 요구했다. 朴 대통령은 북한의 위협으로 가까운 장래에 해제하는 것은 어렵다면서 "助言(조언)에 유의하겠다"고 넘겼다.

단독회담을 하고 나오는 두 대통령의 표정은 밝지 않았다. 카터 대통령은 청와대를 떠나면서 미국대사 관저로 향하는 자신의 車에 밴스·브라운·브레진스키, 그리고 글라이스틴 대사를 태웠다. 그는 즉시 글라이스틴 대사를 힐난했다. 그 사이 차가 한 10분간 청와대 본관 앞을 떠나지 못했다. 전송 나온 金桂元 비서실장은 차가 떠날 때까지 한참 기다려야 했다. 대사관저로 가는 車中에서도 카터의 공격은 계속되었다. 글라이스틴 대사를 향해서 삿대질까지 했다.

"왜 그는 한국의 군사비 지출을 최소한 미국 수준(GDP의 6%)으로 늘리지 않는가. 왜 그는 정치적 자유화를 위한 조치에 반대하는가."

글라이스틴은 朴正熙를 위한 변호를 하지 않으면 안 되었다.

"朴 대통령은 철군문제에 있어서 만족스러운 대답을 듣지 못해 난감했을 것입니다. 한국은 개발도상국으로서는 과도한 방위비를 부담하고 있습니다. 미국은 과거 한국 군부의 독재적 경향을 우려해 의도적으로 방위비 증액 요구를 자제해 왔습니다."

카터는 글라이스틴 대사의 주장을 일축하고 또다시 朴정권의 인권탄압을 규탄했다. 자동차가 대사 관저 현관 앞에 도착했는 데도 車中 토론은 계속되었다. 밴스와 브라운 장관도 끼어들어 몰리는 글라이스틴을 감쌌다. 욕을 실컷 먹은 글라이스틴은 카터에게 물었다.

"朴 대통령이 무엇을 해주기를 기대하는가?"

카터는 두 가지를 주문했다. '한국이 국방비 지출을 국내총생산(GDP)의 6%까지 높일 것'과 '괄목할 만한 인권신장 조치 약속을 받아 내라'는 것이었다.

글라이스틴 대사는 "각하가 돌아가시기 전에 최선의 결과를 만들도록 하겠다"고 다짐했다. 그제서야 카터는 차에서 내렸다. 카터를 예방하기 위하여 뒤따라온 崔圭夏 국무총리, 朴東鎭 외무장관들이 탄 승용차가 긴 행렬을 이루며 대사 관저 정문을 지나 길에까지 늘어서 있었다.

그날 오후 밴스 장관과 홀브룩 차관은 金溶植 대사를 통해서, 글라이스틴 대사는 金桂元 비서실장과 崔侊洙 의전수석을 통해서 朴 대통령에게 두 가지 주문을 전했다. 그날은 토요일이었는데 오후에 金桂元 실장이 글라이스틴 대사에게 연락을 취했다. '전날 頂上회담에서 충분히 설명하지 못한 부분이 있으므로 내일 오후 밴스 국무장관을 朴 대통령이 따로 만나기를 원한다'는 전갈이었다. 金실장은 대사에게 "좋은 소식을 기대해도 좋다"고 말했다.

이런 경과가 카터 대통령에게 보고되어 그의 기분도 좋아졌다. 6월 30일 밤 청와대 國賓(국빈) 만찬장의 분위기도 한결 부드러웠다. 7월 1일 朴 대통령은 밴스 국무장관에게 방위비 지출을 GDP의 6%로 올릴 것을 약속하고, 카터 대통령의 인권에 관한 생각을 '이해한다' 고 말했다.

카터 대통령이 그날 오후 離韓 인사차 朴 대통령을 찾아왔을 때도 실속 있는 대화가 오고 갔다. 먼저 카터 대통령은 "방위비 증액 요구를 받아들여 준 데 대해서 감사하고, 워싱턴으로 돌아가면 주한미군의 계속 주둔에 대한 朴 대통령의 희망을 고려해 '만족할 만한' 결론을 내겠다"고 약속했다.

이는 朴 대통령이 오랫동안 고대하던 말이었다. 끝으로 카터는 인권 개선 조치가 양국 간의 가장 중요한 문제임을 강조했다. 朴 대통령은 "현재로서는 어떤 조치를 취해야 할지 확언할 수 없으나 각하를 만족시키기 위해서 최선을 다하겠다"고 말했다.

두 사람은 김포공항으로 향하는 리무진에 동승했다. 카터는 朴 대통령에게 "종교가 있느냐"고 물었다. 어린 시절 고향에서 교회의 주일학교에 다닌 경험밖에 없는 그는 "없다"고 했다. 카터는 "각하께서 예수 그리스도를 만나게 되기를 희망한다"고 말했다. 그는 침례교회 목사 김장환 씨를 보내 "우리의 신앙에 관해 알려드리고 싶다"고 덧붙였다. 朴 대통령은 평소부터 잘 아는 金 목사를 환영하겠다고 했다.

카터가 탄 전용기가 이륙하자 朴 대통령은 드문 웃음을 짓더니 글라이스틴 대사를 껴안았다. 朴正熙로서도 스트레스를 크게 받았던 3일간이었다. 이로써 정권적 차원에서 가장 큰 골칫거리인 韓美 갈등이 완전히 해소되었다고 그는 생각했을 것이다. 글라이스틴 대사도 그렇게 낙관했다. 한국 현대사는 그러나 권력자의 희망대로 굴러가지 않는다는 특징이 있다. 또 다른 진짜 위기가 막 시작되려 하고 있었던 것이다.

제48장

釜馬사태

朴正熙

"오늘 데모 난 것 압니까?"

1979년 10월 16일 저녁 부산 〈국제신문〉 사회부 전화는 불이 났다.

"오늘 데모 난 것 압니까?"

"예."

"왜 데모 기사 안 났지요? 나는 30년 독자인데요, 내일부터 신문 끊겠습니다."

"미안합니다."

"이 개새끼야! 할복이나 해라!"

또 다른 전화가 울린다.

"그 쪽 사정이 어렵다는 것도 압니다만, 용감한 학생들을 생각해서 잘 해주시오."

이런 전화를 받다가 지친 기자들은 전화기를 내려놓기도 했다. 이날 낮과 밤에 사진기자들은, 시위군중을 향하여 플래시를 터뜨린다는 것은 생명을 거는 일임을 알게 된다. 언론기관 표시 차량과 몇 개 親與(친여) 언론사는 投石(투석)의 표적이 되었다.

"보도도 못 하는 기자는 필요없다."

시위대의 이 말에 대답할 기자는 아무도 없었다. 이렇게 해서 釜馬사태는 기자들이 찍은 시위장면이 거의 없는 이상한 사건이 되었다.

〈국제신문〉 사회부 趙甲濟 기자(당시 34세)는 밤 8시 부산 남포동 거리에 있었다. 교련복을 입은 한 고교생이 길 건너편의 경찰을 향해 돌을 집어던졌다. 이때 기자가 잘 아는 서부경찰서의 한 사복 경위가 학생을 붙들어 종아리를 몇 번 걷어찬 뒤 자리를 떴다. 다른 시민들은 그가 학생의 파괴적인 행동을 언짢게 생각하는 양식 있는 분이라는 생각을 하는 듯했다.

거리는 캄캄했다. 일부 음식점과 술집을 빼고는 다 셔터를 내렸다. 어둠 속으로 사람 덩어리들이 몰려다녔다. 육교 위와 계단에까지 사람들이 몰려 시위를 구경하고 있었다. 부영극장 앞에서 한 쉰 살 먹은 것 같은 여자가 쉿소리로 부르짖고 있었다.

"이놈들! 아까운 세금으로 이런 짓만 하고 있어!"

아무 죄도 없는 행인이 최루가스를 마셔야 하는 데 화가 난 것이다.

저쪽 찻길에서는 '우르르' 데모대가 달아나는 것이 보였다. 경찰이 몽둥이를 휘두르면서 쫓아가고 있었다. 한 경찰관은 시위 구경꾼들을 향해서 사과탄을 던졌다. 어둠 속의 폭발음은 총성처럼 들렸다.

부산극장 앞이 갑자기 소란스러워졌다. 한 100명쯤 되는 학생들이 손뼉을 치면서 "독재타도", "유신철폐"를 외치고 있었다. "언론자유"를 외칠 때 趙 기자는 어둠 속에서도 얼굴이 화끈거렸다. "온다!"는 소리와 함께 경찰에 쫓긴 시위대가 몰려왔다. 학생들은 달아났다가 금세 제일극장 앞에 다시 모여 구호를 외쳐 댔다. 불 꺼진 동아데파트 한 모퉁이에선 '우당탕탕' 부서지고 부딪치는 소리가 들려왔다. 경찰대를 향해서 돌멩이와 유리병이 날아갔다. 어둠을 믿고서 소년들까지 끼어 옥상에서 지상에서 던지고 있었다.

밤 8시 40분, 부산진경찰서 병력은 중앙동 반도호텔 앞에 진을 치고 있다가 부영극장 앞으로 이동하라는 명령을 받았다. 서장 안연세 총경의 지휘로 100명 병력은 기동순찰차, 두 대의 작전트럭, 서장 승용차를 앞세우고 남포동 지하도쪽으로 간선도로를 따라 행진했다. 그때는 500

명가량의 시위대가 남포파출소를 습격한 직후였다. 스무 평 남짓한 파출소는 시위대가 던진 유리병·벽돌·돌멩이로 폐허가 되어 버렸다.

기동순찰車와 작전車가 교통체증을 일으킨 차량행렬 사이에 끼였다. 작전트럭에 탄 경찰관들이 車에서 뛰어내려 경계태세를 취하지만 늦었다. 군중은 이들을 향해 돌과 유리병으로 포격을 한 뒤 각목을 들고 몰려오기 시작했다. 서장車가 맨 먼저 달아났다.

시위대는 기동순찰차의 유리창을 박살내고 운전사를 각목으로 쑤셔댔다. 다른 무리는 차를 뒤엎으려고 차체를 들썩들썩거렸다. 운전사는 차가 기우뚱할 때 뛰어나와 남포파출소 쪽으로 뛰었다. 시위대는 순찰차를 모로 세웠다. 기름통에서 휘발유가 새나왔다. 누군가가 성냥불을 당겼다.

"펑"

폭음과 함께 '부산1가 1163' 포니는 불길에 휩싸였다.

뒤편에서 부산진경찰서 경비과장 이무영 경정(후에 경찰청장 역임)은 이 불길이 포니 바로 뒤에 있는 작전차에 옮겨 붙을 것 같아 보였다. 이 엘리트 학사 경정은 서른 명의 부하들을 돌아보면서 "나를 따르라"고 명령하고는 작전차를 향해 뛰어갔다. 그를 따르는 부하들은 아무도 없었다. 李 경정은 작전차 운전석으로 올라갔다. 핸들이 뜨끈뜨끈했다. 차를 뒤로 빼려 했으나 고장이 났는지 말을 듣지 않았다. 이때 시위군중이 작전트럭으로 몰려와 차 위로 기어올랐다.

李 경정은 운전석에 갇혀 버렸다. 데모대는 차 위에서 쿵쿵 발을 굴러댔다. 그들은 각목으로 운전석 뒤 유리창을 깨고는 李 경정을 들쑤셨다. 그는 운전석 양쪽 문을 잠그고는 뒤통수를 감싸고 쪼그리고 앉았다. 군

중은 트럭을 뒤엎을 모양이었다. 꽁무니를 들었다가 놓았다가 하는 것이었다. 이때 한 마흔 살 되어 보이는 사람이 운전석 옆 창문을 두드렸다.

"내가 책임질 테니 나오시오"

"정말입니까."

"안심하고 빨리 나와요. 차가 넘어갑니다."

李 경정은 창문을 열고 뛰어내렸다. 그 시민이 李 경정을 안다시피 하여 어두운 골목으로 끌고 갔다. 그러면서 모자와 웃옷을 벗겼다. 러닝셔츠 차림이 된 李 경정은 '고맙다'는 말만 남기고 길 건너편으로 뛰었다.

"펑"

작전차에서 불길이 솟아오르는 것을 그는 어깨너머로 쳐다보았다.

부산진경찰서 소속 '부산7가 1335' 작전차에서 불길이 치솟았을 때 趙甲濟 기자는 그곳에서 한 100m 떨어진 부영극장 앞 육교 밑에 있었다. 폭음과 함께 치솟은 불길은 한 30m쯤 올라갔다. 사방이 환해졌다. 이어서 최루탄 쏘는 폭음이 터졌다. "우―" 하면서 시위군중이 몰려가는 소리, 유리창이 와장창 깨지는 소리, 비명, 폭음, 불길의 조명이 잊을 수 없는 영화 같은 장면을 연출했다. 한 폭 歷史畵(역사화)의 민중봉기 장면이었다. 암흑의 도심지에서 경찰 작전차가 뒤집히고 화염에 휩싸이는 장면은 30代 중반의 사건기자로 하여금 무심코 이런 말을 하도록 했다.

"한 시대가 넘어가는 것인가."

곁에 있던 선배기자는 1960년에 3·15 마산 義擧(의거)를 취재한 분이었다. 그가 말했다.

"아무래도 예감이 이상해. 적어도 내일은 위수령이야"

이날 아침까지만 해도 朴正熙 정권은 바늘 하나 들어갈 틈이 없을 정도로 완벽한 체제였다. 대학교에서 학생이 벽에다가 反정부 낙서만 해도 경찰이 찾아내어 구속시킬 정도였으니 도심 시위는 물론이고 학내 시위는 생각할 수 없었다. 그런데 부산대학교에서 오전에 시작된 시위는 오후엔 도심지로 번져 시민들이 가세했고, 밤에는 드디어 파출소를 습격하고 작전차를 불태우는 소요사태로 확대되었다. 적어도 부산에선 朴 정권이 하루 사이에 무력화되었다.

이날 사태의 충격은 시위의 규모나 强度(강도)가 아니었다. 완벽하게 보이던 유신체제에 대한 상상을 뛰어넘는 일격이 연쇄반응을 부르는 충격파가 된다. 학생들뿐 아니라 중산층과 저변층이 가담한 民亂(민란) 형태의 소요는 1961년 朴 정권이 출범한 이후 처음이었다.

1964년 6월 3일 비상계엄령을 부른 서울의 韓日회담 반대시위도 대학생들이 主力이었지 일반 시민의 참여는 거의 없었다. 부산은 朴 대통령이 한때 군수기지사령관으로 근무했던 곳이 아닌가. 자유당 정권 타도를 계획하고 있던 朴 소장은 4·19 때는 부산지구 계엄사령관으로서 시위대에 호의적인 태도를 보였던 인연이 있다. 그 부산에서 일어난 大시위는 朴 정권엔 무엇보다도 심리적인 大타격이 되었다.

1979년의 드라마

1979년은 1945, 1950, 1960, 1961처럼 연도만 떠올려도 그해의 성격이 잡히는 그런 해였다. 1979년 일어난 여러 사건들은 釜馬사태를 매개로 하여 '10·26'과 '12·12'라는 두 개의 대폭발로 귀결되었다. 12·12 사건은 다음해 '5·18'이란 또 하나의 대사건을 만든다. 12·12와 5·18

사건은 10·26 사건의 後폭풍이라 할 수 있다.

결국 10·26 사건은 그날 하룻동안 있었던 일로 해서 18년간의 朴正熙 체제를 무너뜨리고 그 뒤 13년간 이어질 全斗煥-盧泰愚 정권을 만들어 낸다. 한국 현대사 60년 중 30년을 결정한 24시간이었다. 사건의 형식은 우발적이라도 내용은 필연적이었다. 즉 인과관계로 설명이 가능한 사건이다. 물론 시간이 흘러 지금 그 시대를 역사적으로 뒤돌아볼 때 그 전말이 이해되는 것이지, 그 사건의 한가운데 있었던 사람들은 사태의 자초지종을 이해하기 어려웠다. 과거는 확실하지만 현재는 늘 모호하고 미래는 불안한 것이다.

1979년 초에 있었던 이란 팔레비 정권의 붕괴와 호메이니 정권의 등장은 석유값을 배럴당 30달러 선으로 올려놓았다. 제2차 석유파동이 온 것이다. 1973~1974년의 1차 석유파동 때 朴正熙 정부는 벌여 놓은 중화학공업 투자계획을 접지 않고 오히려 '호랑이 굴로 들어가 호랑이를 잡는' 식의 과감한 中東건설 시장 진출로 이 위기를 轉禍爲福(전화위복)의 계기로 삼았다. 1977년이 가면 中東에서 벌어들인 외화로 中東에서 석유를 사 오고도 남을 정도가 되었다. 1979년의 제2차 석유파동은 1차 위기 때처럼 석유를 구하기 어려운 상황을 만들지는 않았으나 정치안정기였던 1차 위기 때와는 달리 국내 정치위기와 맞물려 버린다. 경제위기와 정치위기의 결합이 釜馬사태를 거쳐서 10·26 사건으로 폭발하는 상황전개의 밑그림이었다.

朴 대통령은 1975년 4월 월남 패망 직후 국민들이 안보에 불안을 느끼는 분위기를 이용하여 '긴급조치 9호'를 선포함으로써 야당·언론·학생·在野운동권의 도전을 봉쇄할 수 있었다. 1978년 말까지 계속된 4년

간의 정치안정기에 朴 대통령은 '정치비용을 최소화하여 국력을 조직화하고 능률을 극대화' 할 수 있었다. 그는 이런 효율적인 유신체제를 이용하여 수출확대, 중화학공업 건설, 자주국방력 건설(방위산업 건설), 새마을운동, 中東건설 시장 진출을 성공시켰다. 수출 100억 달러, 1인당 국민소득 1000달러라는 목표는 3년 앞당겨 달성되었다.

아파트와 마이 카 시대가 열리고 중산층이 두터워지기 시작했다. 자신감이 붙은 朴 대통령은 1978년 12월 12일의 총선거에 官權(관권) 개입을 금지시켰다. 공정하게 치러진 이 선거에서 야당인 신민당이 여당인 공화당에 득표율로는 1.1%를 앞섰다. 1976년부터 中道통합이란 온건노선으로 신민당을 이끌었던 李哲承(이철승) 총재는 그러나 자기 성공의 희생자가 되어버린다. 李 총재는 안보 분야에선 朴 정권에 협조하되 국내정치 분야에서는 경쟁한다는 소신으로 야당을 이끌면서 12·12 총선의 善戰(선전)을 가져왔으나 이 총선 결과는 李 총재의 온건노선을 침몰시키고 金泳三·金大中 세력의 강경노선을 강화시킨다.

12·12 총선을 패배로 보지 않았던 朴 대통령도 공화당內의 引責(인책) 여론에 밀려 청와대와 내각의 중심인물들을 교체한다. 공화당이 선거의 敗因(패인)으로 분석했던 부가가치세 도입을 주도한 것은 金正濂 경제팀이었다. 金正濂 비서실장은 9년 동안 사실상 경제팀의 수장이었는데 南悳祐 경제부총리-金龍煥 재무장관과 함께 물러나고 申鉉碻 경제부총리 팀이 들어섰다. 이 새 경제팀은 성장위주의 경제정책을 숨고르기 하려고 했다.

이 인사의 핵심은 金正濂이 물러난 자리에 金桂元 씨가 들어온 일이다. 金正濂 씨는 도승지役에 충직하면서 내각과 권력기관이 원활하게 돌아가도록 하는 윤활유 역할을 했었다. 그렇게 할 수 있는 행정능력과 생활철학을 가진 사람이었다. 金桂元 씨는 인간됨은 유순했으나 비서실장에게 요구되는 행정 및 조정 능력이 부족했고, 대만대사로 7년간 한국을 떠나 있어 무엇보다도 國內 정세에 어두웠다. 그는 그 9년 전에는 중앙정보부장직을 감당할 수 없어 1년 남짓 하다가 교체된 사람이었다. 그런 金 씨가 사양하자 朴 대통령은 "국정은 내가 다 할 터이니 말동무나 해달라"고 하면서 비서실장에 임명했다. 이 인사는 朴 대통령이 밀려오는 波高(파고) 앞에 서서 긴장이 풀려 있었음을 짐작케 한다.

金桂元 비서실장이 부임한 지 한 달도 되지 않아 벌써 권력의 핵심부에서는 균열이 생기기 시작했다.

경호실장과 비서실장 갈등

金載圭는 1979년 11월 육군본부 검찰부에서 한 진술에서 이렇게 말했다.

〈문: 金桂元 실장과 車智澈 경호실장과의 평소의 관계를 아는 대로 진술하시오.

답: 金桂元 실장이 부임하고 2~3주일 후에 실장실에 찾아갔더니 車 실장에 대한 불만을 터트리면서 "저 친구하고 담판을 내든지 무슨 수를 써야겠다"고 벼르는 말을 들은 바 있고, 그 후에도 자세한 날짜는 기억할 수 없으나 車 실장과의 의견충돌 및 사소한 시비로 큰 불만을 토로하는 것을 수차에 걸쳐 들은 바 있습니다. 두 사람 간의 관계는 성격상으로 보아서도 근본적으로 좋은 관계는 아니라는 것은 단정할 수 있습니

다〉

　金桂元 실장의 눈에 비친 車智澈과 金載圭의 관계는 어떠했던가? 10·26 사건 뒤 육본검찰부에서 한 金桂元 씨의 진술을 읽어 보자.

　〈문: 비서실장 재직 時 차지철과의 관계를 상술하시오.

　답: 개인적인 친분관계는 별로 없고 비서실장 직책을 맡은 후 자주 접촉하게 되었을 뿐입니다. 그리고 차실장의 무례한 행동에 대하여 못마땅하게 여겼는데, 본인이 1978년 12월 22일 비서실장으로 부임한 이래 첫 번째 대통령각하 면접실에서 처음 만났음.

　(본인) "외국에 오래 나가 있어 사정이 어두워 잘 모르니 지도해 주시오."

　(차지철) "염려마시고 같이 잘 합시다."

　라는 대화를 나눈 것으로 기억합니다.

　얼마 안 있어 차지철의 사무실로 부임 인사차 정식으로 방문하였는데 차지철은 그 답례로 인사를 오는 것이 예의인 데도 한 번도 본인의 사무실을 방문한 일이 없어 괘씸하게 생각하였습니다. 또한 보고하러 가다가 본인에게 할 이야기가 있으면 2층의 본인 사무실로 올라와 이야기하는 것이 예의인 데도 불구하고 차지철은 꼭 경호원을 시켜서 1층 대기실로 본인을 불러 내려오게 하여서 본인은 차지철이 좀 오만하고 개성이 너무 강한 사람이라고 느꼈습니다.

　또한 국무총리·각부장관 및 당직자라도 각하에게 보고를 드리러 올 때는 반드시 본인에게 들르는데 차지철은 권위의식이 강하여 재임 중 본인 사무실에는 한 번도 들른 사실조차 없습니다.

　그리고 정부종합청사를, 각하가 순시하거나 회의참석할 때 내빈용 엘리베이터를 타게 될 경우 각하, 총리, 관계 장관, 차 실장이 타면 차지철이가 본인에게 대기 중인 다른 엘리베이터를 타고 오라는 경우가 간혹 있었습니다〉

金桂元 씨의 진술은 계속된다. 金 씨는 '무골호인'이라는 평을 들을 정도로 유순한 사람이었다. 그런 사람이 車智澈에 대해서 어떤 평을 하고 있는가?

〈차지철의 他人에 대한 무례한 행동에 관하여는 1979년 6월 초순경 16시 30분. 경기도 수원시 부근 소재 뉴관악 골프장에서 각하를 모시고 백두진 국회의장, 차지철 실장, 본인, 후쿠다 前 일본 총리 등이 환영 골프대회를 가졌는 바 당시 백두진 국회의장이 먼저 샤워장에 들어가 늦게 나오자, 차지철이가 샤워장 문을 발로 차면서 "영감 뭘해 빨리 나오시오", "그저 늙으면 죽어야 된다고" 독촉을 하므로 백 의장이 서둘러 나오면서 "미안하외다" 하는 광경을 보고 차지철 실장이 아버지뻘 되는 백 의장에게 오만불손하게 방자한 행동을 하는 것을 보고 분격한 사실이 있습니다. 그는 경호를 한다는 구실下에 좌석이나 차량운행 순서 등을 무시하므로 경호실 직원이 비서실 직원과 서로 알력이 생겨 불평하는 일을 들은 사실이 있습니다. 본인은 그때마다 부하를 타일렀지만 괘씸한 것은 어쩔 수 없었습니다.

업무상의 보고관계에 있어서도 본인은 직무상 각하가 매일 출근하시면 바로 결재서류를 가지고 결재를 받는 것이 통례이나 간혹 차지철은 각하가 출근 전에 직무실에서 대기하다가 먼저 들어가 보고함으로써 본인이 결재를 받는 데 지장이 있거나 또한 본인이나 장관이 결재를 받으려고 대기하고 있는데 차지철이 각하 집무실 입구 경호원에게 연락하여

자기가 각하를 뵈올 일이 있으니 못 들어가게 하라고 지시하여 기다리게 한 후 자기가 먼저 보고한 후 다른 사람들이 결재를 받는 일이 간혹 있었습니다.

차지철의 월권행위 및 강경발언에 관하여 아는 바를 말씀드리면 차지철은 자기 업무도 아닌 정치공작 문제까지도 관여하고 첩보를 수집하여 각하에게 보고하는 등 월권행위를 자주 하고, 軍內 중요 지휘관 및 장성급을 수시로 불러다가 술도 사주고 돈도 뿌리는 일이 있고, 또한 항간에는 군인이 경호실을 다녀와야 진급 및 보직 면에서도 혜택을 본다고 하므로 이는 軍의 통수계통을 문란시키는 일이라고 한탄하였으며, 특히 당시 육군참모총장 이세호 대장을 매주 1~2회 정도씩 사무실에 불러 환심을 사는 것 같았습니다〉

〈차지철의 강경발언에 관하여는 여러 번 있습니다만 기억나는 것으로는 각하를 모시고 유정회 의장, 공화당 의장, 경호실장, 본인 등이 김영삼 당수를 국회에서 제명하는 문제를 논의할 때, 차지철이 "사대주의 발언을 서슴지 않는 김영삼이 하나를 제명치 못하는 국회라면 뭣하겠는가. 안 되면 내가 탱크로 밀어 버리겠습니다" 하는 등 상식 이하의 강경발언을 자주 하였습니다〉

하나의 수수께끼는 朴 대통령이 왜 이런 車智澈을 방치했는가이다. 자신의 비밀스러운 행동까지 다 알고 있는, 총을 찬 경호실장을 어려워한 것이 아닌가 하는 생각도 든다. 이 무렵 金鍾泌 의원이 辛格浩 회장의 부탁을 받고 신축 중인 롯데호텔의 고도제한을 풀어 달라고 朴 대통령에게 건의한 적이 있었다. 朴 대통령은 "그 문제는 車 실장한테 이야기해봐"라고 하더란 것이다.

다시 金桂元 씨의 증언을 들어 보자.

〈문: 차지철 경호실장과 김재규의 관계를 아는 대로 진술하시오.

답: 두 사람의 관계는 5·16 혁명 이후 각하를 측근에서 가까이 모시던 사람들이라 제 생각으로는 두 사람 간에는 대통령의 신임을 얻으려고 서로 암투를 하고 있었던 것 같습니다. 두 사람이 극도로 관계가 악화된 것은 지난 5월 신민당 전당대회 때 총재선거 時 중앙정보부는 李哲承을 총재로 당선시키고자 공작을 하고 있었는데 여기에 차지철이 별도로 신민당 신도환 의원을 통해 李哲承 당선 공작을 벌이게 되었으므로 중앙정보부는 각하의 지시로 중도에서 공작을 중단하게 되었는 바 결국 신도환의 이철승 지지가 지연되므로 총재선거에서 탈락되어 차지철이 비난을 받아야 할 터인데 모든 비난이 중앙정보부에 집중되었으므로 차지철과 김재규는 서로 악화가 되었습니다.

문: 피의자와 김재규가 서로 만나 차지철을 비난하게 된 것은 언제부터이며 어떤 내용입니까?

답: 제가 부임한 지 2개월 후부터이며 김재규와 만나게 되면(매월 6~7회 정도 본인의 사무실 또는 중앙정보부 식당에서 각하를 모시는 자리) 차지철을 비난하게 되는데 주로 차지철의 오만불손한 언동과 특히 정치문제에 깊이 관여하면서 강경일변도의 주장과 건의로써 각하의 결심을 흐리게 한다는 내용이었습니다. 김재규는 차지철을 지칭하면서, "저 자식을 해치워 버려야지. 저놈을 그냥 놔두었다가는 각하 결심만 흐려 놓고 안 될 텐데", "각하께서 나보고 무어라고 명령하는 것은 좋지만 지가 뭔데 각하보다 한술 더 떠서 이러쿵 저러쿵 나에게 이야기하는지, 짜식" 등 수없이 차지철에게 증오를 터트리거나 욕을 하는 경우가 많았

습니다〉

위의 진술서에서 나오듯이 경호실장과 정보부장의 不和(불화)를 화해시켜야 할 의무를 진 金桂元 비서실장이 金載圭 부장 편에서 경호실장을 비판하는 입장에 서고 있었다. 두 金 씨는 오랫동안 형제처럼 친한 사이였다.

金桂元은 10·26 사건 후 육본검찰 신문에서 金載圭와 맺은 인연에 대해서 상세히 진술했다.

〈1960년도 5월경부터 본인이 진해의 육군대학 총장으로 근무했는데 부총장이 金載圭였습니다. 그 당시 해군과 육군의 군수물자 수송 揚陸 합동훈련을 마친 후 마산에서 술을 마시고 진해로 귀환하던 중 앞에 가던 김재규가 차 사고로 부상당하자 본인이 그를 구출하여 병원에 입원 가료시킨 일이 있었습니다. 그 이후 김재규는 본인을 은인으로 생각하였습니다.

1965년도 본인이 1군 사령관으로 재직 時 김재규가 제6사단장으로 근무하게 되었는 바 당시 대통령 각하께서 갑자기 6사단을 밤중에 방문한다고 하기에 본인도 참석하였고, 대통령과 김재규의 친밀한 관계를 알고 나도 더욱 친하게 지냈습니다.

본인이 1967년도 육군참모총장 재직 시 김재규가 6관구 사령관으로 재직하고 있었는 바 군수지원 문제 등으로 자주 접촉하였고, 청와대에서 지휘관 회식 時 등에는 꼭 김재규를 대동하였습니다.

네 번째로 본인이 중앙정보부장 재직 당시에 김재규는 보안사령관으로 재직하고 있었는데 수도경비사령관인 윤필용과는 대통령의 신임을 얻고자 서로 암투하고 권력다툼을 벌이는 등 극한 대립을 하고 있어 대통령 각하의 지시로 이를 중재한 사실이 있습니다.

다섯째로 1978년도 본인이 駐中 대사로 있을 당시 귀국하면 친하게 지내던 사람들도 영접을 나오지 않았는데 김재규 부처가 본인을 부부동반으로 초대해서 따뜻하게 대해 주는 등 배려를 해주어 아주 고맙게 생각하였습니다.

특히 본인의 국회의원 출마과정에 있어서 각하께 건의하여 본국으로 소환하여 주는 등 많은 신세를 입어 더욱 친해졌습니다〉(육군본부계엄 보통군법회의검찰부 1979년 11월17일 진술조서)

車智澈에 불만을 가진 또 한 사람은 鄭昇和 육군참모총장이었다. 강직한 軍人인 그는 車 실장이 경호를 빙자하여 軍 지휘관들에게 영향력을 행사하려는 데 대하여 못마땅하게 생각했다. 이 당시 軍內의 실력자 그룹은 사단장·연대장·대대장 등 實兵지휘부서를 장악한 정규육사 출신들이었다. 全斗煥 국군보안사령관을 지도자로 따르던 이 장교단은 軍 수뇌부가 車 실장에게 굴종한다고 보고 선배 장성들을 경멸하고 있었다. 이런 균열된 권력구도 위에 얹혀 있던 것이 朴 대통령이었다. 이런 불안정한 구도는 정치위기가 오면 권력투쟁으로 폭발할 가능성을 안고 있었다.

형제 같은 두 金 씨는 車智澈을 미워하는 마음이 연장되어 車 실장을 비호하는 朴 대통령에 대한 서운한 감정과 배신감까지 공유하게 된다. 권력핵심부의 감정前線은 '김계원+김재규' 對 '박정희+차지철' 구도를 만들고 있었다. 이런 감정의 틈바구니에 끼여서 朴 대통령이 죽게 되는데, 참으로 한국적인 감정싸움의 결과라고 하겠다.

권력의 핵심부에서 벌어지고 있던 이런 갈등은 1979년에 일어나는 정치사건에 대응하는 과정에서 더욱 깊어진다. 시스템 운영의 鬼才(귀재)로 불리던 朴 대통령이 경호실장에게 국내 정치 공작 임무의 상당 부분을 위임함으로써 정보부장과의 불화를 조장했고, 그 피해를 자신이 보았다는 점에서 10·26 사건의 최종 책임자는 그 자신일 것이다. 권력 시스템 운영의 실패인 것이다.

YH 여공 新民黨舍 농성

석유값이 오르자 물가가 일제히 오르기 시작했다. 1979년 3월 7일 정부는 국내 석유제품 값을 평균 9.5% 올린 데 이어 7월 10일엔 석유제품 값을 59%, 전력요금을 평균 35% 올렸다. 1979년의 소비자 물가는 21%나 올랐다. 기업도산과 실업이 사회적 문제로 커졌다. 신발공장들이 몰려 있던 부산진구 출입기자였던 기자도 이 해 여름의 주된 취재는 살인 사건이 아니고 해고·임금체불 같은 것들이었다.

기자가 '해고된 노동자 쇼크死', '停年 낮추어 무더기 해고' 같은 제목의 기사를 쓰고 있는 동안 부산의 商人들은 세금過重(과중)으로 불만이 쌓이고 있었다. 1979년 부산시민들이 부담한 세금은 전년도보다 32%나 많아졌다. 10월 16일 부산 시위 때 도심 상인들이 응원하고 가세한 큰 이유 중의 하나가 조세저항 심리였다.

경제불황과 함께 밀려온 장기집권에 대한 국민들의 싫증을 공세적으로 이용한 것이 金泳三 총재가 이끌기 시작한 신민당과 종교계, 노조, 在野운동권이었다. 이들의 강경투쟁노선은 국민들의 경제적·정치적 불만을 자극하고 확대시켜 나갔다. 국민들과 투쟁세력 사이의 상승작용구도가 형성되었다. 이를 매개한 것은 신문의 적극적인 보도였다.

8월에는 吳元春 사건과 YH여공 사건이 동시에 터졌다. '경북 영양군의 가톨릭농민회 분회장이던 吳 씨를 기관원이 납치하여 포항 울릉도로 끌고 다녔다'고 천주교 안동교구 신부가 폭로했다. 경찰이 수사를 해보니 허위폭로임이 밝혀졌다고, 吳 씨와 신부 등을 구속했다. 이에 대해서 金壽煥 추기경이 나서서 안동 목성동 성당에서 전국 기도회를 열고 정부를 공격했다.

"경찰이나 정보기관이면 무엇이든지 다 할 수 있다… 이 같은 관념이 바로 그 많은 인권유린 사태를 낳게 한 것입니다. 계속해서 국민들이 눌려 있지만은 않을 것입니다."

대구지법은 吳元春 씨가 허위폭로를 했다고 판단하여 吳 씨에게 징역 2년을 선고했고, 吳 씨는 항소하지 않아 刑이 확정되었다. 그래도 천주교와 많은 국민들은 재판 결과를 믿지 않으려 했다.

경찰이 吳元春 사건을 발표하던 8월 10일 더 큰 드라마가 시작되고 있었다. YH무역 노조 소속 여공들이 회사의 폐업에 항의하여 공장에서 농성하고 있다가 마포 신민당사로 옮겨 간 것이다.

1966년에 10여 명의 종업원으로 시작한 이 가발회사는 4년 뒤엔 종업원이 4,000명이나 되는 수출순위 15위의 큰 기업으로 성장했다.

1970년대에 들어서 설립자 장용호 씨는 미국에서 백화점을 차리고 업종전환을 모색했는데 잘 되지 않아 본사는 축소경영의 길을 택해야 했다. 1975년엔 종업원이 1,800명으로 줄어들었다. 低임금과 해고 불안에 싸여 있던 노동자들은 1975년에 전국섬유노조 YH무역지부를 설립했다.

1979년 3월 29일 회사는 '경영난으로 4월 말에 문을 닫는다'는 폐업

예고를 했다. 노조는 이에 항의하여 농성을 하고 회사는 살길을 찾다가 결국 8월 7일 폐업공고를 하고는 "해고수당을 8월 10일까지 미수령할 때는 법원에 공탁한다"고 발표했다.

8월 9일 재야운동권의 문동환·고은·이문영 씨가 金泳三 총재 집을 찾아가서 여공들이 신민당사로 찾아가면 그 호소를 들어 보고 당국에 해결책을 촉구해 달라고 부탁했다. 金 총재는 여공들이 黨舍(당사)를 농성장으로 택할 줄은 몰랐고 호소차 방문할 것으로 생각했다고 한다. 200명에 육박하는 여공들은 黨舍로 들어오더니 4층에 올라가 농성에 들어갔다.

金 총재도 여공들을 위로하고 "억울한 일이 없도록 정부에 반영하겠다"고 약속했다. 그는 또 여공들의 寢食(침식)에 黨이 나서서 편의를 제공하도록 시켰다. 신민당은 정부 측과 접촉하여 여공들의 요구조건을 반영시키려고 했으나 홍성철 보사부 장관은 대화를 거부했고, 金載圭 정보부장이 청와대 대책회의에서 강경진압을 주장했다.

8월 11일 새벽 경찰병력이 신민당사에 들어갔다. 여공들과 함께 저항하는 신민당원들이 경찰과 난투극을 벌였으나 여공들은 간단히 끌려나왔다. 취재기자들이 여러 명 경찰에 구타당했다. 상황이 끝나고 난 다음에야 여공 김경숙 양이 떨어져 있는 것이 발견되어 병원으로 옮겼으나 곧 사망했다.

金正燮 정보부 제2차장보는 1979년 11월18일 陸軍본부 戒嚴보통軍法회의 검찰부에서 한 진술에서 YH여공 농성 사건의 진압과정에 대해서 상세히 설명했다. 요지는 金載圭 정보부장이 강경한 진압을 지시하였다는 것이었다.

〈1979년 8월 9일 오전 10시부터 YH 회사 여공 200명가량이 회사 내의 문제를 해결해 달라고 신민당사에 집결하여 농성을 시작했습니다. 다음날 오전 10시경 청와대 金桂元 비서실장실에서 金桂元·金載圭 등이 참석한 가운데 연석회의가 열려 강제해산시키기로 결정했습니다. 본인은 그날 저녁 8시경 치안본부장실에서 경찰투입에 따른 안전대책을 논의했습니다. 소방서에서 사용하는 安全網(안전망)이 두 개밖에 없어 부득이 매트리스와 모포로 대체키로 하고 다음날 새벽 2시에 병력을 투입하기로 하였습니다.

그 후 치안본부장이 柳赫仁 수석 및 高建 수석과 안전대책을 점검한 결과 미흡하다는 결론이 나와 하루 이틀 연기하자는 건의를 본인에게 전화로 걸어왔습니다. 이에 본인은 金載圭 부장에게 두 차례 연기해 달라고 건의하였으나 金 부장은 "金桂元 실장도 연기하자고 연락이 왔지만 일단 상부에 보고한 대로 실행해야 한다"고 강조하므로 본인도 두 차례 金부장의 뜻을 치안본부장에게 전하고 8월 11일 새벽 2시 경찰을 투입하여 YH여공들을 강제해산시키도록 하였습니다〉

농성 여공들을 해산시키는 데는 성공했으나 그 후유증이 심각했다. 야당, 재야단체, 종교단체가 일제히 반발하자 경직된 공화당과 유정회도 YH 사건 배후에는 도시산업선교회가 있다면서 조사를 촉구했다. 이런 공방전에 대해서 언론은 정부 측 견해를 많이 전달했으나 行間(행간)을 읽는 데 익숙해진 국민들은 야당과 재야세력 편이 되어 갔다.

이때부터 朴正熙 대통령은 金泳三 총재를 거세대상으로 보기 시작했다. 이런 시각변화를 눈치 챈 車智澈 경호실장이 강경 드라이브를 주도하면서 공화당과 정보부는 주도권을 상실했다.

1979년 8월 중순 朴 대통령은 청와대에서 안보장관들이 참석한 대책회의를 주재했다. YH 사건의 후유증과 도시산업선교회와 가톨릭농민회 대책이 논의되었다. 이 자리에서 金載圭는 "현 사태를 해결하기 위하여서는 긴급조치 9호로써는 부족합니다. 9호가 오래되어 효과가 무디어졌으므로 더 강한 10호가 필요합니다"라고 朴 대통령에게 건의했다. 朴 대통령은 申稙秀 특보와 김기춘 검사에게 "한번 검토해 보라"고 지시했다.

金載圭는 玄鴻柱 정보부 企政국장에게도 가톨릭농민회 · 도시산업선교회 등 종교단체의 개입을 효과적으로 규제할 수 있는 긴급조치를 구상해 보라는 지시를 했다. 그는 긴급조치 9호의 핵심인 긴급조치 비난 금지 조항은 빼고 종교단체의 활동과 노사문제를 규제할 수 있도록 하라고 지침을 주었다. 검사 출신인 玄 국장은 종교의 정치 관여 금지, 외부세력의 노사관계 개입 금지를 골자로 하는 긴급조치案을 만들어 金載圭 부장에게 건의했다.

8월 26일 오후 5시부터 6시 사이, 을지연습 중 벙커에서 朴 대통령이 국무총리 · 비서실장 · 경호실장 및 안보 관련 장관들과 시국수습에 관한 논의를 하는 자리였다. 金載圭가 또 긴급조치 10호 이야기를 꺼냈다.

"각하, 긴급조치 9호는 칼날이 많이 무디어졌습니다. 칼날이 시퍼런 10호를 주십시오. 그래야 정국을 수습할 수 있습니다."

이 자리에서 김재규, 현홍주, 신직수 특보가 새로 마련한 긴급조치안을 설명했다. 朴 대통령은 이런 논평을 했다.

"그렇게 해서 학생 · 종교 · 근로자들을 다 敵으로 돌리면 어떻게 이 난국을 타결해 나가겠소. 당분간 9호를 가지고 밀고 나가고 정치와 종교를 분리하는 방법을 연구해 보시오. 연구된 긴급조치안은 보존해 두었다가 필요시 발동하면 될 것이오."

金載圭는 다음날 참모회의에서 하루 전에 있었던 긴급조치 이야기를 전하고 의견을 구했다. 정치업무를 맡은 金正燮 제2차장보를 비롯한 간부들 전원이 10호 신설에 반대하고 9호를 강력히 시행하는 수밖에 없다는 의견이었다.

金載圭의 마지막 시도

YH여공 강제연행에 항의하는 신민당의 당사 농성이 계속되고 있던 1979년 8월 13일 또 다른 사건이 시작되고 있었다. 이날 신민당 원외지구당 위원장 세 사람이 金泳三 총재를 비롯한 신민당 총재단의 직무정지를 구하는 가처분신청을 서울민사지법에 냈다. 당원 자격과 대의원 자격이 없는 22명이 전당대회에 참석하였으므로 金泳三 등의 총재 당선은 무효라는 것이 이들의 주장이었다.

9월 8일 서울민사지법 합의 16부는 가처분신청을 받아들여 金泳三 총재와 네 부총재의 직무집행 및 권한행사를 정지시키고 鄭雲甲 의원을 총재직무대행으로 선임한다는 판결을 내렸다. 누가 봐도 이 사건은 金泳三 죽이기에 나선 정권의 공작이란 느낌이 들었다. 여론은 또다시 朴정권을 떠나고 있었다. 金泳三 총재는 당할수록 크게 반발하는 성격대로 행동했다. 그는 9월 10일 기자회견에서는 "朴正熙 대통령의 하야를 강력하게 요구한다"고 했다.

당시 韓美관계는 6월 말의 朴·카터 회담으로 정상화된 듯했으나 朴정권의 야당 압박에 의해 다시 악화된다. 윌리엄 글라이스틴 駐韓 미국

대사는 회고록에서 이렇게 썼다.

〈미국이 다시 朴 대통령에게 한 발 더 양보하도록 압력을 가할 것이라는 기대 때문이었는지 평소 온건하던 정치인들도 反정부 시위에 가세했다. 특히 김영삼 신민당 총재는 눈에 띄는 강경노선을 펼쳤다. 거기에는 정치적 라이벌인 김대중에게 야당 지도자 자리를 넘겨주지 않겠다는 결의도 작용했다〉

9월 16일자에 〈뉴욕 타임스〉에 보도된 스톡스 특파원과 가진 인터뷰에서 金泳三 총재는 이렇게 말했다.

"내가 미국 관리들에게 '미국은 朴 대통령에 대한 공개적이고 직접적인 압력을 통해서만 그를 제어할 수 있다'고 말할 때마다, 미국 관리들은 '한국의 국내 정치에 개입할 수 없다'고 한다. 그것은 어거지이다. 미국은 우리를 보호하기 위해서 이곳에 3만 명의 지상군을 두고 있지 않은가? 그것이 국내문제에 대한 개입이 아니라면 무엇이란 말인가?"

駐韓미군을 한국의 內政에 대한 개입이라고 해석한 것은 지금 읽어 보아도 미숙한 이야기라는 생각이 든다. 문제는 朴 정권의 초강경 대응이 金泳三 총재의 실수를 덮어 주고도 남을 정도였다는 점이다. 朴 대통령은 이 회견문에 화가 나서 金泳三 총재를 구속할 생각까지 했다가 의원직 제명으로 방향을 잡았다. 車智澈이 朴 대통령의 이 뜻을 집행하고 감독하는 대리인이 되었다. 공화당·유정회·정보부의 온건론은 朴 대통령을 업고 나오는 車 실장 앞에서 물거품이 되었다.

글라이스틴 대사는 9월 26일에 金載圭 정보부장을 만났다. 이때 그를 동행한 사람이 美 CIA 서울지부장 브루스터였다. 이날 金載圭는 대사에게 '한국의 국내정치 발전 방향'에 대해서 물었다. 글라이스틴 대사는

"정치적 대립이 첨예화되면 국가분열 사태가 일어날 수 있다. 현재의 헌법과 정치시스템으로써 평화적인 정권교체가 이뤄질 수 있는지가 문제이다"는 취지로 이야기했다고 한다. 金載圭는 정치안정의 중요성을 역설했다. 이날 대사와 지부장은 金載圭를 통해서 金泳三 의원직 제명을 재고해 주도록 朴 대통령에게 건의하려고 했었다. 두 사람은 金 부장으로부터 조금도 이상한 태도를 찾지 못했다.

10월 2일 朴 대통령은 청와대에서 金載圭·金桂元과 함께 한 시간 동안 점심식사를 했다. 여기서 金載圭는 朴 대통령에게 "마지막으로 金泳三 총재를 만나 담판을 짓겠다"고 건의했다. 10월 3일 金載圭는 장충체육관 근처의 정보부 안가에서 金泳三 총재와 만났다. 金 부장은 이렇게 말했다고 한다.

"어제 대통령과 국수를 먹으면서 대화를 나눴습니다. 이미 공화당에 金 총재 제명 지시가 내려갔습니다. 제가 朴 대통령에게 마지막으로 金 총재를 만나 담판을 짓겠으니 시간을 달라고 했습니다. 내일 아침 기자들과 우연히 환담하는 척하면서 〈뉴욕 타임스〉 회견 내용이 다소 과장되고 와전되었다고 말해 주십시오. 그러면 제명이 안 되도록 해보겠습니다. 朴 대통령은 제명에서 그치지 않고 구속할 계획도 세우고 있습니다. 정부도 양보를 해야겠지만 金 총재도 조금 참아 주셔야 합니다."

金 총재는 이 제안을 거부했다고 한다.

이날 金桂元 비서실장은 신라호텔의 한 객실에서 박준규 공화당 의장 서리, 태완선 유정회 의장, 김재규 정보부장과 함께 金泳三 제명건을 논의했다. 金 실장은 "모 대사관에서 전화가 왔는데 제명을 재고해 달라는 부탁을 했다"고 소개하면서 "우리 네 사람이 지금 각하를 찾아가 재고를 건의하자"고 말했다. 이때 車智澈 실장이 나타났다. 그는 "방금 각하를 만나고 오는 길인데 각하의 뜻은 확고하다"고 말하는 바람에 청와대行은 이뤄지지 않았다. 金載圭는 이 일이 있고 난 후에 金泳三 총재를 만난 것이다.

공화당과 유정회는 金泳三 의원을 10월 4일 국회의원직에서 제명했다. 미국은 글라이스틴 대사를 현안문제 협의라는 명목으로 소환했다.

숨막히게 진행되는 朴 정권의 강공 드라이브는 그 실상이 언론에 의하여 상세하게 전달되었다. 朴 정권이 경제개발의 성공으로 만들어 낸 도시 중산층에서부터 정권의 야당탄압에 반발하는 여론이 확산되어 갔다. 朴 대통령은 여론의 이런 중대변화를 눈치 채지 못하는 듯했다. 강경하고 오만한 車智澈과 우직하나 능력부족인 金載圭에 둘러싸인 대통령은 세상이 돌아가는 原理(원리)와 生理(생리)에서 멀어져 가고 있었다.

이 결정적 며칠간 朴 대통령은 아주 한가한 일정을 보냈다. 제명 이틀 전인 10월 2일 朴 대통령은 오후를 배드민턴 시합으로 보냈다. 경호실장과 비서실장, 그리고 崔侊洙 의전수석이 참여했다.

다음날은 개천절이었는데 朴 대통령은 오후 1시에 청와대를 나가 저녁 9시 35분에 돌아왔다. 행선지는 알 수 없다. 金泳三 의원직 제명이 있던 날 朴 대통령은 3군 사관학교 체육대회를 구경했다. 다음 날은 한가위였는데 오후에 배드민턴을 즐겼다. 그 다음날 토요일에는 아들 志晚 육사생도를 데리고 자동차편으로 고향(경북 선산)으로 내려가 省墓(성묘)를 하고 왔다.

10월 7일 일요일에는 종일 청와대를 떠나 있었다. 10월 11일에서 13일까지 朴 대통령은 경주 보문단지內 조선호텔에 머물면서 駐韓 외교사절단을 위한 만찬을 베풀었고 골프를 쳤다. 朴 대통령은 10월 12일 저녁엔 朴東鎭 외무장관 부부만 초청하여 식사를 같이 했다. 10월 11일이 朴 장관의 생일인 것을 알고 축하해 주기 위한 자리였다. 朴 장관은 朴 대통령이 '여유가 많아 보였고, 전에 없이 유쾌해 보였다'고 회고록에 기록했다.

이 순간 부산과 마산 지역에선 '혁명적 공기'가 조성되고 있었다. 경제불황과 租稅저항 분위기 속에서 진행된 정권의 對野공작과 강경 드라이브가 학생·중산층·서민층에서 분노를 소리 없이 축적시켜 가고 있는 가운데 부산에서는 몇몇 학생들에 의해서 불씨가 만들어지고 있었다. 인화물질과 불씨가 만날 날이 다가오고 있었다.

"모입시다!"

1979년 9월 17일 낮 12시 부산공업전문대학 게시판 슬래브 지붕 위에 올라간 한 학생이 휴대용 메가폰으로 "모입시다!"라고 외쳐 댔다. 학생 500명이 게시판 앞으로 몰려갔다. 기계과 2학년생 신홍석으로 밝혀진 이 학생은 선언문을 읽다가 뛰어 올라온 체육교사한테 병아리가 솔개한테 채어 가듯 붙들려 갔다. 이 선언문 사건의 주모자는 세 학생으로 밝혀졌다. 그중 한 명인 김맹규는 서울대학교 자연계열에 합격하여 다니다가 反독재 유인물을 돌렸다고 출학을 당한 뒤 전문대학에 입학한 학생이었다. 세 학생은 열다섯 명의 학생들을 모아 이념서클을 만들었다. 이들의 교재는 《역사란 무엇인가》, 《난장이가 쏘아올린 공》 같은 책이었다. 학교에선 세 학생을 경찰에 넘겼다. 경찰은 이들을 긴급조치 9호 위반혐의로 구속했다.

신홍석의 고등학교 친구가 부산대학교 경제학과 2학년생 鄭光敏(정광민)이었다. 이 학생이 부마사태의 불쏘시개 역할을 한다. 時局(시국)과 인간의 상호작용에 의해서 역사가 만들어지는 과정이 부마사태와 10 · 26 사건처럼 명확히 밝혀진 예도 드물 것이다. 그 상당한 이유는 기자의 부마사태와 10 · 26 사건 취재기록에 의한 것이다.

신홍석은 선언문 사건을 계획할 때 부산역에서 우연히 鄭光敏을 만났다.

"광민아, 부산대학은 네가 책임져라. 같이 일어나자."

"우리 학교는 아직 멀었다. 분위기가 충분히 익지 않아 자신이 없다."

신홍석은 헤어지면서 "유신대학 놈들아! 잘 먹고 잘 살아라" 라고 중얼거렸다.

신홍석이 구속된 며칠 뒤 鄭光敏은 동래경찰서에 불려 갔다. 신홍석이 鄭 군과 상의한 사실을 진술한 모양이었다. 鄭光敏은 진술서를 하나 쓰고 나왔다. 鄭光敏의 아버지는 월남한 사람으로서 화물차 운전사로 일하고 있었다. 1978년에 대학생이 된 鄭光敏은 시험공부에서 해방된 에너지를 책읽기에 돌렸다. 《백범일지》, 《소유의 역사》, 《뜻으로 본 한국역사》, 《변혁시대의 한국사》, 《분단시대의 역사인식》 등 그는 매주 한 권 꼴로 읽었다. 서서히 그는 朴正熙 정권을 권력과 재벌의 결탁체로 이해하기 시작했다. 특히 그는 '도시공업경제에 희생된 농촌경제의 문제'에 대해 관심을 기울였다.

鄭光敏이 속했던 경제학과 2학년생은 76명이었다. 학비감면 대상자가 40명쯤 될 정도로 집안은 풍족하지 못했다. 이들은 한국 경제의 어두운 면에 관심이 많아 좌파 경제학자들이 쓴 책들을 많이 읽었다. 이 科 (과)의 지도교수는 학생들이 교수들도 읽어 본 적이 없는 좌파서적들을 읽고 있는 데 놀랐다. 그 교수는 학생들이 학교에서 가르쳐 주지 않는 마르크스 계통 이론에 대해 호기심을 느끼고 있다고 판단했다. 학생들의 심리는 이해할 수 있었으나 위태위태하게 보였다.

1979년 4월 19일 鄭光敏은 아무도 기억해 주지 않는 4·19 의거 날을 그냥 보내는 학생들의 모습에 울분을 느꼈다. 종이에다가 '4·19—19주년'이라고 매직펜으로 써 들고 도서관 안을 한 바퀴 돌았다. 다음날 鄭 光敏은 학생 상담관실에 불려 가 경위서를 썼다.

1979년 9월 학교가 개학되었다. 여름방학을 마치고 캠퍼스로 돌아온 학생들은 분위기가 술렁거리면서도 긴장되어 있다는 느낌을 갖게 되었다. 사복형사들이 할 일 없이 校庭(교정)을 서성대고 있었다. 방학 중에 있었던 YH 사건이 경제학을 전공한 학생들에게 특히 큰 자극이 되었다. YH 사건은 한국 경제구조를 정권과 재벌의 결탁이란 도식으로 파악하고 있던 학생들에게 자신들의 생각이 옳았음을 증명한 셈이었다.

경제학과 2학년생들이 여학생들과 미팅을 하는 문제를 놓고 회의를 했는데 한 학생이 "세상이 어떻게 돌아가는 줄도 모르고 그런 착상을 하는 사람은 학원가의 범법자"라고 소리쳤다. 鄭光敏이 일어나더니 "그러면 무슨 대책이라도 있습니까"라고 소리쳤다. 鄭군은 그 말만 하고 앉아 버렸지만 다른 학생들은 "나는 과연 행동할 수 있나" 하는 自問自答을 했다고 한다. 시국에 예민해진 학생들의 마음이 달구어지고 있었다.

부산대학교 工大 기계과 3학년생인 李鎭傑(이진걸)은 동고등학교 남학생들과 동여고 출신 여학생들이 만든 '동녘회'라는 모임에 속했다. 이 모임은 회원의 친목을 위한 활동을 주로 했으나 1978년 4·19 선언문 사건으로 회원 이성동이 구속되면서 이념서클로 바뀌었다.

이진걸은 노동자와 농민을 주제로 등장하는 토론에 자주 참여하면서 의식화의 과정을 밟았다. 그는 서점 점원인 황선용, 黃의 친구인 남성철과 친해졌다. 이 세 사람은 주로 독서와 토론을 통해서 유신체제를 독점 매판자본과 독재권력의 결합체로 인식해 가기 시작했다.

1979년 9월 개학이 되자 이진걸은 무엇인가를 하지 않으면 도저히 견딜 수 없는 단계로까지 울분이 高潮(고조)되어 있는 자신을 발견했다. 10월 초순 세 음모자는 결행날짜를 10월 15일로 잡았다. 세 사람이 선언문 등사기를 가지고 황선용이 일하는 서점에 모인 것은 10월 13일 밤 10시였다.

황선용은 왼쪽 허벅지의 골수염 수술 자리가 도져서 再수술 날짜를 받아 두었다. 그는, 이 계획을 실천에 옮기면 틀림없이 감옥에 갈 텐데 이런 몸으로는 견디기 어렵다고 걱정했다. 이진걸, 남성철이 모든 책임을 지겠다고 약속한 뒤 열병을 앓고 있던 남군은 집에 가고 李·黃 두 청년은 한 여관에 들어갔다. 900장의 선언문 등사가 끝난 것은 10월 14일 새벽 4시쯤이었다.

10월 15일 오전 이진걸과 남성철은 선언문을 부산대학교 본관과 도서관에 뿌렸다. 선언문에는 '도서관 앞으로 오전 10시에 집결하자'고 적혀 있었다. 선언문을 뿌리고 도서관 앞에 와서 학생들이 모이기를 기다리던 두 사람은 호응이 없자 터벅터벅 걸어서 학교 밖으로 나왔다. 술집에 가서 소주 한 병을 다 마신 이진걸과 남성철은 남은 선언문을 뭉텅이로 변소에 쳐넣었다.

이날 정오 부산대학생 鄭光敏은 학교에 당도했다. 분위기가 어수선했다. 뿌려진 李鎭傑의 격문을 읽고 도서관 앞에 모였던 학생들은 지도자가 나타나지 않자 흩어지고 있었다(李鎭傑은 너무 일찍 포기하고 학교 밖으로 물러났던 셈이다).

격앙된 鄭光敏은 친구 둘을 만났다. 세 학생은 학교 매점으로 갔다. 鄭光敏은 "이젠 우리가 나설 때다"고 말을 꺼냈다. 두 친구도 찬동하는 듯했다. 그들은 등사판을 살 돈이 없었다. 그날 오후 겨우 다른 친구 집에서 줄판 롤러 따위를 빌릴 수 있었다.

이날 밤 정광민과 친구는 鄭 군의 다락방에서 작업에 들어갔다. 鄭 군은 엿새 전에 써 둔 선언문 초안을 찾아내 원지에 옮겨 썼다. 정광민은 등사판을 밀어 본 경험이 없었다. 잉크가 골고루 묻지 않은 데다가 롤러를 서툴게 밀어 등사는 엉망이 됐다. 글자를 해독할 수 있는 것은 전체의 5분의 1도 안 됐다. 태반은 글자모양도 알 수 없었다. 새벽 4시까지 정광민은 롤러를 밀고 친구는 종이를 끄집어내면서 선언문 200장을 등사했다.

정광민의 교련복 바지는 시커먼 등사잉크로 얼룩투성이가 됐다. 둘은 다락방에서 잠시나마 눈을 붙이려고 했다. 잠이 올 리 없었다. 두 시간쯤 이리 뒤척 저리 뒤척 하다가 일어났다. 정광민은 가방에 선언문 300장을 집어넣고 집을 나와 아침 8시에 버스정류장으로 나갔다. 그는 역사와 만나러 가는 길이었다.

정광민이 쓴 선언문은 이러했다.

〈청년학도여. 지금 너희들은 어디서 무엇을 하고 있는가. 우리의 조국은 심술궂은 독재자에 의해 고문받고 있는데도 과연 좌시할 수 있겠는

가. 이 땅의 위정자들은 흔히 민족을 외치고 한국의 장래 운운하지만 진실로 이 나라 이 민족의 영원한 미래를 위하여 신명을 바칠 이 누구란 말인가. 청년학도여! 최근에 일어난 일련의 사태를 돌이켜 보게나. 특히 고도성장정책의 추진으로 빚어진 수없는 부조리, 그중에서도 재벌그룹에 대한 특혜금융이 그들의 기업을 확대하고 발전시키기보다는 기업주 개인의 사욕을 채우기에 급급했으며, 특수 권력층과 결탁하여 시장을 독점함으로써 시장질서를 교란시켜 막대한 독점이윤을 거두어 다수의 서민대중의 가계를 핍박케 했던 것도 사실인 것이다. 그뿐만 아니었다. 정부나 기업은 보다 많은 수출을 위하여는 저임금 외의 값싼 상품 공급은 없는 것으로 착각하고 터무니없이 낮은 생계비 미달의 저임금을 지불하고서도 그것이 과연 전체 국민의 후생을 증대시켰다고 할 수 있겠는가! (下略)

폐정 개혁안

1. 유신헌법 철폐
2. 안정성장 정책과 공평한 소득 분배
3. 학원사찰 중지
4. 학도호국단 폐지
5. 언론집회 결사의 완전한 자유 보장
6. YH사건에서와 같은 완전한 자유 보장
7. 전 국민에 대한 정치적 보복 중지

모든 효원인이여, 드디어 오늘이 왔네!
1979년 10월 16일 10시 도서관으로!〉

정광민은 이 선언문에서 정권타도나 朴正熙 하야와 같은 요구를 직설적으로 하지 않았고, 부산 출신 金泳三 의원 제명에 대한 항의도 하지 않았다. 그의 문제의식은 다분히 사회·경제적인 틀에서 만들어진 것임을 알 수 있다. 1980년대에 스며드는 주사파류 극좌이념의 그림자는 보이지 않으나 朴 정권의 성공적인 경제개발을 계급적 착취구조로 인식하고 있었다.

釜馬사태의 전체적 성격은 朴 정권의 장기집권에 대한 반발이고, 특히 이 지역 출신 金泳三에 대한 탄압이 큰 원인이 되었던 면이 있으나, 이 사태에 불을 당긴 학생들의 문제의식은 다분히 경제적·사회적·계급적이었다. 釜馬사태는 좌파적 인식(주로 경제·사회적 분석 틀)과 우파적 감정(주로 정치적 반응)이 한 덩어리로 결합된 운동이었다.

1980년대에 들어가면 좌파적 인식이 표면으로 나오면서 민주화 운동이 변질된다.

뛰어든 불덩어리

1979년 10월 16일 오전 9시 10분쯤 정광민은 商大(상대) 앞 벤치에 앉았다. 벤치 앞으로 두 동급생이 지나가고 있었다. 정광민은 그들을 불러 세워 "조금 있다가 교실로 뛰어들 테니 분위기를 좀 잡아 달라"고 부탁했다. 오전 9시 30분 정광민은 먼저 商大 206호 강의실로 뛰어 올라갔다. 첫째 시간 수업이 끝나 둘째 시간을 기다리고 있던 학생들 가운데 그는 낯익은 얼굴을 찾아냈다. 1학년 때 친하게 지냈던 엄태언에게 정광민은 선언문 마흔 장쯤을 슬며시 건네주면서 '빨리 나눠주라'고 눈짓을 했다. 복도에서 정광민은 또 친구 이성식을 만나 선언문 석 장을 주었다.

"무역과를 부탁한다."

"한번 해볼게."

정광민의 목표는 같은 科의 306호 강의실이었다. 경제과 2학년생 마흔 명쯤이 첫째 시간인 '화폐금융론' 강의가 일찍 끝나 앉은 채 중간고사에 대비한 공부를 하고 있었다. 정광민은 뒷문을 통해 뛰어 들어왔다. 얼굴이 벌겋게 상기된 광민이 들어오는 것과 때맞춰 몇몇 학생이 미리 알고 "우—" 소리를 지르며 박수를 쳤다. 다른 학생들도 직감적으로 무슨 일이 일어나고 있는지 알았다. 정광민은 가방에서 선언문을 꺼내 책상을 돌면서 나눠 주었다. 그는 이제 흥분상태에 빠졌다. 나중에 자신이 교실에서 무슨 말을 했는지 기억해 내지 못할 정도로 제 정신이 아니었다.

"여러분! 때가 왔습니다. 다른 곳과 연락이 되어 있습니다. 우리 모두 뛰어나갑시다."

"나가자!"

마흔 명의 학생들은 우르르 몰려나갔다. 주저하는 학생은 한 명도 없었다. 왜 이 젊은이들이 조건반사적으로 집단행동에 나섰던가.

시대정신의 압축된 모습이었다. 1970년대의 학원사찰 시대를 살아온 젊은이들의 가슴마다에 쌓여 있었던 분노와 정의감, 1970년대 말에 집중적으로 터진 朴 정권의 갖가지 부패상, 특히 언론이 연일 보도해 온 YH여공 사건과 金泳三 의원직 제명사건, 그런 것들이 조성한 發火(발화) 환경에다가 하루 전에 있었던 선언문 살포 사건이 조성한 기대감, 이런 것들이 뒤엉켜 인화물질을 이루었고, 그 한복판으로 정광민이란 불덩어리가 뛰어든 셈이었다. 사명감·정의감·울분으로 팽팽하게 부풀어 있는 풍선에 정광민은 바늘을 찌른 셈이었다. 그 에너지가 다 빠져나갈 때까지 사태는 자연법칙에 따라 큰 물리적 운동으로 전개될 것이다.

경제과 2학년 학생들은 경영과 206호실을 지나가며 합류를 호소했다. 경영과 학생들도 엄태언으로부터 선언문을 받아 책상 위에 놓고 지휘자가 나타나길 기다리고 있다가 뛰쳐나왔다. 무역과·회계학과 학생들도 소란스런 소리를 듣고 바깥으로 나왔다가 한 덩어리가 됐다. 이들이 인문사회학관 건물 앞으로 나왔을 때는 100명쯤의 덩어리가 생겼다. 정광민은 선언문 뒷면에 검은 사인펜으로 '자유'라고 휘갈겨 썼다. 그는 이 '자유'를 두 손으로 높이 쳐들고 앞장을 섰다. 흥에 겨워 어깨까지 흔들어 가면서 정광민은 빠른 걸음으로 학생들을 商大 앞까지 이끌어 갔다.

이곳에서 노래가 터져 나왔다. 부산 데모의 주제가가 된 '우리의 소원은 자유'를 목이 터져라 불러 댔다. 중간고사를 앞두고 도서관 안엔 1,000명이나 되는 학생들이 모여 있었다. 앞뜰의 잔디와 벤치에도 200명쯤이 흩어져 있었다. 데모대는 도서관 잔디밭에 들어갔다.

"모두 일어나자."

이런 고함소리가 간간이 데모대 속에서 튀어나왔다. 그들은 '선구자', 교가, 애국가를 계속 불렀다.

박기채 총장, 이충걸 학생처장, 신태곤 商大 학장, 오종석 商大 교무과장이 학생들을 제지하려고 달려온 것은 이때였다. 총장은 정광민의 어깨를 툭툭 치며 타이르듯 "이제 그만 내려가라"고 했다. 吳 교수는 정광민의 허리띠를 붙들고 뒤로 끌어냈다. 큰 나무 밑으로 끌고 간 吳 교수는 "이것까지는 내가 책임진다. 학장실로 가자"고 했다.

정광민은 말을 바로 받았다.

"이젠 어쩔 수 없습니다. 2, 3년 살 각오를 하겠습니다. 끝까지 하겠습니다."

이 말을 남기고 그는 다시 대열로 돌아왔다.

스무 명의 잠복형사들은 사태가 너무 빠르게 전개돼 가는 바람에 어디서부터 손을 써야 할지 모르고 구경만 하고 있었다. 학생데모는 초동 단계에서 깬다는 것이 원칙으로 돼 있었다. 그러나 깨고 들어갈 만한 틈이 보이지 않았다. 몇몇 형사들은 학생들의 팔을 잡아당기며 "학생! 이러면 안 돼!" 라고 말려 보았으나 막무가내였다. 서면 근방의 소매치기 소탕으로 이름을 날리고 있었던 30세의 이성희 형사는 김성수 형사의 팔을 툭 치며 "이제 깨어 버리자"고 속삭였다.

그때 정광민은 친구로부터 선언문을 한 장 받아들고 도서관 안으로 뛰어 들어갔다. 열람실을 돌아다니며 아직도 공부하고 있던 학생들에게 "우리 일어납시다"고 소리쳤다. 정광민이 다시 잔디밭으로 나오는 것을 기다렸다가 두 형사는 학생들을 헤집고 그를 향해 뛰어 들어갔다. 李 형사가 정광민의 멱살을 잡는 것과 동시에 두 사람은 학생들에게 둘러싸였다. 누군가가 면도칼이 아니면 만년필촉 같은 날카로운 쇠붙이로 李 형사의 손바닥을 그었다.

학생들은 우르르 달려들어 욕설을 퍼부으며 두 형사를 차고 밟고 했다. 잔디밭 가장자리로 몰린 두 형사는 그만 계단 밑으로 굴러 떨어졌다. 두 형사가 자신의 직분을 다하고자 한 이 체포 시도는 노래만 부르고 있던 학생들에게 큰 자극을 주었다. 꺼져 가던 열기에 휘발유를 부은 꼴이 됐다.

두 형사의 행동으로 자극받은 구경꾼 학생들도 한꺼번에 데모대열에 끼어들었다. 도서관 안에서도 학생들이 우르르 쏟아져 나왔다. 형사의 기습은 시위대열을 300명에서 1,000명으로 불어나게 했다. 저절로 다섯 줄의 어깨동무 대열이 이뤄졌다.

대열은 계단을 내려가 商大 쪽으로 뛰기 시작했다. 꿈틀꿈틀하는 용의 몸뚱아리처럼 대열은 끊임없이 이어졌다. 뒤늦게 달려온 학생들이 잇따라 이 흐름에 말려 들어가고 있었기 때문이다. 여학생들도 끼어들었다. 데모에 소극적이게 마련인 복학생과 4학년 학생, 심지어 대학원생들까지 합류했다. 몇몇 교수들은 대열과 같이 뛰면서 학생들을 잡아당겼으나 오히려 학생들에게 질질 끌려갔다. 대열은 아스팔트 산책로를 따라 商大를 지나 신관을 한 바퀴 돌고 스탠드를 가로질러 운동장으로 내려갔다.

'블랙 마리아'의 추격

데모 대열은 이젠 2,000명쯤으로 불었다.

"유신"

"철폐"

처음으로 구호가 터져 나왔다. 시위 대열은 운동장을 한 바퀴 돌았다. 교련 수업을 받고 있던 ROTC 학생들이 넋을 잃고 쳐다보고 있었다. 데모 대열은 新정문으로 향해 나갔다.

철문은 굳게 닫혀 있었다. 철문 바깥엔 스파르타 병정들처럼 방패와 방석모로 무장한 경찰관들이 진을 치고 있었다. 학생들은 농구 골대를 밀고 와 新정문에 이르는 비탈길로 굴렸으나 쇠문은 끄떡도 안 했다. 보도에 깔린 붉은 보판을 깨어 경찰대열에 집어던지는 학생들도 있었다.

오전 10시 15분 新정문 바깥에서 동래경찰서장은 진압부대의 캠퍼스 돌격을 명령했다. 맨 앞장을 선 것은 페퍼포그를 뿌리는 지프차였다. '블랙 마리아'란 별명이 붙은 이 차는 하얀 가스를 내뿜으면서 교정으로 천천히 들어왔다. 그 뒤로 얼굴을 방석철망으로 가린 초록빛의 대열이 발맞춰 따라 들어왔다.

학생 대열은 매운 가스 앞에서 무너지기 시작했다. 콜록콜록 재채기를 터뜨리고 눈물을 찔끔찔끔 짜면서 그들은 우르르 물러났다.

일부 학생들은 대항했다. 시계탑 밑의 보도에 깔린 보판을 빼내 가스차에 던졌다. 유리창에 철망이 쳐져 있어 보판을 맞고도 끄떡하지 않자 보판을 깨어 조각으로 만들어 던지기도 했다. 잘못 던져 앞의 학생이 얻어맞기도 했다.

학생들이 대항하자 경찰은 MPG 최루탄 발사기를 쏘고 사과탄을 던졌다. 이때 캠퍼스로 들어온 경찰은 585명이었다. 데모대를 완전히 해산시키기엔 모자라는 병력이었지만, 학생들을 자극하여 거대한 분노의 덩어리로 만들기엔 충분했다.

'블랙 마리아'는 운동장으로 들어가 달아나는 학생들을 뒤쫓았다. 너무나 집요하게 추격하는 바람에 구경하고 있던 지질학과 이만규는 "저러다간 학생들이 차에 깔려 죽겠다"고 소리치며 데모 대열로 뛰어들었다. 달아나는 어느 학생이 '갈 지(之)'자를 그리며 '블랙 마리아'의 추적을 뿌리치려고 해도 지프차는 스탠드 바로 밑까지 깔아 죽일 듯 그 학생을 몰아갔고 학생들은 야유를 보냈다. 사학과 졸업반은 운동장에서 '우우'하는 함성이 터져나올 때까지 강의실에서 수업을 받고 있었다. 교수가 바깥에 신경 쓰지 말고 공부나 하자고 했으나 창문을 통해 들어

오는 매운 최루가스는 학생들을 행동으로 몰아세웠다.

학생들은 교수의 눈치도 보지 않고 몰려나갔다.

"모두 본관으로 들어가라!"

경찰은 경고방송과 동시에 최루탄을 쏘았다. 2, 3층의 유리창이 최루탄을 맞고 박살이 났다. 유리조각이 좌르르 우박처럼 떨어졌다. 학생들은 본관으로 피해 들어가 창문을 통해 경찰에 욕을 퍼부었다.

"창가에 서지 마라."

경찰의 두 번째 최루탄 세례가 유리창으로 날아왔다. 와장창 와장창, 곳곳에서 창문이 깨지고 복도는 최루가스로 뒤덮였다. 많은 교수들도 모멸감을 느꼈다. 몇 분 전까지만 해도 "너희들이 무얼 아느냐"고 데모하는 제자들을 꾸짖고 있었던 교수들은 이젠 학생들과 마음속에서 같은 편이 되고 있었다.

경찰의 캠퍼스 돌격은 방관하던 학생들을 참여자로, 참여자를 더 용기 있는 시위자들로 만들었다. 이 교정 진압작전 이후엔 막는 쪽과 외치는 쪽이 있을 뿐이었다. 방관자의 설 땅을 없애 버린 것은 바로 경찰이었다.

학생들은 경찰이 일단 운동장으로 물러나자 다시 모이기 시작했다. 문창회관 앞에선 700명 남짓한 무리가 모였다. 이 무리는 舊정문 쪽으로 행진했다. 舊정문은 新정문에서 남쪽으로 200m쯤 떨어진 곳에 있었다. 학생들은 어깨동무를 하고 구호를 외치며 나갔다. 체육관·도서관·본관에 몸을 피했던 학생들이 다시 쏟아져 나와 이 대열에 합세했다.

이때 경제과의 어느 학생은, 본관 창문으로 머리를 내밀고 데모 대열을 구경하고 있는 마지막 방관자들에게 외쳤다.

"역사를 두려워하라!"

이 구호는 아마 부산 데모를 통해 나온 모든 구호 가운데 가장 수준 높고 준엄한 것이었으리라. 대열이 舊정문으로 꺾이는 모퉁이를 돌 때 옆에 붙은 工大 강의실에서 공대생들이 무더기로 뛰어나와 합류했다. 이제 1,000명이 넘게 불어난 사람의 무리는 비탈길을 무서운 관성으로 휩쓸며 내려갔다.

舊정문을 향해 쏟아져 내려간 학생들은 철문이 굳게 닫혀 있는 것을 보았다. 그들은 수위실에 돌을 던져 박살을 내고 그 옆에 붙은 블록담을 공격했다. 블록담에 쳐진 철망을 걷어내고 수백 명이 한꺼번에 발길질을 하자 담이 와르르 무너져 내렸다. 드디어 학교 밖으로 나온 학생들은 100명쯤의 기동경찰대와 맞닥뜨렸다.

舊정문 앞에는 가게가 있고 이 가게 앞엔 빈 음료수병이 쌓여 있었다. 학생들은 너도 나도 이 빈 병을 집어던지기 시작했다. 경찰버스의 앞 창문이 산산조각이 났다. 경찰은 이 기세에 눌려 주춤했다. 학생들은 무너진 舊정문 쪽 블록 담 사이로 봇물처럼 터져 나왔다. 300명 남짓한 학생들이 주택가 골목 사이로 빠져 온천장 쪽으로 뛰어갔다.

10월 16일 오전 11시 부산大 도서관 앞. 도서관 앞엔 2,000명가량의 학생들이 모였다. 수백 명의 사복형사와 교수들, 그리고 정보형사들의 카메라 렌즈 앞에서 무역과 김창수가 학생들을 모두 앉도록 했다. 선언문 낭독이 있어야 할 차례였다. 정광민은 자기가 쓴 선언문을 꺼내 읽으려 했다. 그러나 희미하게 등사돼 아예 글자를 알아볼 수 없었다. 정광민이 머뭇거리는 것을 보고 친구가 전날 받았던 이진걸의 선언문을 건네주었다.

정광민은 "우리는 학원 내 일체의 외부세력을 배격한다…"는 선언문을 우렁찬 목소리로 읽어 내려갔다. 그가 선언문의 첫 단락을 다 읽고 고개를 들었을 때 그의 눈 속으로 들어온 것은 도서관 옥상에서 그를 겨냥하고 있는 카메라 렌즈였다. 한 학생이 앞으로 나와 데모할 때 주의할 일을 설명하기 시작했다.

"경찰에게 폭력을 행사하지 말자. 그들에게 무슨 죄가 있나. 상점이나 학교 기물을 부수지 말자. 모두 우리가 낸 세금이다. 행인에게 방해가 안 되도록 질서를 지켜 시위를 하자."

학생들은 데모의 목표 지점을 놓고 토론을 벌였다. '온천장으로 가자', '아니 부산역까지 나가야 한다' 이렇게 실랑이를 벌이고 있는 사이 정광민은 같은 학과 친구들에게 끌리다시피 하여 도서관 뒤쪽으로 빠져 나왔다. 한 친구는 3,000원을 주면서 "이제 너의 할 일은 끝났다. 친구 집에 가서 숨어 있으라"고 했다. 네 친구는 광민이를 번쩍 들어 뒷담으로 넘겨 보냈다.

학생들은 목적지를 놓고 도서관 앞에서 토론을 벌였으나 결정하지 못했다. 우선 학교를 뚫고 나가기로 했다. 여덟 줄로 어깨동무를 했다. 그리곤 비탈길을 따라 무너져 내리듯 운동장 쪽으로 뛰기 시작했다. 많은 학생들이 가방을 든 채 뛰었다. 여학생들은 콜라와 사이다를 한아름 사 가지고 와 대열과 나란히 뛰면서 남학생들에게 나눠주었다. 경찰은 이제 이번 데모가 옛날의 그 어떤 학생 데모와도 다른 성격을 띠어 가고 있음을 어렴풋이 눈치 채기 시작했다. 가장 큰 특징은 놀라운 자발성이었다. 졸업반 학생과 여학생까지 스스로 끼어들고 있었다. 어느 누구도 체면치레로 행동하는 것 같지는 않았다. 학생들과 교수들이 실랑이를 벌여 自中之亂(자중지란)이 생기고 여기에서 데모의 김이 새버리는 그런 일도 일어나지 않았다.

그날 캠퍼스에 있었던 학생들 가운데 90% 이상이 대열에 끼어들었다. 전에 없던 높은 참여율이었다. 더구나 이들은 두 번이나 깨어져 흩어졌다가도 세 번이나 다시 뭉쳐 더 거센 도전을 해왔다. 학생들의 상기된 얼굴은 신념으로 빛났고 장난삼아 데모하는 사람은 아무도 없는 것 같았다. 시위 대열은 갑자기 방향을 바꿔 운동장 북쪽의 사대부속고등학교 담쪽으로 뛰기 시작했다. 이 담엔 셔터식 철문이 달려 있었다. 학생들이 밀어붙이자 문이 떨어져 나갔다. 이곳으로 서로 먼저 나가려고 학생들이 엉겨붙었다. 이때 누군가가 "질서 유지"라고 구호를 선창했다. "질서", "유지" 어느새 합창으로 변했고, 학생들은 질서를 되찾았다.

10월 16일 정오 부산대학. 한편 경찰이 뒤늦게 사대부속高 담을 봉쇄하자 미처 바깥으로 나가지 못한 학생들 2,000명가량은 어깨동무를 한 채 대학 운동장을 계속 맴돌았다.

오후 1시쯤부터 학생들은 교정을 떠나기 시작했다.

경찰은 학생들이 '집으로 돌아가는구나' 생각했다. 학생들이 정문을 나서는 데는 굳이 말릴 까닭을 찾을 수 없었다. 학교당국에서도 오후에는 수업을 하지 않기로 했으니 돌아가라고 하지 않았던가. 경찰은 자기들에게 도발을 하지 않고 교문을 지나가는 학생들에게는 손 댈 수 없었다.

경찰은 곧 학생들이 가는 곳이 부산역이라는 것을 확인했다. 이성희 형사는 학생들 사이를 돌아다니면서 "부산역에서 만나자"는 얘기를 여러 번 들을 수 있었다. 공중전화 부스 옆에선 어떤 학생이 "우리는 했다. 너희들은 무엇 하느냐"고 소리치는 것도 엿들었다. 이 정보는 부산시경에 즉시 보고됐다. 동아대학교를 비롯한 다른 대학에도 경찰의 비상망이 쳐졌다. 학생들이 캠퍼스를 빠져나간 뒤에 박기채 총장은 교수들을 강당에 모았다.

"인류 역사 시작 이래로 젊은이들은 항상 과격한 행동을 해왔습니다. 우리는 면학 분위기를 되살리는 데 최선을 다합시다."

그는 짤막한 당부의 말을 던지고 강당을 나가 버렸다.

10월 16일 오전 서울. 부산대학교가 최루가스와 함성으로 휩쓸리고 있던 이날 오전 국회 본회의는 휴회 기간 중에 사망한 유정회 金聖煥 의원에 대한 묵념을 올리고 의원직을 승계한 고귀남 의원 선서를 듣고 5분만에 끝났다. 金泳三 총재 제명 이후 처음 열린 본회의장에서 여당 의원들은 텅 빈 야당 의석을 의식해서인지 좌석에 앉아 조용하게 대화를 나누는 등 을씨년스러운 분위기였다. 공화당 의장서리 朴浚圭는 기자들과 만나 신민당 의원들의 의원직 사퇴 문제에 대해 "야당 의원들이 자살한다고 해도 곡할 사람이 있는 줄 아느냐"고 격한 목소리로 말했다.

이날 오전 朴 대통령은 한강을 가로지르는 열한 번째의 다리 성수대교 개통식에 참석하여 테이프를 끊은 뒤 강남 쪽으로 걸어서 건넜다. 이어서 여의도에 있는 한국기계공업진흥회관을 방문해 한국기계 교역전을 둘러보았다. 朴 대통령은 전시장에 온 일반 시민들과 일일이 인사를 나누었다. 朴 대통령이 전시장을 떠날 때 관람객들이 바깥으로 나와 박수를 치자, 손을 들어 답례했다.

학생 숨겨 주는 시민들

10월 16일 오전 경찰이 부산대학교 캠퍼스 안으로 들어가 학생들을 스탠드나 교실 안으로 몰아넣고 있을 때 부산시경 밑에 있는 아홉 개 경찰서엔 비상이 걸렸다. 이때가 오전 10시 45분쯤, 동래경찰서 관할 지역과 붙어 있는 부산진경찰서 다중진압 부대 150명은 15분 만에 뒷마당에 집결했다. 방석모와 방석복을 입고 곤봉을 찬 그들은 야구의 포수들 같았다. 5년 만에 처음으로 그들은 학생 데모 진압의 현장으로 출동했다. 그때는 아무도 그들이 정작 중요한 장비를 빠뜨리고 간다는 사실을 눈치 채지 못하고 있었다. 그들은 방패를 두고 갔던 것이다.

오전 10시 50분 부산대학교 舊정문의 담을 무너뜨리고 바깥으로 나온 300명가량의 학생들은 골목을 따라 금강공원 쪽으로 달렸다. 금강공원에서 온천장까지 구호를 외쳐 대면서 시위를 벌였다. 행인들은 눈이 휘둥그레져 쳐다보기만 했다. 조금 시간이 흐르자 행인들과 가게 주인들 가운데 "잘한다!"면서 손뼉을 치는 사람들이 한두 사람씩 눈에 띄기 시작했다.

〈부산일보〉 사진부 김승준 기자는 다른 취재를 마치고 영업용 택시를 타고 가다가 온천장에서 데모대를 봤다. 택시를 세우고 카메라를 차창 밖으로 내밀고 셔터를 누르는 순간 데모 학생들에게 둘러싸였다. 사진기자라는 말이 통하지 않았다. 학생들은 카메라가 든 가방을 빼앗아갔다. 金기자는 카메라를 돌려 달라고 사정했다. 한 학생이 필름통을 꺼내 햇빛 앞에서 쭉 뽑아 보인 뒤 돌려 주었다.

〈국제신문〉의 사진기자 김탁돈은 오전 11시쯤 회사에 있다가 데모 소식을 사회부로부터 전해 들었다. 찍어 보았자 신문에 낼 수 없다는 사실을 뻔히 알면서도 그는 가만히 앉아 있을 수 없었다. 카메라를 가방에 넣고 뛰어나가는데 편집국장이 "어딜 가느냐"고 소리쳐 물었다. 데모 취재를 간다고 했더니 국장은 짜증 섞인 투로 "그런 데는 가지 마라"고 잘라 말했다. 金 기자는 무안당한 꼴이 되어 시무룩하게 자기 자리로 돌아갔다.

부산진경찰서 진압부대는 SSB 무전기를 통해 시경 경비과장의 작전 지시를 들었다. 학생들 수백 명이 미남로터리 쪽으로 향하고 있으니 로터리로 가서 이를 막으라는 명령이었다.

로터리에 도착한 서장은 자기 차를 달아나기 쉽게 머리를 남쪽으로 하여 세워 두었다. 그리곤 데모진압 부대를 가로로 배열시켰다. 학생들은 경찰을 보자 멈칫했다. 그들 앞에는 목욕탕이 있었고 그 옆엔 하수도 공사장이 있었다. 시멘트 하수관이 여기저기 흩어져 있었다. 군데군데 자갈더미도 있었다. 학생들은 직감적으로 이곳을 이용해야겠다는 생각을 했다.

먼저 하수도관을 굴려 경찰차가 못 넘어오게끔 바리케이드처럼 만들었다. 그리곤 너도 나도 자갈더미에서 돌멩이를 한움큼씩 잡았다. 경찰 진압부대에 30m쯤 접근했을 때 학생들은 한꺼번에 돌을 던졌다. 500개가 넘는 돌이 뒤엉켜 날아왔다. 우두둑 여기저기서 돌덩어리가 경찰부대 속으로 떨어졌다. "어!" "아!" "아야!" 돌을 맞은 경찰관들이 비명을 질렀다. 두 번째 일제 투석이 우박처럼 또 쏟아져 내렸다. 경찰 대열은 무너지기 시작했다. 경찰관들은 이때야 방패를 들고 오지 않은 실수의 代價를 값비싸게 치르고 있음을 깨달았다.

맨몸으로 주먹만 한 돌을 얻어맞게 된 경찰관들은 달아나기 시작했다. 맨 먼저 서장의 승용차가 달아났다. 작전車 운전사는 차를 호위하던 경찰관들이 달아나 차만 덩그렇게 남은 것을 알아차리자 운전석에서 뛰어나와 도망갔다. 서장이 달아나자 간부들도 지휘를 포기했다. 서동백 수사과장은 학생들이 몰려오자 모자를 벗어 버리고 길가 집으로 뛰쳐 들어가 몸을 피했다. 집 문밖으로 학생들이 몰려가는 소리를 들으면서 그는 '이번 학생들은 도저히 감당할 수 없다'고 생각했다.

10월 16일 오전 부산진경찰서 상황실. 이날은 샘이 날 만큼 훌륭한 가을날이었다. 구름은 한 점도 없었다. 햇빛은 눈부시게 빛났다. 조금 더운 가을날 같았지만 바람결은 서늘하게 살갗을 스쳐갔다. 이날 오전 부산의 사회부 기자들은 사상구 괘법동에서 일어난 정병주 씨 부부 실종 사건의 수사 진전에 촉각을 곤두세우면서 출입처를 지키고 있었다.

〈국제신문〉 사회부 趙甲濟 기자는 오전 10시 45분쯤 부산진경찰서 다중진압 부대에 비상이 걸리는 것을 보고 상황실로 뛰어 올라갔다. 무전기가 숨가쁘게 상황을 전하고 있었다.

"참새 200마리 舊정문 돌파하여 식물원 쪽으로 진출하고 있음."

"참새들 금강공원 통과."

"참새 네 마리 연행 중."

데모 상황을 보고하는 음성과 병력 배치를 지휘하는 음성이 뒤섞여 무전기는 데모 중계방송을 하는 듯했다. 趙 기자의 충격은 컸다. 부산대학교에서 데모가 일어날 것이라고 기대해 본 적이 없었기 때문이었다. 일어난다 해도 우리나라의 모든 대학 가운데 맨 나중에 일어날 것이라고 그는 굳게 믿고 있었다.

趙 기자는 사회부장에게 상황을 보고했다. 그는 "취재하러 갈까요"라는 어리석은 물음은 던지지 않았다. 그것은 신문에 날 수 없는 사건, 따라서 취재할 필요도 없는 사건이라는 것을 잘 알고 있었기 때문이다. 다

만 다른 기자를 만나자 "우리 데모 구경 갈까요"라고 농담조로 얘기한 것이 고작이었다.

趙 기자는 언제나 하는 버릇대로 점심 뒤 숙직실에 들어가 냄새가 나고 땟국이 흐르는 이불을 뒤집어쓰고 낮잠을 잤다. 얼마쯤 잤을까? 바깥이 갑자기 소란스러워졌다. 숙직실 문을 거칠게 열고 들어온 형사 둘은 국방색 전투복 차림이었다. 지친 표정이었다. 구두끈을 풀고 털썩 드러눕더니 "야! 돌에 맞아 죽을 뻔했다" 하는 것이었다.

趙 기자가 형사계에 들어가 보니 대학생들 열댓 명이 책가방을 든 채 잡혀 와 있었다. 서면로터리에서 타고 가던 시내버스에서 끌려 온 것이었다.

그들은 오늘 한 일을 시간별로 쓰라는 지시를 받았다. 趙 기자는 도수 높은 안경을 낀 한 의예과 학생이 쓴 자술서를 어깨 너머로 내려다보았다.

'…부자는 더욱 부자가 되고 가난한 사람은 더욱 가난해지는 경제적 불평등에 대한 울분에서 데모에 참여하지 않을 수 없었다…'

경찰은 학생들이 시내버스를 타고 市중심부로 몰려가는 것을 막아 보려 했다. 자동차로 시내버스를 뒤쫓았다. 학생들이 주로 많이 탄 것은 부산대학교 근처에 시발점이 있는 18번, 19번 버스였다. 많은 버스가 학생들로 꽉 채워졌다. 학생들은 승강구 문을 잠그게 했다. 그리곤 정류소에 멈추지 말고 광복동 쪽으로 계속 달리도록 운전사에게 부탁했다. 경찰차가 뒤따라오자 "아저씨, 자동차 경주엔 이겨야 해요!" 라고 운전사에게 응원을 보냈다. 멋모르고 신바람이 난 시내버스 운전사는 차를 내쳐 몰았다.

경찰은 서면로터리에서 일단 학생들이 탄 시내버스를 검문하여 그들을 끌어내리려 했다. 몇 번 이 짓을 해보고 경찰은 손들어 버렸다. 서면로터리는 하루에 10만 대의 차들이 오가는, 부산에서 가장 번잡한 교통 중심지다. 이곳에서 시내버스를 하나씩 세운다면 차량 교통은 완전히 마비될 터였다. 워낙 학생 버스가 많아 모든 학생들을 끌어 내린다는 것도 될 일이 아니었다.

학생들이 부산역에 다시 모인다는 정보에 따라 부산시경은 역 광장과 지하도 주변에 병력을 깔았다. 맨 처음 부산역 정류장에 도착, 버스에서 내린 40~50명의 학생들이 이들 경찰관에게 몽땅 붙들려 갔다.

경찰은 학생들을 가득 태운 시내버스가 잇따라 부산역 지하도 근방 정류소에 닿자 승강구 문을 열지 못하게 하고 시청 쪽으로 계속 가도록 했다. 나중엔 아예 정류장에 멈추지도 못하게 하고 그냥 통과하도록 했다.

학생들의 집결지 목표는 他意(타의)에 의해서 시청 부근으로 바뀐 것이었다. 이것도 釜馬사태를 폭발시킨 많은 우연들 가운데 하나였다.

부산 시청 부근인 광복동 남포동 거리가 데모에 있어서는 사회·경제적으로, 또 지리적으로 부산역보다 훨씬 유리한 조건을 갖추고 있음은 몇 시간 안 되어 밝혀질 것이었다.

거기엔 격앙된 상인·소시민층이 기다리고 있었다. 학생들은 불쏘시개가 되어 그 속으로 뛰어든 것이다. 운명의 손길은 경찰을 통해서 朴 정권의 종말을 재촉하는 방향으로 중단 없이 작용하고 있었다.

제49장

마지막 10日

朴正熙

시위 속의 유신선포 기념 파티

1979년 10월 17일 오전 朴正熙 대통령은 金載圭 정보부장, 具滋春 내무장관, 金桂元 비서실장, 柳赫仁 정무1수석, 高建 정무2수석 비서관들을 불러 전날 있었던 부산 시위에 대해 보고를 들었다. 오후엔 부산에 갔다가 온 朴瓚鉉 문교장관으로부터 보고를 받았다.

具滋春 내무장관이 오전에 비행기로 부산에 내려와 시청·시경을 둘러보았다. 그는 오후에 부산시청에서 기자회견을 가졌다. 具 장관은 "200여 명이 경찰에 연행됐는데 100여 명이 불량배였다"면서 "지각 없는 행위엔 단호히 대처하겠다"고 했다. 한 기자가 "이 회견 내용을 보도하는 것은 긴급조치 9호에 위반되지 않느냐"고 물었다. 具 장관은 "괜찮다"고 했다.

具 장관의 경고를 보도하는 형식으로 부산사태는 알려졌다.

이날 朴 대통령은 자신의 눈과 귀를 가리고 있던 車智澈 경호실장과 세 번 만난 것으로 기록되어 있다. 朴 대통령은 오후 2시 40분부터 4시 5분까지는 이발을 했다. 저녁 6시 청와대 영빈관에선 유신 선포 7주년 기념 만찬이 열렸다. 모든 장관들과 유정회·공화당 의원 등 여당권 인사들이 참석했다. KBS 전속악단도 나와 있었다.

朴 대통령은 만찬장에서 주요인사들을 접견한 뒤 만찬회장을 돌며 의원들과 어울려 각 지방의 농사 作況(작황), 大田의 전국體典(체전), 의원 외교 등을 화제로 삼아 환담했다. "해외여행을 해보니 우리나라의 빈부 격차는 극히 작은 편"이라는 어느 의원의 얘기를 들은 朴 대통령은 "세계은행 통계에도 우리나라는 貧富(빈부) 격차가 작은 나라로 기록돼 있

더라"고 응답했다.

鄭在虎 유정회 대변인은 한산도 담배를 피우고 있던 崔圭夏 총리를 만나자 "부산사태가 어떻게 돼 가느냐"고 물었다. 崔 총리는 "잘 진압이 되어 평온을 찾았다"고 했다. 헤드 테이블엔 朴 대통령을 비롯해 金鍾泌, 白斗鎭, 丁一權, 太完善, 李孝祥, 朴浚圭 등이 자리 잡았다. 식사는 뷔페식이었다. 식사 뒤의 여흥 시간엔 위키 리가 사회를 보았다. 가수 현인·백설희·김정구가 나와 '신라의 달밤' 등 흘러간 옛 노래를 불렀다. 분위기가 무르익어 갔다.

참석자들의 뇌리에는 전날 밤의 부산 데모가 사라지지 않는 것 같았다. 朴 문교장관은 부산 서구가 선거구인 공화당 朴燦鍾(박찬종) 의원을 만나자 "부산에 가 보니 신민당 의원 사직서를 선별수리한다는 말이 기름을 부었어"라고 했다. 다른 의원들도 朴 장관과 朴 의원에게 다가와 부산사태에 대해 물었다. 이들의 걱정과는 별도로 무대 위는 흥겹게 돌아가고 있었다.

공화당 최영철 의원이 사회를 맡더니 "공화·유정 노래 시합을 하겠다"고 선언했다. 공화당 대표선수는 崔載九였다. 당시 국회에는 3大 가수로 꼽히는 의원이 있었는데 그 3인은 崔載九·鄭在虎·金守漢(신민당)이었다. 崔 의원은 "나는 최소한 열 곡은 불러야 마이크를 넘기는 버릇이 있다"고 한마디를 하더니 옛 노래를 불러 대기 시작했다. 朴 대통령의 애창곡인 '짝사랑'도 불렀다. 崔 의원의 독무대가 너무 길어지자 공화당 申洞植 사무총장이 독특한 손짓으로 사인을 보냈다. 崔 의원은 "강요에 못 이겨 하단한다"면서 물러났다.

마이크를 받은 사람은 '유정회의 입' 鄭在虎였다. 그는 "노래를 부르기 전에 이 자리를 빌어 말씀드릴 것이 있다"고 운을 떼더니 詩를 낭송하듯 읊어 나갔다.

"조국 근대화를 향한 각하의 뜨거운 눈동자 가장자리에는 항상 눈물이 괴어 있습니다. 눈물의 그림자가 보입니다. 이렇게 풍만한 인정과 뜨거운 집념의 영도자를 받들어 모신다는 것은 나의 행복입니다. 우리 오늘 유신 7주년을 맞아 신명을 바쳐 일할 것을 함께 다짐합시다."

鄭 의원은 이어서 '삼각지 로터리에…', '나그네 설움', 그리고 묘하게도 '바보 같은 사나이'를 부르고 내려갔다. 朴 대통령은 鄭 의원에게 "가수로 轉業(전업)하지"라고 평했다. 사회자 최영철이 '엽전 열닷 냥'을 부르고 노래 시합을 끝냈다.

이때쯤 朴 대통령 주변에서 찬 공기가 감돌기 시작했다. 만찬 도중 具滋春 내무장관은 몇 차례 朴 대통령에게 다가가 귓속말로 무슨 보고인가를 했다. 朴 대통령은 그때마다 "뭣들 하고 있는 거야"라고 역정을 내고 안색이 바뀌더니 노래 시합이 끝났을 땐 표정이 아주 굳어 있었다. 申泂植은 청와대 비서진들이 빨리 끝내 주었으면 하는 사인을 보내는 걸 받아 밤 9시쯤 만찬을 끝내도록 했다.

이날부터 서울에서는 제12차 연례 韓美안보협의회가 열리고 있었다. 3일간 열린 이 협의회에는 해럴드 브라운 美 국방장관이 참석했다. 李光耀 싱가포르 총리가 한국을 방문하고 있을 때였다. 朴 대통령으로선 부산사태가 이래저래 체면이 서지 않는 사건이 돼 버렸다.

만찬이 끝나자 총리와 내무장관 등 각료들이 한구석에 모여 뭔가 수근거리고 있었다. 鄭在虎는 부산사태가 진정되었으니 그 후속 조처를 상의하는 모양이라고 추측하고 별 생각 없이 다른 의원들과 함께 버스를 타고 나와 2차를 하러 갔다. 이 만찬장에서 朴 대통령 옆자리에 앉아 있었던 金鍾泌은 그것이 두 사람의 마지막 합석이 될 줄은 꿈에도 몰랐다.

"그때 내가 영감(필자 注: 朴 대통령)과 한 테이블에 앉았는데, 具滋春 내무장관이 들락거리면서 영감 귀에 대고 뭐라고 그러니까 영감 표정이 굳어집디다. 내가 그때 부산사태가 심상치 않다고 듣고 들어갔는데, 속으로 정말 큰일이다 싶어서 걱정이 되더군요. 말기가 왔구나 하는 게 피부로 느껴졌어요. 나는 그 자리에서 흥도 안 나고 밥도 안 먹혔습니다. 그냥 먹는 시늉만 하고 있는데 영감도 나를 쳐다보고 계셨는지 이러시데요.

'왜 그렇게 식사를 안 해?'

'먹고 있습니다.'

'에이, 안 먹는데. 청와대 밥이 맛이 없나?'

내가 식사를 하지 않는 게 못마땅하셨던 겁니다. 그날 밤 헤어지는데 영감이 '어디 안 가지?' 그러세요.

'예. 갈 데 없습니다. 서울에 있겠습니다.'

'내 곧 부를 테니까 연락하거든 들어와', 그러구 헤어졌어요. 이게 영감을 마지막 뵌 겁니다."

〈국제신문〉 사회부 趙甲濟 기자는 청와대 만찬이 있던 그 시각, 즉 10월 17일 밤 8시쯤 부산 광복동 거리에 있었다. 거리는 젊은이들로 가득 메워져 있었다. 책가방을 낀 교련복 차림의 대학생들, 더벅머리 재수생들, 근처 상점이나 술집 종업원들, 멋쩍은 표정으로 먼 곳을 바라다보는 대학교수들, 데모 주모자를 잡겠다는 사복형사들이 뒤섞여 있었다.

군중은 놀라울 만큼 조용했다. 초조하고 안타까운 표정의 그들은 무엇을 기다리고 있었다. 경찰은 점포 주인들에겐 문을 닫도록, 시민들에 겐 집으로 돌아가도록 마이크 방송으로 권하고 돌아다녔다. 자리를 뜨는 시민들은 아무도 없었다. 군중은 이런 팽팽한 긴장감을 깨뜨리는 일이 일어날 때마다 조건반사적인 반응을 보였다. 로열호텔에서 모임을 끝낸 사람들이 몰려나오자 아무런 까닭 없이 그쪽으로 밀려갔다. 사람이 사람을 모았다. 어떤 곳에 사람들이 몰려 있으면 그 사람들을 구경하려고 또 사람들이 모였다.

밤 9시 30분쯤부터 군중이 소란스러워지기 시작했다. 휘파람 소리, 야유인지 환호성인지 모를 부르짖음이 여기저기서 터져 나오면서 분위기가 술렁이기 시작했다. 50명쯤의 청년들이 길 복판으로 나섰다. 어깨동무를 하더니 시청을 향해 나아갔다.

경찰이 움직이기 시작했다. 페퍼포그를 뿌리면서 지프차가 어슬렁어슬렁 굴러오는 것이었다. 그 뒤로 진압경찰이 따라왔다. 그들은 군중을 향해서 사과탄을 던졌다. 데모대의 선두는 흰 연기와 폭발음에 휩싸였다. 시위대는 무너져 내렸다. 선두부터 흩어지기 시작했다. 趙 기자도 골목으로 달아났다. 무엇에 채여 그는 넘어졌다. 뒤따라 달아나던 사람들이 잇따라 그의 위를 덮치며 넘어졌다. 趙 기자는 부리나케 일어나 근처 여관으로 뛰어들었다. 뒤따라 서너 명의 시민들이 숨어들자 여관 주인은 현관문을 닫고는 안으로 사라졌다.

이때였다. 페퍼포그 분사기를 짊어진 두 경찰관이 현관문을 박차고 뛰어들며 현관과 복도에서 서성대는 손님들의 코앞에서 바로 가스를 뿜어 댔다. 趙 기자는 그들이 파리약을 뿌리는 사람들 같다고 생각했다. 기침, 눈물, 아우성. 잠옷 바람으로, 더러운 속옷 바람으로 투숙객들이 기침을 콜록대면서 뛰쳐나왔다. 그들은 변소 옆에 붙은 세면장으로 달려갔다. 우선 눈을 물로 씻어 내야 따가운 통증이 가실 것 같았다. 趙 기자는 하얀 가스를 피해 변소로 들어갔다가 여관 밖으로 달아났다. 어두운 골목에서는 흩어졌던 청년들이 군데군데 다시 모이고 있었다. 부산 남교회 앞에는 대학생, 재수생, 접객업소 종업원들이 뒤섞인 50명쯤의 군중이 한창 토론을 벌이고 있었다.

"이래선 안 되겠다. 복수를 하자."

"안 된다. 폭력을 써선 안 된다."

"폭력엔 폭력으로 맞서는 수밖에 도리가 없지 않은가."

결국 강경론이 이겼다. 그들은 빈 맥주병을 머리 위로 휘두르면서 골목을 지나 큰길가 경찰 진압부대를 향해 나아갔다.

비상계엄령

10월 17일 밤 9시 鄭昇和 육군참모총장은 공관에 머물고 있었다. 청와대에서 연락이 왔다. 대통령 집무실로 들어가니 여러 사람들이 모여 있었다. 朴 대통령을 비롯하여 金桂元, 車智澈 실장, 金載圭 정보부장이 보였다. 具滋春 내무장관, 盧載鉉 국방장관과 청와대 수석비서관들도 있었다. 위기일수록 침착한 朴 대통령은 鄭 총장에게 자리를 권하더니 金載圭 부장에게 부산사태를 설명해 주라고 지시했다. 설명이 끝나자 朴 대통령은 鄭 총장을 향해서 말했다.

"鄭 장군, 현행법에는 '육군참모총장이 치안유지를 경찰이 할 수 없다고 판단했을 때는 직접 계엄선포를 한 뒤 국무회의의 추인을 받을 수 있다' 고 되어 있어요. 지금 각의를 소집하자니 너무 늦을 것 같아. 그러니 鄭 총장이 부산 지역에 계엄을 선포하고 추인을 요청해 주시오."

朴 대통령은 계엄사령관으로는 누가 좋으냐고 물었다. 鄭 총장은 朴贊娍 군수사령관을 추천하여 허락을 받았다. 車 실장이 그 자리에서 전화로 朴 장군을 불러내더니 전화기를 鄭 총장에게 건네주었다. 鄭 총장이 朴 사령관에게 계엄선포 사실을 알리고 병력배치를 지시하려고 하는데, 朴 대통령이 갑자기 "鄭 장군, 잠깐 기다려요"라고 했다. 朴 대통령은 시계를 보더니 "밤 11시에 국무회의를 할 수 있겠는데… 鄭 장군 계엄준비만 해두시오"라고 했다.

朴 사령관은 "부산에는 실병력이 충분하지 않다"고 鄭 총장에게 보고했다. 朴 대통령은 "어느 부대를 신속히 투입할 수 있느냐"고 물었다. 鄭총장은 "공수여단이 좋겠다"고 말했다. 대뜸 朴 대통령이 車 실장을 향해서 "車 실장, 1개 여단을 동원해!"라고 했다. 깜짝 놀란 鄭 총장이 "각하, 공수단은 실장이 동원을 명령할 수 없습니다"라고 했다. 朴 대통령은 "그런가?"하고 씩 웃었다.

金聖鎭 문공부 장관은 崔圭夏 총리의 지시를 받아 총무처에 임시국무회의 소집을 위한 연락을 취할 것을 통보했다. 이때가 밤 10시30분. 비상연락을 받은 장관들은 중앙청 3층의 국무회의실로 모여들었다. 밤 11시 30분에 총리 주재로 국무회의가 열렸다. 具 내무장관이 부산사태를 보고한 후, 盧載鉉 국방장관이 비상계엄 선포를 제안했다. 金致烈 법무장관이 이견을 제기했다.

"부산 지방에서 데모가 난 것은 金泳三 의원 제명의 후유증이며, 민주주의가 짓밟혔다고 생각한 시민 감정의 폭발이라고 봅니다. 이런 부산에 비상계엄령을 선포하게 되면 정부가 마지막 비상수단을 행사하지 않고서는 통치능력을 발휘할 수 없다는 평가를 받을까 두렵습니다. 관광·무역·경제에 미치는 악영향도 생각해야 합니다.

비상계엄령이 아니더라도 시장·도지사는 경찰력으로 수습하지 못할 경우, 인근 軍부대의 지원을 요청할 수 있습니다. 각하께선 올바른 정책 건의는 받아들일 분이니 崔 총리께서는 비상계엄령 선포의 유보를 진언해 주셨으면 합니다."

金 장관의 말에 동조한 것은 申鉉碻 부총리뿐이었다. 토의 10여 분 만에 崔총리는 부산 지역에 대한 비상계엄령 선포안을 의결했다. 회의가 끝난 뒤 몇몇 국무위원들이 金致烈 장관에게 "잘했다"고 했으나 金 장관은 "그런 말은 회의 때 해야지"라면서 화를 냈다. 이날 총무처 장관 沈宜煥은 병석에 있어 차관 崔澤元이 대신 참석했다. 그는 계엄령 선포 의결이 끝난 뒤 국무위원들의 서명을 받았다. 李用熙 통일원 장관이 "나는 서명을 못 하겠다"고 버티어 崔 차관이 설득하느라 애를 먹었다.

비상계엄령은 '전쟁 또는 전쟁에 준하는 사변에 있어서 적의 포위 공격으로 인해 사회 질서가 교란된 지역에 선포한다'(계엄법)고 돼 있었다. 부산사태는 크게 잡아도 위수령 대상밖에 되지 않았다. 관계 장관인 具滋春 내무, 盧載鉉 국방, 朴瓚鉉 문교장관도 개인적으로는 '비상계엄을 펼 만한 사태는 아니다'고 판단하고 있었다고 했다.

朴 대통령의 속셈은 부산사태의 불티가 다른 지역으로 튀기 전에 신속히 진화한다는 것이었다. 病勢(병세)의 초기에 고단위 투약을 한다는 전략이었다. 이런 신속·과잉 대응의 기층심리엔 강박관념이 자리 잡고 있는 법이다. 겉으로는 朴 대통령이 확고부동한 통치력을 행사하여 국

내 치안을 완벽하게 장악하고 있는 것 같았지만 심리적으로는 오히려 쫓기고 몰리는 기분에 빠져 있었다. 데모가 金泳三의 본거지에서 일어났다는 점도 그의 결단에 영향을 주었다. 겉으론 강하지만 속으로는 약하고, 물리적으로는 막강하지만 심리적으로는 취약한 유신정권의 모순이 부산사태를 통해 노출된 것이다.

朴 대통령은 부산 지역에 비상계엄령을 선포한 뒤 잠자리에 들기 전에 생애 마지막 일기를 썼다.

〈7년 전을 회고하니 감회가 깊으나 지나간 7년간은 우리나라 역사에 기록될 중요한 시기이기도 하였다. 일부 反체제인사들은 현 체제에 대하여 집요하게 반발을 하지만 모든 것은 後世(후세)에 史家(사가)들이 공정히 평가하기를 바랄 뿐〉

부산 지역 2관구 사령부 소속 병력이 사태 악화에 대비하여 17일 밤 부산 시내로 이동하기 시작한 것은 계엄령 선포 세 시간 전인 밤 8시 30분쯤이었다. 밤 8시 34분 부산진서 상황실엔 "무장 군인들을 가득 태운 軍 트럭들이 서면 지하도 근방을 지나 시내로 들어가고 있다"는 보고가 접수되었다.

그때만 해도 부산 경찰은 아무리 강경책을 쓴다 해도 위수령 정도가 선포될 것으로 짐작하고 있었다. 시내로 들어간 2관구 소속 병력은 일단 부산역에 집결하여 상부로부터 명령을 기다렸다. 시민들은 심상치 않게 돌아간다는 낌새를 차리고 서둘러 집으로 돌아가기 시작했다. 비상계엄령이 17일 밤 11시를 기해 부산에 선포될 것이란 통보가 부산의 경찰·정보부·군부대에 떨어진 것은 밤 10시 30분이었다.

"밤 11시를 기해 비상계엄령이 선포됐고 통행금지 시간이 한 시간 당겨져 밤 11시부터 시행되니 선량한 시민들은 빨리 집으로 돌아가 주십시오."

경찰은 이런 안내방송을 밤 11시 이전에 하고 다녔다. 임시 국무회의가 18일 0시를 기해 비상계엄령을 선포키로 의결한 것은 17일 밤 11시 30분께였고 이 사실이 방송국 임시뉴스로 보도된 것도 그때였기 때문에 혼선이 빚어졌다. 일부 경찰서에선 밤 11시부터 통행금지 위반자 단속을 실시하여 아무것도 모르는 시민들을 잡아가기도 했다.

밤 11시 이후에도 데모대는 집으로 돌아가는 길에 파출소를 습격하고 유리창을 깨고 오토바이를 불태웠다. 서부서 구덕파출소는 18일 0시에 습격을 받았다. 400명쯤 되는 군중은 유리창·자전거·오토바이를 닥치는 대로 파괴한 뒤 두 갈래로 흩어져 달아났다. 이때 마침 軍 병력이 대신동으로 배치돼 들어오기 시작했다. 그래도 데모 군중 2,000명쯤은 법원 앞과 옛 영남극장 앞에 다시 모여 구호를 외쳤다. 서부경찰서가 全병력을 동원, 이들을 쫓아 버린 것은 18일 새벽 2시였다.

육군 군수사령관 朴贊兢 중장은 이날 한국을 방문한 대만의 3성 장군을 해운대 비치호텔에서 접대했다. 그는 밤 9시 30분쯤 숙소에 돌아왔다. 朴 장군은 전날의 시위사태를 알고 있었으나 큰 위기감은 느끼지 않았다. 朴 중장이 숙소에 돌아온 직후 청와대 車智澈 경호실장한테서 전화가 걸려왔다. 청와대에서 부산사태에 대해 협의 중에 있으니 계엄령 선포에 대비해 달라는 메시지였다. 朴 중장은 부산시장, 2관구 사령관, 군수기지사령부 참모장 등을 사령부로 불러 1차적인 지침을 시달했다.

金載圭의 부산 출장

金載圭는 10월 18일 새벽 2시쯤 부산의 계엄사령부(군수기지사령부)에 나타났다. 야간 비행으로 급히 내려온 것이었다. 金載圭는 朴興柱 대령(수행 비서관) 등 참모들을 데리고 왔다. 그는 부산지역계엄사령관 朴贊兢 중장에게 朴 대통령의 지시를 구두로 전달했다. 그 골자는 "데모의 징후가 여러 타 지역에서도 엿보이니까 빨리 사태를 진정시키라"는 것이었다.

朴 중장은 金載圭가 3군단장일 때 그 휘하에서 사단장으로 1년 정도 근무해서 친면이 있었다. 金載圭는 18일 아침 계엄사령부에서 열린 계엄위원회의에 참석했다. 崔錫元 부산시장을 비롯, 부산지검장, 시경국장, 교육감, 관구 사령관, 법원장 등 계엄위원들이 모인 자리에서 金載圭는 이렇게 말했다.

"4·19는 우리 軍의 수치였다. 계엄군이 본분을 이탈, 시민과 합세한 것은 잘못된 일이었다. 이번에는 軍의 본분에 충실하라."

金 부장은 또 1964년의 6·3 사태 때 6사단장으로서 서울지구 계엄업무를 맡았던 자신의 경험을 이야기했다. 金載圭의 이 부산 출장은 그와 朴 대통령의 운명을 결정하는 데 하나의 요인이 됐다. 부산에서 그가 보고 듣고 판단하고, 또 이용하려고 한 것이 10·26의 중요한 동기가 됐기 때문이다. 부산사태는 金載圭의 마음을 통해 계산되고, 과장되고, 왜곡되기도 하면서 커 가고 있었다.

金載圭가 밤중에 부산사태의 현장을 살피고 있던 바로 그 순간 丁一權 前 총리는 악몽을 꾸고 있었다. 그는 생전에 이런 증언을 남겼다.

"朴 대통령의 얼굴이 온통 피투성이였습니다. 눈꺼풀에도 피가 엉겨 붙어 있었어요. 그런 얼굴로 대통령은 '정 형!' 이라고 부르며 저를 껴안는 게 아니겠습니까. 그러면서 '이놈들, 이놈들' 하며 쓰러졌습니다. 이 순간 나는 깨어났는데, 집사람을 깨워 꿈 이야기를 했더니, 아내는 '꿈에 피를 보면 좋은 일이 생긴다' 고 저를 안심시킵디다. 전에도 큰 사건 전에 들어맞는 꿈을 몇 번 꾼 적이 있어 불안을 떨쳐 버릴 수 없었습니다."

부산에 비상계엄령이 선포되면서 계엄사령관으로 임명된 군수사령관 朴贊兢 중장(뒤에 총무처 장관)은 '발포문제' 로 고민하고 있었다. 간밤에 들이닥친 金載圭는 "사태를 빨리 수습하고, 연행자들을 서둘러 선별하라"는 朴正熙 대통령의 지침만 전달했을 뿐 발포문제에 대해선 일언반구 언급이 없었다.

朴사령관은 경찰이 시위 군중에 밀려서 軍이 나서게 된 것이니까 軍까지 밀려서는 안 된다는 생각을 했으나, 발포를 최악의 순간까지 억제하는 지침을 휘하 부대에 내렸다.

〈첫째, 사령관의 직접 명령에 의해서만 발포를 할 수 있다.

둘째, 이 직접 명령은 문서를 통해서가 아니라 직접 면담을 통해서 받아야 한다. 급박한 상황에서 전화로 발포 지시를 받아야 할 땐 먼저 사령관의 육성을 확인해야 한다〉

정부는 계엄 선포 첫날 신속하게 병력을 투입했다. 18일 새벽에 서울로부터 1개 공수특전 여단이 날아왔고, 아침에는 포항으로부터 1개 해병 연대가 부산으로 이동했다. 부산의 현지 병력과 합쳐서 계엄군의 규모는 5,500명에 달했다.

19일에 다시 2개 공수여단 병력 3,600명이 추가로 투입되었다. 약 9,100명으로 불어난 軍 병력에다가 약 1,800명의 경찰 병력을 더해 총 1만 900명의 계엄병력이 편성되었다. 이들 중 1,500명가량은 휴교에 들어간 10개 대학에 배치되었다. 부산시청, 방송국 등 주요 공공건물 26개 소에서 약 6,000명이 경비에 임했고, 나머지 3,400명은 기동 부대로서 시내를 순찰하는 등의 임무를 받았다.

朴 장군은 계엄군에게 실탄을 지급하지 말도록 지시했다. 최루탄도 소·중대장에게만 주었다. 데모대는 개머리판으로 진압토록 했다. 1개 소대에 경찰관 1~2명을 배치시켰다. 현지 사정에 밝은 경찰관이 데모 군중 속에서 불량배를 지적해 주면 그들을 붙잡기 위해서였다. 朴 장군은 이번 데모의 원인을 파악하기 위하여 여론조사를 실시하도록 합동수사단에 명령했다.

그는 지게꾼에서 대학교수까지 각계각층의 여론을 정확히 수집하도록 지시했다. 며칠 뒤 집계 분석된 여론조사의 결과에 따르면 부산 시위의 가장 큰 원인은 '경제 침체에 의한 서민·상인층의 불만' 으로 나타났다. 다음이 金泳三 의원 제명 뒤 야당 의원들이 낸 의원직 사퇴서에 대해서 여당 측이 선별수리한다는 보도였다. 석유 파동에 의한 경기 침체와 金泳三 제명이 2大 요인이었다는 얘기다.

18일 오전 10시, 간밤에 부산에 온 金載圭는 부산대학교에 나타났다. 본관 현관에서 박기채 총장이 그를 맞았다. 金載圭는 의례적인 말투로 "학생들은 어떻습니까?"고 물었다. 朴 총장이 총장실로 안내하려니까 金 부장은 "사실은 우리 부대가 여기 주둔하게 돼서 한 번 찾아보고 싶어 왔다"면서 "수고하십시오"라고 말하곤 軍 부대의 지휘부가 들어 있는 2층으로 올라갔다. 金 부장은 침착했고 잔말이 통 없었다.

정부가 계엄령 선포 직후 전투력이 가장 뛰어난 공수단과 해병대를 긴급 투입한 것은 부산사태를 철저하게 진압하겠다는 의지를 보여 준 것이었다. 특수훈련을 받고 특수전에 쓰이도록 만들어진 공수부대는 시위자들은 물론이고 일반시민들에게도 무차별 폭행을 가했다. 이로써 6·25 전쟁 이후 처음으로 일반인들이 군인들에 대한 악감정을 갖게 되었다. 특전사령부나 軍 지휘부에서는 이 과잉진압을 성공사례로 평가하여 1980년 5월 18일 광주에 또 공수단을 투입하였다가 유혈사태를 부른다.

동래구 동상동에 사는 회사원 신희철(당시 37세) 씨는 18일 밤 8시 50분쯤 서구 충무동 상륙다방 앞에서 공수부대 군인들에게 끌려가 개머리판으로 얻어맞아 머리를 크게 다쳤다. 뇌좌상과 뇌경막 손상을 당한 그는 봉생 신경외과에서 뇌수술까지 받았다.

부산지구 당감동에 사는 금은방 종업원인 전병진(당시 32세) 씨는 계엄령 첫날인 10월 18일 밤 9시 30분쯤 서면 태화극장 앞에서 택시를 먼저 잡으려고 찻길로 조금 나가 서 있었다. 앞당겨진 통행금지 시간이 30분밖에 남지 않아 시민들은 서로 먼저 타려고 법석을 떨고 있었다. 이때 공수부대 한 소대병력이 찻길을 따라 남쪽으로 행진해 오고 있었다. 그들은 앞에 걸리는 사람들을 청소하듯 해버렸다.

술에 조금 취해 있었던 전병진 씨는 미처 피할 틈도 없이 당했다. 개머리판으로 머리를 몇 대나 맞았는지 구둣발로 얼마나 채였는지 알 수 없었다. 정신을 차렸을 때 그는 정차한 택시 꽁무니에서 몸을 피하고 있었다. 군인 네 명이 다시 그를 끌어내 발길질과 개머리판으로 녹초를 만들었다. 그는 쓰러졌다. 군인들이 다 지나갔을 때 그는 벌떡 일어났다. 얼굴에서 피가 쏟아지고 있었다. 갑자기 머리가 핑 돌았다. 지하도를 건너서 한독병원을 찾았다. 한독병원에서는 간단한 응급치료만 해주고 자가용에 태워 당감동 한태일 신경외과로 옮겨다 주었다.

진단을 해보니 앞 이빨 다섯 개가 부려졌고 오른쪽 귀 위의 머리뼈에 분쇄골절이 생겼음이 드러났다. 그는 분쇄골절된 부분을 잘라 내는 수술과 그 자리에 플라스틱을 대신 끼우는 수술을 두 차례 받았다.

공수부대에서 쓰는 곤봉은 야간 전투에 쓰도록 만든 것으로서 경찰관의 그것보다 훨씬 길며 조금 휘어 있어 이슬람 기병들의 환도처럼 생겼다.

시민들은 길바닥에 꿇어앉혀져 몽둥이질을 당하고 있는 사람들을 못 본 체하고 지나가는 버릇을 익혀야 했다. 구타를 말리려다가 얻어맞기도 했다. 경찰관들도 안전하지 못했다. 동부경찰서 ㄱ경위는 두 형사와 함께 남포동에 나왔다가 공수부대 군인 두 명이 한 시민을 개머리판과 발길질로 심하게 때리는 것을 보았다. ㄱ경위는 불끈 화가 치밀었다. 몇째 동생 나이밖에 안 되는 그 군인들에게 "이러면 안 된다"고 타일렀다.

"넌 뭐야?"

"경찰관이다."

ㄱ경위는 신분증을 보여주었다. 이때 대위 계급장을 단 장교가 오더니 버럭 고함을 질렀다.

"경찰 같은 것 쓸데없어. 이 새끼들 조져!"

이 명령이 떨어지자 근처에 배치돼 있던 공수부대 사병들 10여 명이 몰려와 세 경찰관을 으슥한 골목으로 끌고 갔다. 주먹과 발길이 어지럽게 오갔다. ㄱ경위는 전치 2주의 상처, 형사 한 명은 고막을 다쳤다.

군인들에게 맞아 다친 시민들의 80% 이상이 머리에 상처를 입었다. 다친 시민들의 진단 병명을 늘어놓으면 군인들이 어떻게 두들겨 팼는지를 알 수 있을 것이다. 창자파열, 뇌좌상, 뇌진탕, 전두부파열상, 후두부열창, 안면열창, 안면부내부열창, 전신타박상, 뇌경막손상….

18일 마산 경남대학교. 점심 때 도서관 앞 잔디밭에선 이야기꽃이 피고 있었다. 경제과 3학년엔 부산에서 통학하던 학생이 둘 있었다. 이 두 학생은 부산 데모 이야기를 하고 있었고, 다른 학생들은 귀를 쫑긋하여 듣고 있었다. 이날 아침 학생들은 부산에 비상계엄령이 내려졌다는 사실을 알고 등교했다. 학교 게시판에는 '박정희 파쇼정권 타도'라고 쓰인 격문이 붙어 있었다. 술렁대는 분위기 속에서 점심시간이 끝나 가고 있었는데, 이때 느닷없이 교내 스피커에서 "오늘은 휴강을 실시하니 학생들은 빨리 집으로 돌아가 주기 바랍니다"는 방송이 흘러나왔다. 학생들은 웅성웅성했다.

"우리는 데모도 안 했는데…."

학생들은 납득할 수 없는 휴강령에 불만을 토로하기 시작했다. 부산 데모가 경찰의 개입으로 확대된 것과 똑같이 마산 데모에 기름을 부은 것은 이 휴강 조처였다.

귀가하는 학생들은 저절로 길목인 도서관 앞으로 모여들었다. 군중이 되면 용기도 전염된다. 누가 나서 주기를 바라는 분위기가 됐다. 말하자면 인화물질에 기름은 끼얹어졌는데 성냥을 그어 댈 사람이 아직 안 나타난 상황이었다.

부산이나 마산사태의 발단은 모두 우발적인 것 같아 보이지만 자세히 들여다보면 因果(인과)관계가 분명하다. 부산에서 鄭光敏이 한 역할을 마산에서 한 것이 국제개발학과 2학년 정인권(당시 22세)이었다. 두 鄭 군은 울컥하는 충동적 심정으로 성냥을 그어 댄 것이 아니라 오랜 고민과 결심의 결과에 따라 행동한 것이었다.

정인권은 며칠 전부터 일곱 명의 학생들과 데모 계획을 짜 놓고 있었다. 중간고사가 시작되는 10월 21일을 D 데이로 잡고 있었다. 휴업이 길어지면 D 데이를 지킬 수 없게 된다. 당황한 정인권은 대책을 의논하려고 동료들을 찾아 우왕좌왕하다가 스스로 결단을 내렸다. 그는 학생들 앞으로 나섰다.

"부산 학생들과 같이 싸우자."

"3·15 정신을 되살리자."

"부모들이 피땀 흘려 공부시킨 것이 이럴 때 바보처럼 가만히 있으라고 한 줄 아느냐."

鄭 군의 일장 연설은 학생들을 움직이기에 충분했다. 그는 뇌관을 터뜨렸고, 그 다음부터는 학생과 시민의 자체 추진력에 의해 저절로 굴러갈 것이었다. 그 뒤로는 鄭 군이 다시 지도자로 나설 필요조차 없었다.

마산 시위도 부산과 거의 같은 생리로 진행됐다. 학생들은 어깨동무를 하고 구호를 외치며 학교 바깥으로 나가려 했다. 정문 앞을 경찰이 막자 "3·15 의거탑에서 만나자", "불종거리(의거탑에서 가까움)에서 만나자"고 속삭였다. 일부는 담을 뛰어넘어, 일부는 집으로 가는 체하다 정문을 통해 노동자와 시민들이 기다리는 시내로 빠져나가기 시작했다.

"4·19는 시작됐습니다"

金載圭는 10월 18일 오후 항공편으로 부산에서 서울로 올라갔다. 그는 10 ·26 사건의 재판과정에서 이렇게 진술했다.

〈부산사태는 그 진상이 일반 국민에게는 잘 알려지지 않았지만 굉장한 것이었습니다. 본인이 확인한 바로는 불순세력이나 정치세력의 배후조종이나 사주로 일어난 것이 아니라 순수한 일반 시민에 의한 민중봉기로서 시민이 데모대원에게 음료수와 맥주를 날라다 주고 피신처를 제공하는 등 데모하는 사람과 시민이 완전히 의기투합하여 한 덩어리가 되어 있었고, 수십 대의 경찰차와 수십 개 소의 파출소를 파괴하였을 정도로 심각한 것이었습니다.

본인이 부산을 다녀오면서 바로 朴 대통령에게 보고를 드린 일이 있습니다. 김계원, 차지철 실장이 동석하여 저녁식사를 막 끝낸 식당에서였습니다. 부산사태는 체제저항과 정책 불신 및 물가高에 대한 반발에 조세저항까지 겹친 民亂(민란)이라는 것과 전국 5대 도시로 확산될 것이라는 것 및 따라서 정부로서는 근본적인 대책을 강구하지 않으면 안 되겠다는 것 등 본인이 직접 시찰하고 판단한 대로 솔직하게 보고를 드렸음은 물론입니다.

그랬더니 朴 대통령은 버럭 화를 내더니 앞으로 '부산 같은 사태가 생기면 이제는 내가 직접 발포명령을 내리겠다. 자유당 때는 최인규나 곽영주가 발포명령을 하여 사형을 당하였지만 내가 직접 발포명령을 하면 대통령인 나를 누가 사형하겠느냐'고 역정을 내셨고, 같은 자리에 있던 車 실장은 이 말 끝에 '캄보디아에서는 300만 명을 죽이고도 까딱 없었는데 우리도 데모대원 100만~200만 명 정도 죽인다고 까딱 있겠습니까 하는 무시무시한 말들을 함부로 하는 것이었습니다. 그런데 朴 대통령의 이와 같은 반응은 절대로 말만에 그치는 것이 아니라는 것이 본인의 판단이었습니다.

朴 대통령은 누구보다도 본인이 잘 압니다. 그는 군인 출신이고 절대로 물러설 줄을 모르는 분입니다. 더구나 10월 유신 이후 집권욕이 애국심보다 훨씬 강해져서, 심지어 국가의 안보조차도 집권욕의 아래에 두고 있던 분입니다. 李承晩 대통령과 여러모로 비교해 보았지만 朴 대통령은 李 박사와는 달라서 물러설 줄을 모르고 어떠한 저항이 있더라도 기필코 방어해 내고 말 분입니다.

4·19와 같은 사태가 오면 국민과 정부 사이에 치열한 공방전이 벌어질 것은 분명하고 그렇게 되면 얼마나 많은 국민이 희생될 것인지 상상하기에 어렵지 아니한 일이었습니다. 그런데 4·19와 같은 사태는 눈앞에 다가왔고 아니 부산에서 이미 4·19와 같은 사태는 벌어지고 있었습니다〉《항소이유 보충서》中 발췌)

金載圭는 1979년 초에 일어난 이란 혁명에 대해 연구를 시킨 적이 있었다. 일반 시민의 봉기를 제압하는 것이 매우 어렵다는 얘기를 평소에 자주 했다. 그는 부산사태의 현장 시찰을 하고 서울에 올라와서는 부산에 연고가 있는 간부들을 현지로 내려보내 사태의 원인을 분석하도록 지시했다.

부산 시위 현장에 다녀온 직후의 金載圭를 가장 가까이에서 관찰했던 사람은 김봉태였다. 金載圭 부인의 여동생 남편으로서 의사인 김봉태 씨는 퇴근 뒤 거의 매일 남산 기슭의 정보부장 공관으로 손위 동서를 찾

아갔다. 金載圭 부부와 저녁을 먹으면서 가끔 충고를 하기도 했다. 金
씨는 이렇게 기억했다.

"부산사태를 시찰하고 돌아온 다음날인가, 저녁식사 때 이런 대화를
나눈 기억이 납니다. 제가 '民亂이라면 반란 아닙니까'라고 되물었더니
그분은 '자네가 그런 말을 하나'고 하더니 '그렇지, 그건 민중봉기야,
민중봉기'라고 말하더군요."

이날부터 金載圭의 분위기는 싹 달라졌다고 한다. 식탁에서도 말이
없었고 굳은 표정으로 무엇을 골똘히 생각하는 것 같았다. 사람도 피했
다. 저녁식사 뒤에는 여느 때처럼 잡담도 하지 않고 바로 2층으로 올라
가 버렸다.

金載圭는 10월 24일 당시 공화당 의원 李厚洛을 만났을 때 지나치는
말처럼 "제가 싹 해치우겠습니다"고 했다고 한다. 李厚洛은 그때는 "신
민당을 해치우겠다"는 뜻으로 알아들었다는 것이다. 金載圭가 존경했던
李鍾贊 장군(당시 유정회 의원)도 이 무렵 金載圭를 찾아가 "유정회 의
원을 더 이상 못 해먹겠다"고 하소연을 했다. 金載圭는 "조금만 기다려
주십시오"라고 사정하더란 것이다.

朴 대통령은 10월 19일 오후 싱가포르 李光耀 총리의 예방을 받았다.
李 총리는 10월 16일에 來韓했었다. 朴 대통령은 李 총리에게 우리 농촌
에 대한 인상을 물었다. 李 총리는 "농민의 생활 수준이 대단히 높은 데
놀랐다"고 답했다. 대접견실에서 훈장 수여와 기념 촬영이 끝나자 두 사
람은 서재로 옮겨 요담에 들어갔다. 창가에는 가을 양광이 따스하게 비
치고 있었다. 이날 朴 대통령은 대단히 만족해하였다. 李 총리와 뜻이
통했던 것이다.

그해 6월 말에 있었던 카터 대통령과의 거북한 만남과는 대조적인 대면이었다. 朴正熙, 李光耀 두 사람 다 공산주의자와 싸워 가면서 아시아의 후진국을 개발도상국으로 도약시키는 데 성공한 국가 지도자인 만큼 서로의 고뇌를 同病相憐(동병상련)의 마음으로 이해했던 것 같다.

이날 저녁에 베풀어진 만찬에서 李光耀 총리는 답사를 통해 이렇게 말했다.

"대한민국의 성공과 경제 번영은 대한민국 국민과 그 지도자들의 자질이 어떠한가를 가장 잘 나타내는 징표이며, 한국이 공업·농업 분야에서 이룩한 발전은 다양하고 뚜렷하다. 이와 같은 발전은 첫째, 능력 있고 추진력이 강한 국민과 둘째, 확고한 지도력 없이는 성취될 수 없는 것이다.

어떤 지도자들은 그들의 관심과 정력을 대중매체로부터 각광을 받고 여론조사에서 호의적인 반응을 얻는 데 소모하고, 다른 지도자들은 일에 모든 정력을 집중하고 자신들의 평가를 역사의 심판에 맡긴다. 朴 대통령 각하가 바로 눈앞의 현실에 집착하는 분이었다면 오늘의 대한민국은 존재하지 않았을 것이다."

마산에 위수령 발동

그러나 이날 밤에도 마산시내에선 격렬한 폭동이 이틀째 계속됐다. 朴 대통령은 직접 부산지구 계엄사령관 朴贊兢 중장에게 전화를 걸었다. 朴 대통령은 "마산은 당신의 책임 구역이 아니지만, 현지 부대장과 의논하여, 자네의 책임 지역으로 생각하고 도와주라"고 말했다. 朴 장군은 부산에 내려온 공수특전사 2개 여단 중 1개 여단을 마산으로 급파했다. 마산에 위수령이 발동된 것은 10월 20일 정오였다.

마산 지역 사단장 조옥식 소장은 "경남지사의 요청에 의해 국방장관의 승인을 얻어 마산시 일원에 위수령을 발동한다"고 했다. 위수령은 그 지역 행정책임자의 요청에 의해서 내려지게 돼 있지만, 金聖柱 당시 경남지사는 병력을 요청한 사실이 없었다. 모든 실제 행동은 청와대 주변의 권력 핵심에서 이뤄졌고, 발표는 요식행위에 지나지 않았다.

朴 대통령은 신속한 강경 진압책과 함께 시국수습 방안의 연구를 직접 지시했다. 20일쯤 朴 대통령은 공화당 申洞植 사무총장에게 전화를 걸어 "시국 수습에 관한 당 의원들의 의견을 수집 보고하라. 발언 내용에 대한 일체의 책임은 내가 질 테니 정확한 보고를 올려라"고 명령했다. 정보부뿐만 아니라 경찰, 검찰, 행정 조직, 그리고 車智澈의 사적인 정보기관까지 정권의 모든 촉각은 釜馬사태의 원인 규명과 그 대응책 수립 쪽으로 가동되기 시작했다

10월 21일은 일요일이었다. 유정회 趙一濟 의원은 金桂元 비서실장으로부터 "만나자"는 연락을 받았다. 정보부에서 국내 정치담당 과장·국장·차장보를 오래 지낸 趙 의원은 과거 상관인 金 실장 집으로 찾아갔다. 金 실장은 시국 수습에 대한 의견을 물었다. 유신선포 무렵에 국내 정치를 총괄했던 趙 의원은 솔직하게 이야기했다.

"유신헌법의 정신이 지금 왜곡되고 있습니다. 당초의 헌법 정신은 朴 대통령이 黨籍(당적)을 갖지 않고 초당적 차원에서 국정을 통괄하고, 국무총리는 야당도 될 수 있도록 한 것입니다. 2원집정제적인 요소가 있는 헌법입니다. 그래야 대통령이 국회의원의 3분의 1을 지명할 수 있는 정

당성을 갖게 되는 것 아닙니까. 그런데 朴 대통령께서 공화당 총재직을 맡아 여당의 당수가 되셨습니다.

야당 입장에서 보면 정권장악이 구조적으로 불가능하게 된 것입니다. 그러니 극한투쟁이 안 될 수 있겠습니까. 이제는 우리나라의 체구도 커졌으니 옷을 갈아입어야 합니다. 朴 대통령이 공화당 총재직을 내놓고 국방, 통일문제 등 큰 줄기만 붙들고 자질구레한 건 민주화시켜야 합니다."

金 실장은 무릎을 탁 치며 말했다. 그 며칠 전 朴 대통령이 "金 실장, 아무리 생각해도 내가 공화당 총재를 맡은 건 잘못된 것 같아"라고 말하더란 것이다. 10년간 대만에서 대사 생활을 하는 바람에 국내 정치정세에 어두워진 金 실장은 무슨 뜻인지 몰라 가만히 있었다는 것이다. 金 실장은 "그런 질문을 다시 할지 모르니 건의서를 하나 써 달라"고 부탁했다.

이 날짜 내외통신에 따르면 북한은 10월 20일에 이른바 조국전선중앙위 긴급확대회의를 소집한 데 이어 10월 21일에는 평양시 군중대회라는 걸 열고, 부산사태의 전국적인 확산을 겨냥하여 한국 대학생 및 시민들의 反정부 투쟁을 극렬하게 선동했다는 것이다.

朴 대통령의 지시에 따라 공화당은 이틀간 무역회관 식당에서 상임위원회별로 모여 의원들의 시국수습책을 들었다. 식당 문을 닫아걸고 기자들의 출입도 막았다. 申洞植 사무총장은 "발언내용은 내가 책임진다"는 朴 대통령의 말을 전하고 "한 사람도 빠지지 말고 이야기해야 한다"고 했다. 오랜만에 언론자유를 얻은 여당 의원들은 솔직한 이야기들을 쏟아 놓았다.

"정보부장을 바꾸라."

"청와대 비서실을 개편해야 한다."

"후계자를 빨리 부상시켜야 한다"는 이야기에 이어 "각하께서 한번 쉬시는 게 좋겠다"는 말까지 나왔다.

申 총장은 이 발언들을 첨삭하지 않고 충실히 기록하여 두툼한 보고서를 만들었다. 청와대로 이 보고서를 가져가기 직전인 24일 대통령 비서실에서 전화가 왔다.

"각하께서 그 보고를 안 듣겠다고 하십니다."

白斗鎭 당시 국회의장은 이 무렵 金載圭의 직접 전화를 받았다.

"釜馬사태를 조종한 것은 공산계열인 南民戰 조직이라는 증거가 나오기 시작했다"는 내용이었다. 金 부장의 이 통보는 부산 수사진의 보고를 그대로 전한 것으로 보인다. 金正燮 제2차장보도 10·26 뒤 계엄사 합동수사본부에서 조사를 받을 때, 釜馬사태의 배후 조직을 ① 南民戰 ② 기독교 계통 ③ 불평불만분자라고 진술한 것으로 미루어 '南民戰 조종' 쪽으로 수사 방향이 기울고 있었던 것 같다. 당시 부산의 수사진은 서울에서 내려와 시위를 지휘하다가 현장에서 연행된 운동권 학생 황모 씨를 南民戰이라고 착각하여 조사를 벌이고 있었는데 이것이 과장 보고된 듯하다.

10월 18~25일 사이 金載圭는 釜馬사태에 대해 매우 엇갈리는 말을 했다. 측근들이나 知人(지인)들에겐 사석에서 釜馬사태가 장기집권에 대한 厭症(염증)에서 비롯됐고 배후는 없다고 말하곤 했지만 공식회의에선 상투적인 원인 분석 결과를 보고하곤 했다.

林芳鉉 당시 청와대 대변인(뒤에 민정당 의원)은 이렇게 기억했다.

"관계자 회의에서 金載圭는 부마사태의 주모자를 첫째 신민당, 둘째 학생, 셋째 제5열의 개입 등 세 갈래로 추정, 조사를 하고 있다고 보고하는 것을 들었다. 朴 대통령을 마주 보지도 못하고 아래로 시선을 비껴 던진 채 풀 죽은 표정으로 보고서를 읽고 있었다. 정보부장이 저런 애매한 보고를 해선 곤란하다는 생각이 들었다."

金致烈 법무장관도 비슷한 느낌을 받았다.

"안보회의에서 김재규의 보고사항 중 신민당이 조종했다는 내용이 분명히 들어 있었다. 나는 다른 계통으로 부산사태에 대한 정보를 받고 있었으므로 '저게 아닌데' 하는 생각을 했다."

金載圭는 부산사태를 현지시찰하고 돌아온 직후 정보부 간부들을 모아 놓고 이런 말을 했다(제2차장보 金正燮 진술).

"부산에 가 보니 300만 시민 중 70% 이상이 유신체제를 지지하고 30% 이하가 반대하는 정도의 민심이다. 부산시가나 항만은 유신 후에 눈부신 발전을 하고 있어 일부 시민이 호응했다고 해도 행정관청에서 과감한 시정만 하면 곧 회복될 것이다."

金致烈과 밀담

1979년 10월 22일 金致烈 법무장관은 朴 대통령의 부름을 받고 밤에 청와대에 들어갔다. 두 사람은 장시간 釜馬사태 등 時局문제를 이야기했다. 다음날도 金致烈 장관은 두 번째의 단독 면담을 했다. 金 장관은 난국을 타개할 근본 대책으로 유신헌법의 개정을 건의했다. 개헌의 골자는 유정회 제도를 없애고 통일주체국민회의에 의한 대통령 간선제를 바꾸자는 것이었다.

朴 대통령은 "나도 같은 의견이다"는 태도를 보였다. 金 장관은 이를 "개헌 문제를 연구해 보라"는 뜻으로 해석했다. 첫날 면담 도중 朴 대통령은 "정보부에서 몇 년 근무했지" 하고 물었다. 金 장관은 1970~1973년 사이 金桂元·李厚洛 부장 아래서 차장으로 일한 적이 있었다. 朴 대통령의 물음에서 金 장관은 대통령이 자신을 정보부장감으로 생각하고 있다는 인상을 받았다.

朴 대통령과 金 장관의 면담 직후 권력층 주변에선 '후임 정보부장은 金致烈'이란 얘기가 돌았다. 당시 공화당 의원이었던 李厚洛은 10월 24일에 같은 선거구 출신인 신민당 의원 崔炯佑를 만나 당직 사퇴를 권유하면서 그런 귀띔을 했다.

金 장관은 신민당 金泳三 총재에 대한 의원직 제명 직전엔 "강경책이 百藥之長(백약지장)이라면 팔레비나 소모사의 말로가 왜 그렇게 되었겠습니까"라는 일종의 '상소문'을 개인적으로 朴 대통령에게 올린 적도 있었다. 이러한 金 장관에게 朴 대통령이 중앙정보부장 자리를 맡기기로 결심했다면 그것은 정국의 근본적인 전환뿐만 아니라 유신체제의 進路(진로)에 대한 재검토를 뜻하는 것이었으리라.

金載圭도 자신의 후임으로 金致烈 장관의 이름이 오르고 있다는 것을 알았을 가능성이 있다. 상당수 정보부 간부들도 "금명간 부장이 바뀐다"고 믿고 있었을 정도였으니까 金載圭로서는 "내가 해치울 수 있는 시간도 며칠 남지 않았다"는 강박관념이 생겼을 것이다.

玄鴻柱 국장은 10월 22일 오후 2시부터 청와대에서 釜馬사태에 대한 중간 보고를 했다. 朴 대통령, 金載圭 정보부장, 金桂元 비서실장을 비

롯하여 내무·국방·법무·문교·문공장관 등이 참석한 자리였다. 玄 국장은 보고서의 제목을 '부산·마산 소요사건의 실태와 대책'이라고 붙였다. 그 요지는 이러했다.

〈이번 사태는 단순한 학생데모가 아니라 시민 일부가 가담한 폭동에 가까운 소요였다. 시민들이 가세한 이유는 각 계층별로 차이는 있으나 租稅 저항, 일선 경찰관 등 행정기관의 부조리에 대한 불만, 貧富 격차에 따른 위화감, 변화에 대한 기대감 등이다. 민심 수습을 위한 각종 대책과 함께 현 정부가 안정되어 있으나 정체함이 없이 항상 쇄신하는 정부라는 것을 보여 주어야 한다.

정부 각 부처가 국민들에게 희망을 줄 수 있는 원대한 비전을 제시하고 항상 새로운 면모를 보이는 것이 중요하다. 구체적으로는 부산·마산 사건 수사결과를 빨리 발표할 것, 지방도시의 소요진압 능력을 강화할 것, 관계기관의 예방정보활동을 강화할 것, 서민생활 안정대책을 세울 것 등이다〉

朴 대통령은 이 보고에 대단히 만족했다. 그는 "이 보고서를 국무위원들에게 읽어 주고 총리 책임 하에 대책을 시행하도록 하라"고 지시했다. 朴 대통령은 또 "이번 사태는 충분히 사전에 예방할 수 있었는데도 불구하고 중앙정보부, 내무부 등 정보기관의 활동이 미흡하였다"고 지적했다. 이날 오후 5시 釜馬사태 대책 수립을 위한 긴급 국무회의가 소집되었다. 朴 대통령 대신 崔圭夏 국무총리가 주재했다.

10월 23일 오전 金載圭 정보부장은 부장실에서 간부들을 불러 놓고 전날 청와대에서 있었던 대책회의 결과를 설명했다. 그는 "각하께서 中情은 그동안 무엇을 했는가, 학원 내의 정보망은 도대체 어떻게 된 것인가, 크게 꾸중을 하셨다"고 솔직히 털어놓았다. 金 부장은 朴 대통령으로부터 받은 지적사항을 그대로 전달하는 성격이었다.

10월 24일 정보부 기정국장 玄鴻柱 씨는 상부로부터 "내일 청와대에서 안보대책회의가 열린다. 보고서를 준비하라"는 지시를 다시 받았다. 그는 22일 보고문서를 토대로 새로운 보고서를 작성했다.

신민당 黃珞周 총무는 10월 23일 정보부 金正燮 차장보로부터 만나자는 전화를 받았다. 黃 의원은 24일 오전 약속된 장소인 서울시청 근방 백남빌딩의 한 사무실로 들어갔다. 들어가자마자 金正燮 차장보의 부하가 불쑥 전화기를 내밀었다. 엉겁결에 받았다. 金載圭였다.

"아이구, 黃 총무님 오랜만입니다. 중대한 문제가 있으니 지금 이리로 와 주십시오, 안내는 金 차장보가 할 겁니다."

黃 총무를 태운 뉴 코로나가 당도한 곳은 궁정동의 정보부장 사무실이었다. 문 앞에서 낯익은 金 부장이 기다리고 있었다. 응접실로 黃珞周를 안내한 金載圭는 30분 동안 딴소리를 했다. 일본의 도쿠가와 이에야스 이야기를 하더니 "지도자는 후퇴를 잘해야 한다"고 말하기도 했다. 朴 대통령의 위대성에 대해서는 열을 내 말했다. 이윽고 釜馬사태 이야기가 나왔다.

"신문에선 양아치와 불량배가 데모했다고 하지만 실은 선량한 시민들과 학생들이 대부분이었습니다. 우리가 이 난국을 수습 못 하면 광화문 네거리가 피바다가 됩니다. 이걸 수습할 분은 나와 黃 총무뿐입니다."

이렇게 해서 본론이 시작됐다. 金載圭는 "난국 수습을 위해선 金泳三 총재가 당의 일선에서 물러나야 하며, 黃 총무도 원내총무직을 사퇴해 주어야겠다"고 말했다. 그는 이어서 "金泳三 총재는 나와는 같은 피가 섞인 一家가 아닌가. 내가 그분이 망할 일을 하겠는가. 黃 총무도 사퇴하면 경영하고 있는 진해여상의 확장을 도와주겠고, 2~3년 뒤에는 롤백할 수 있도록 밀어주겠다"고 미끼를 던졌다.

黃 총무는 김재규가 말을 조리 있게 잘하는 데 놀랐다. 金載圭는 계속해서 "만약 黃 총무가 불응하면, 감옥에 안 보낼 수 없다. 총무에 대한 모든 비위조사는 다 돼 있다"고 위협했다. 釜馬사태가 진정 기미를 보이자 金載圭는 중단된 신민당 당직자 사퇴 공작을 再開(재개)했다. 그는 李厚洛 공화당 의원에게 부탁하여, 崔炯佑 의원이 당기위원장에서 사퇴하도록 설득하도록 했다. 金載圭의 의도는 黃 총무 등 당직자들을 사퇴시키고 鄭雲甲 代行체제를 출범시켜 조종하려는 것이었다.

黃 의원은 오후 4시쯤 "선약이 있다"고 거짓말을 한 뒤 궁정동 사무실을 나왔다. 金載圭는 문 밖까지 따라 나오면서 부탁했다.

"내일 기자회견을 통해 사퇴를 발표해 주세요. 일을 잘 처리하고 함께 진해의 맑은 공기나 마시러 갑시다."

黃 의원은 그 길로 같은 선거구의 공화당 의원 朴鐘圭(前 대통령 경호실장)를 찾아갔다. 朴 의원은 黃 의원의 이야기를 다 듣고 나서 바로 청와대에 대통령 면담 신청을 했다. 오후 5시 30분쯤 崔侊洙 의전수석비서관이 "지금 바로 들어오시랍니다"라고 연락을 해왔다.

이날(10월 24일) 朴正熙 대통령은 車智澈 경호실장을 오전 9시53분부터 10시 55분까지 만나는 것으로 日課(일과)를 시작했다. 그 직후 金載圭 부장을 불러 32분간 보고를 받았다. 朴 대통령은 오후 2시엔 조지 볼 前 美 국무차관의 예방을 받고 '한국미술5천년전' 圖錄(도록)을 선물했다. 朴 대통령은 오후 4시50분부터 6시까지 金桂元 비서실장, 柳赫仁

정무1수석, 申稙秀 특보, 金淇春 검사를 불러 시국대책에 대해서 논의했다. 이들은 오후 6시부터 저녁식사를 시작했다. 오후 6시 10분에는 면담신청을 했던 朴鐘圭가 합류했다. 朴 의원이 집무실 옆 식당으로 들어가니 朴 대통령과 측근들이 칵테일을 들고 있었다.

"馬山은 어땠어? 자네 집은 피해 없었나?"

朴鐘圭는 보고 들은 釜馬사태의 심각성을 이야기하고, 온건한 대책을 건의했다. 오후 7시 30분쯤 저녁식사가 끝나고 다른 사람들이 일어서는데 朴 대통령은 "자네는 남게"라고 했다. 두 사람만 남자 朴鐘圭는 "각하, 오늘 낮에 黃珞周 총무가 찾아왔습니다"라고 말문을 열었다.

"김재규를 만났대?"

"그런 말은 없었습니다. 만났더라도 그런 말 하지 말라고 주의를 받았겠죠."

"알아. 아까 다 보고받았어."

朴鐘圭는 金泳三 의원직 제명과 선별수리론의 부당성을 험구까지 섞어 가면서 솔직하게 털어놓았다. 그는 공화당의 경직성도 비판했다. 두 시간쯤 이야기를 했는데 朴 대통령은 "그렇다면 자네가 나서서 일단 金泳三과 의견을 나누어 보게"라고 했다.

'신민당 조종설'에 집착한 청와대

1979년 10월 25일 오전 8시 30분부터 오후 1시 30분 사이 수도경비사령부에서는 공안관계 각 시도 기관장들을 소집하여 시국문제에 대한 설명회를 가졌다. 李在田 경호실 차장과 청와대 金淇春 검사가 나와서 서울 지역에서 시위가 일어날 경우의 대비책을 설명하고 부대에선 시위 진압을 시범했다. 이 모임에 참석했던 정보부의 6개 지부장들이 부장을 만나기 위하여 본부에 갔더니 金載圭는 황급히 외출하면서 악수만 했다.

金載圭 정보부장은 10월 25일 오전 11시 20분부터 30분간 안전국장 金瑾洙 씨로부터 釜馬사태에 대한 수사상황을 보고받았다. 金 국장은 '反유신 및 總和(총화)저해사범'에 대한 수사를 맡고 있었으므로 釜馬사태가 터지자 부하 30명을 현지에 내려보내 수사를 지휘하고 있었다.

이날 그는 釜馬사태에서 신민당의 개입 여부에 대한 수사 상황을 보고했다. 신민당 지구당의 선전·총무·부위원장급들을 검거하여 조사하라는 청와대 지시가 있었기 때문이었다. 金載圭 부장은 보고를 받는 자리에서 金 국장에게 "청와대가 입수한 첩보라는데, 오는 10월 29일 전국적으로 대학가에서 시위가 벌어질 것이라 하니 정보 수집에 만전을 기하라"고 지시했다. 釜馬사태 이후 사무실에서 자고 있었던 金 국장은 이날 오후 '29일 시위설 첩보'를 확인하기 위해 전국의 조직을 점검했다.

金桂元 비서실장은 10·26 사건 뒤 軍 검찰 신문에서 이런 말을 했었다.

"부산사태에 대하여 차지철은 각하에게 신민당이 배후 조종한 폭동이라고 해서 선입견을 갖게 하고, 중앙정보부는 조사결과 신민당이 아니고 남조선민족해방전선 등 불온단체와 일부 反정부 학생들이 가담했다고 보고했으나 각하로부터 거절당하고 오히려 야단을 맞게 되자 金載圭는 그 원인이 차지철의 농간에 의한 것이라고 눈치 채고 분노가 극도에 달한 바 있습니다."

釜馬사태는 이처럼 金載圭와 車智澈의 갈등을 증폭시켰다. 특히 朴

대통령이 車 실장의 엉터리 정보보고에 넘어가 부산사태를 金泳三 총재의 신민당원들이 사주한 것이란 선입견을 갖게 되고, 그런 조작된 결론이 나오도록 金載圭의 정보부를 압박해 간 것은, 결과적으로 자신의 生을 단축시키고 만다.

1979년 10월 25일은 목요일이었는데 맑았다. 이날 朴 대통령은 으레 그러하듯이 車智澈 경호실장을 만나는 것으로 일과를 시작했다. 오전 9시 40분부터 10시 15분 사이 약 35분간 車 실장은 시국 및 야당 동향에 대해서 보고했다. 朴 대통령은 그 직후 朴鐘圭 공화당 의원을 집무실로 불러 23분간 대화했다.

朴鐘圭는 이날 아침 신민당 黃珞周 총무와 아침을 먹으면서 전날 밤 朴 대통령과 나눴던 대화내용을 알려주었다. 朴 의원은 "金泳三 총재의 태도를 빨리 통보해 달라"고 했다. 金 총재를 만나고 나온 黃 의원은 朴 의원에게 "金 총재도 난국 수습엔 동감이다. 긴급조치 9호의 철폐와 민주화 추진은 선행돼야 한다. 야당분열 공작도 중단돼야 한다"는 뜻을 전했다. 朴鐘圭는 朴 대통령을 만난 자리에서 金泳三의 뜻을 전했다. 朴鐘圭는 생전에 "朴 대통령께선 金 총재가 제시한 조건을 거의 긍정적으로 받아들였다"고 말한 바 있다.

朴 대통령은 '단, 앞으로 질서파괴와 폭력을 수반하는 불법행위는 없어야 한다'고 친필로 메모를 해주었다는 것이다. 朴鐘圭가 대통령 집무실에서 나오는데 입구에 車智澈 경호실장의 보좌관이 기다리고 있다가 "실장님이 점심을 대접하고 싶다고 하십니다"고 했다. 朴 의원은 "시간이 없으니 차나 한잔 들고 가자"면서 경호실장실로 들어갔다. 車 실장은 朴 의원을 '실장님'이라고 부르면서 깍듯이 대했다.

"이틀 동안 각하와 무슨 말씀을 나누셨습니까."

"중요한 이야기는 하나도 없었어."

朴 의원은 퉁명스럽게 하대하는 말을 했다.

"혹시 金載圭 정보부장을 바꾸겠다는 말씀은 안 하셨습니까."

朴鐘圭는 '金과 車의 불화가 이 정도로 깊은가' 하고 탄식했다고 한다. 朴鐘圭는 車를 높게 평가하지 않고 있었다. 그를 부하로 데리고 있을 때 그의 성품을 간파했기 때문이다. 겉으로는 우쭐해하지만 소심하고 겁이 많은 것이 車智澈이었다. 그래서 1974년에 후임을 천거할 때도 朴鐘圭는 吳定根을 밀어 朴 대통령의 내락까지 받았었다고 한다. 朴 대통령은 나중에 태도를 바꿔 車를 선택했다.

오전 11시 金溶植 駐美 대사가 출국인사차 朴 대통령을 방문했다. 朴 대통령은 金 대사를 위해서 집무실 바깥 뜰에서 점심식사를 마련했다. 이 자리엔 金桂元 비서실장, 崔侊洙 의전수석, 柳赫仁 정무1수석, 그리고 朴振煥 특별보좌관이 늦게 참석했다. 이날 배석했던 柳赫仁 씨(작고)의 생전 회고에 따르면 朴正熙는 스르르 떨어지는 오동나무 낙엽을 한 잎 줍더니 아주 감상적인 표정을 지으며 중얼거리더라고 한다.

"오동나무 낙엽 하나가 가을이 깊어감을 알린다고 했는데…."

餘命(여명)을 하루 남짓 남긴 그의 모습은 처연하고 스산하여 그날 오찬 참석자들의 뇌리에 오랫동안 남았다. 朴 대통령은 늦게 연락을 받고 온 朴 특보에게 스테이크 한 덩어리를 건네주면서 더 먹으라고 권하곤 다른 동석자들과 이야기를 계속했다. 그러다가 갑자기 "朴 박사 고향이 마산인데, 이번 사태를 어떻게 생각해?"라고 물었다. 朴 특보는 며칠 전 마산에 사는 친척들을 만나 들은 이야기가 생각났다.

"민심이 떠나 가는 것 같은 기분이 듭니다. 국민들이 새마을운동에도 옛날처럼 열을 내지 않는 것 같습니다. 지방관리들이 올리는 새마을 관계 보고나 통계도 과장된 것이 많습니다. 정부와 국민이 뭔가 헛돌고 있는 것 같습니다."

"그건 고약한 일인데."

"12월 초에 장충체육관에서 열 새마을지도자 대회도 박수만 요란하지 김이 빠질 것 같습니다."

朴 특보의 말을 한참 듣고 있던 朴 대통령은 이렇게 말했다.

"그래, 그것 참. 부산 광복동에서 파출소에 불을 질렀는데, 옆에 있던 방티장수들이 손뼉을 쳤다는 거야. 그렇다고 그 아줌마들을 좌익이라고 할 수 있어? 평소에 그 파출소에서 노점 아주머니들을 얼마나 괴롭혔으면 그랬겠어. 역시 이것은 정당에 맡겨야 할 문제가 아니라 정부가 나서서 책임지고 해결해야 할 문제야."

말을 끝맺자 朴 대통령은 벌떡 일어섰는데, 朴 특보의 눈에는 '결연한 의지'의 표시 같았다. 비서관이 오더니 "회의 시간이 다 됐다"고 朴 대통령에게 알렸다.

이날 청와대 소접견실에서 열린 안보대책회의 主題(주제)는 아흐레 전에 터졌던 釜馬사태였다. 崔圭夏 총리, 金載圭 정보부장, 具滋春 내무장관 등 안보관련 책임자들이 참석한 가운데 玄鴻柱 정보부 企政국장이 종합보고를 했다. 玄 국장의 보고 중에 사태의 원인으로서 '장기집권'을 지적하는 내용이 나오자 朴 대통령은 "정부의 失政(실정)보다는 金泳三이의 영향이 더 크다"고 논평했다.

보고를 다 들은 朴 대통령은 이런 요지의 지시를 했다.

"이번 사태에 대해 정보부·내무부 등 정부기관은 크게 반성해야 한다. 사전 정보활동이 부족했고 初動(초동)대응이 잘못되어 큰 소요로 확대되었다. 일선 공무원들의 對民자세가 불손·불친절·불성실하여 국민들의 불만이 크다. 이런 對民자세를 바로잡기 위하여 노력하라. 한국에서 데모는 미군이 주둔하고 있는 한 계속될 것이다."

朴 대통령이 "데모는 미군이 주둔하고 있는 한 계속될 것이다"고 말한 것이 흥미롭다. 朴 대통령은 5·16 혁명 직후에 쓴 글이나 책에서부터 '한국인의 사대주의 근성'을 근대화의 가장 큰 걸림돌로 이해하고 있었다. 그는, 조선조 당파싸움의 원인도, 事大主義 정책에 따라 국방조차 중국에 의존하고 있었기 때문에 양반들은 사소한 데 목숨을 거는 권력투쟁에만 전념한 때문이라고 보았다. 광복 후에도 이런 전통이 이어져 학생들과 정치인 및 지식인들은, 국방에 대해서는 미군이 알아서 해줄 것이니 우리 문제가 아니라고 밀어 놓고 사회혼란만 야기하고 있다는 것이 그의 視角이었다.

그는 "자주국방을 할 수 없는 나라는 진정한 독립국가라고 볼 수 없다"는 생각을 갖고 있었다. 그는 죽기 하루 전까지도 한국인의 사대성을 개탄하고 있었다. 인간이든 국가든 자신의 생존을 남에게 맡겨 놓고 사소한 데 목숨을 거는 것은 성숙된 人格이나 國格을 갖추는 데 결정적 장애요인이 된다는 문제의식을 죽을 때까지 견지했던 것이 朴 대통령이었다.

오후 4시 13분에 회의는 끝나고 朴 대통령은 참석자들과 함께 대접견실로 옮겨 '나라 잃은 사람들'이라는 20분짜리 월남패망 관련 영화를 보았다. 朴 대통령은 오후 4시 50분부터 오후 5시 38분까지 金載圭 정보부장의 보고를 받았다. 이 자리에서 무슨 이야기가 오고갔는지 알 수 없으나 이것이 두 사람의 마지막 공식 만남이 되었다. 朴 대통령은 오후 5시 38분부터 오후 6시 12분까지 崔圭夏 총리의 보고를 받았다.

1979년 10월 26일 새벽, 잠자리에서 朴鐘圭는 전화벨 소리를 들었다. 시계를 봤더니 새벽 2시였다. 수화기를 드니 朴 대통령이었다.

"자네 어제 낮에 나한테 한 말이 틀림없지? 아침에 삽교천에 가는데 돌아와서 구체적인 이야기를 하도록 하세."

朴 대통령은 상당히 기분이 좋은 것 같았다.

10월 26일 정보부 企政국장 玄鴻柱 씨는 오전 11시쯤 예산관계 문서의 결재를 받기 위해서 金載圭 부장 비서실로 올라갔다. 대기하는 다른 국장들이 많았다. 비서실 직원에게 "결재를 받을 수 있을 때 알려 달라"고 한 뒤 내려왔다. 오후 2시쯤 비서실로부터 연락이 와서 金 부장에게 다섯 건의 서류 결재를 받았다. 약 5분이 걸렸다. 玄 국장은 특이사항을 눈치 채지 못했다. 다른 국장들도 결재를 기다리고 있었다.

朴 대통령과 金載圭를 가장 가까이 모셨던 두 사람은 10월 26일 저녁 7시 40분에 궁정동 식당에서 일어날 일을 짐작도 할 수 없었다. 10월 26일 오후 2시 시점에선 金載圭 자신도 다섯 시간 뒤 자신이 무슨 일을 저지르게 될지 알 수 없었을 것이다. 그날의 만찬은 朴 대통령이 선택한 시간과 장소였다. 車智澈로부터 만찬이 있다는 연락을 받고 나서야 金載圭는 비로소 弑害(시해) 계획에 착수했으므로 아주 피동적으로 이뤄진 擧事(거사)였다.

〈최근에 돌았던 정보부장 해임설 등으로 인하여 김재규가 자기의 지위가 위태롭다고 생각한 것 같으며, 정보부장의 막중한 위치로 보아 감히 정권을 차지할 수도 있다고 망상한 것이 아닌가 생각됩니다〉

정보부 총무국장 朱鎭均 씨는 金載圭의 범행 동기에 대해서 이렇게 진술했다.

〈첫째는 김재규의 무능력으로 인한 각하의 불신임이고, 둘째는 최근에 있었던 요직 개편설과 더불어 정보부장 경질설이 나돌았기 때문입니다. 후임으로는 金致烈 법무장관이나 具滋春 내무장관이 될 것이라는 말이 돌고 있어 본인이 불안하게 느꼈을 것이고, 셋째는 정권야욕에 대한 망상이라고 생각됩니다.

1. 3년 동안 정보부장으로 재직하면서 권력의 맛을 보았으며

2. 정보부장은 사실상 政界 제2인자로 취급되는 경우가 있으므로 그 다음 자리는 대통령밖에 없다고 생각하고, 특히 대통령 선출방법에 있어서는 대의원의 소집과 투표에 정보부 각 지부가 작용하면 자기도 대통령이 될 수 있으리라고 생각한 것 같으며

3. 釜馬사태 시 일부 시민들이 가세한 것을 보고 자신이 시해하면 시민들의 지지도 받을 수 있지 않을까 하는 망상을 갖게 된 것 같습니다.

4. 김재규가 부임한 후 2차장 산하 2국 군사과를 대폭 강화하여 운영하였습니다. 과장을 장군으로 하고 각군 담당관을 전에는 대위, 소령, 일반직으로 하였으나 여기에 대령 한 명씩을 추가하여 보강하고 북괴 정보, 해외 정보 등 각종 정보 보고를 함으로써 각군 총장과 밀접한 관계를 유지한다는 시책을 추진하였습니다. 이로 인해 軍에 영향력을 미칠 수 있다고 생각한 것 같으며, 특히 자신이 육군 중장 출신이므로 軍을 장악할 수 있다고 생각한 것 같습니다.

5. 사후 수습에 있어서도 中情부장이 일반 행정기관이나 수사기관에도 영향을 미쳐 무난히 처리할 수 있을 것으로 생각한 것 같습니다〉

金載圭의 정치참모로서 국내 정치를 조정하는 일을 했고, 10·26 사건 때 옆집에서 鄭昇和 장군을 접대했던 제2차장보 金正燮 씨는 이렇게 진술했다.

〈金載圭는 (부하들이) 조직적으로 목숨을 바치고 충성을 맹세할 위인이 되지 못합니다. 혼자서 과대망상을 그려 본 것이지 그것을 입 밖에 내어 세력을 규합할 만한 대담한 인물이 되지 못하므로 배후세력도 있을 수 없다고 판단됩니다. 원래 머리가 그리 명석한 편이 못 되고, 말이 비교적 적으나, 자존심을 상했을 때 반발하는 반사작용이 강한 편이라고 보아 왔습니다. 일종의 소영웅주의적인 발상이 아니었나 하는 생각이 듭니다〉

玄鴻柱 기획정책국장은 이렇게 진술했다.

〈도저히 짐작이 가지 않는 일이나 이제 와서 생각해 보면 국내 정치 상황이 혼미를 거듭하고 있는 데다가 정보부장으로서 이를 수습하지 못하게 되자 이에 따른 업무의 중압감 때문에 엉뚱한 생각을 하게 된 것이 아닌가 짐작될 뿐입니다〉

색 인

朴正熙 12 – 釜馬사태 前後

지은이 | 趙甲濟
펴낸이 | 趙甲濟
펴낸곳 | 조갑제닷컴

초판 1쇄 | 2007년 4월16일
개정판 2쇄 | 2018년 5월23일
개정판 3쇄 | 2022년 1월22일

주소 | 서울 종로구 새문안로3길 36
전화 | 02-722-9411~3
팩스 | 02-722-9414
이메일 | webmaster@chogabje.com
홈페이지 | chogabje.com

등록번호 | 2005년 12월2일(제300-2005-202호)

ISBN 979-11-85701-25-7

값 12,000원

*파손된 책은 교환해 드립니다.